チェコ語の隙間
東欧のいろんなことばの話

黒田龍之助

現代書館

チェコ語の隙間

目 次

勉強の隙間にビールで一息。

はじめに················8
スラヴとは何か?················10

第1章　ポーランド語いまだ滅びず················13

長い長いポーランド語の話　15
逆さまなあいさつ　17
「あなた」の問題　19
鼻母音の「縁」と「恩」　21
最後のビール　23
語学書のリアリティー　25
旅の道連れは単語集　28
男性人間形vs非男性人間形　31
モウコノウマ　33
ウナギはやっぱり　35
お手にキスを　37
バルト海のほとりから　39
ハッピー・バースデイ!　41
ランラララン　43
四半世紀前のニュース番組　46
再び「失われた笑い」を求めて　50
ポーランド版『スティング』　53
オシャレで生き生き　56
ドラマ仕立ての視覚教材　59
もう書くことがありません　61
コラム1．カシューブ語　67

第2章　チェコ語の隙間、スロヴァキア語の行間………69

ChはHのあとに　71

姑を泣かせる孫の名前　74

そこで切るか？　76

火事だ!　78

旅行を楽しむための形容詞　80

チェック・チェック・チェック　82

きまぐれ遠足の造格　84

ビアホールとレストランの生格　87

ひなどりと伯爵　90

パリの空港にて　93

謎の百貨店「白鳥」　96

ブランド靴はバチャ　100

博物館は語彙の宝庫　103

骨董品店と古道具屋　106

絵はがきの見事な文字　109

うちのカミさんが　113

翻訳家と国務長官の意外な側面　115

喉に指を突っ込め　117

チケットがいっぱい　119

マッチラヴェルの文法　121

レコードをジャケ買い!　125

個性的なクリスマスソング　129

バック・トゥ・ザ・DVD　132

古雑誌の広告を追え　135

ホテルの部屋で郷土料理　139

小舟を編む　142
　　　社会主義の言語だった頃　145
　　　分かる人にだけ微笑む名著　149
　　　重くても引くしかない　151
　　　日本語字幕あり　153
　　　戦前の上品な喜劇俳優　156
　　　チェコスロヴァキア版007　158
　　　とにかくメチャクチャ　161
　　　集団農場の怒れる若者 '64　163
　　　温泉地で追いかけっこ　165
　　　大学生は勉強しなきゃ　167
　　　最後のミュージカル・コメディー　170
　　　外国語を本当に学ぶということは　173
　　　どっちに似ているのか　177
　　　外国語のような、そうでないような　179
　　　840円の投資　181
　　　びっくりしたニャー　184
　　　多言語な映画　187
　　　ワシは少佐じゃけん　190
　　　パットとマットはどこの人？　193
　　　第一書記の外国語　196
　　　コラム2．ソルブ語　199

第3章　「ユーゴスラヴィア」の言語はいくつか？……201

　　　お天気おじさん　203
　　　マーリボルのイヌ　206
　　　そして、誰も迷わなくなった　208

愛の国スロヴェニア　210
教科書がなかった　212
魚座は両数　216
ローイゼ・アダーミチ　218
ヨーロッパの縮図　220
ホームドラマもときにはいい　222
終わりのない列車の旅　225
ガイダンスから方言の話　229
ザグレブのクリスマス　232
川の流れのように　235
落ち葉は何月?　237
霧の向こうのチェコビール　239
ネクタイといえば　241
コラム3. 古代スラヴ語とグラゴール文字　243
イストラ半島事典　246
クルク島のスラヴ研究　248
クロアチア版「目黒のさんま」　250
外国語ツアーへようこそ!　252
ザグレブ派アニメーション　254
コラム4. 文字の境界　257
セルビアの子どもは苦労する　261
話すように書け　264
煙は遠くでお願いします　266
モンテネグロは黒い山　268
東京スラヴ図書館の表札　270
インフレのディナール紙幣　273
会話への根拠のない自信　275
朝食における未知との遭遇　277

大混乱の中の笑い　279
カヴァー曲の60年代　281
がんばれ、バニャルーカ　284
コラム5．ボスニア語　287

第4章　ブルガリア語はおいしい……289

見た目が大事？　291
同じような綴り　293
ヨーグルト以外もおいしい　295
薔薇の味は　298
ソフィア大学生の格変化　300
外国語はくり返しが大切　303
ブルガリア美人　306
接頭辞で会話したこと　309
運転手のニコライさん　311
ドナウの彼方の外国語　313
コメディー映画が物悲しい　315
子どもだって物悲しい　317

第5章　マケドニア語への旅……319

マケドニア語への旅　321

おわりに……331

ポーランド語のアルファベット　14

チェコ語のアルファベット　70

スロヴァキア語のアルファベット　176

スロヴェニア語のアルファベット　202

クロアチア語のアルファベット　228

セルビア語のアルファベット　260

ブルガリア語のアルファベット　290

マケドニア語のアルファベット　320

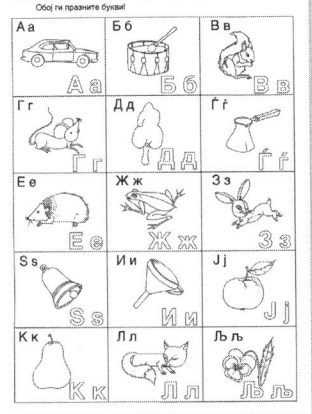

はじめに

　まさかいないとは思うが、この本をチェコ語の参考書のつもりで購入された方は、今さぞや失望されていることだろう。書店で手に取れば気づいたかもしれないが、通販でお求めの場合には分かりにくいこともある。気の毒としかいいようがない。

　しかも目次を見れば、チェコ語だけではなくポーランド語とかブルガリア語とか、いろんな言語名が並んでいる。1冊の本に、どうしてあれこれ詰め込まれているのか、不信感はますます募る。実をいえば、これはいろんな言語についてのエッセイ集なのである。そんな本は聞いたことがないと文句をいわれても、現にこうして目の前に存在するのだから仕方がない。

　いろんな言語についてのエッセイなので、実際にいろんな言語が登場する。ロシア語と同じキリル文字を使う言語もあれば、英語と同じラテン文字で表される言語もある。たとえラテン文字であっても、文字と発音の関係を知らなければ読めない。そこでフリガナをつけてみた。とはいえ、それほど正確なものではない。メモ程度に考えてほしい。そもそも複数の言語間で矛盾のないフリガナなんて、不可能なのである。巻き舌だけはひらがなのラ行を使ってみたが、それ以上は区別していない。

　この本は誰に向けて書かれているか。

　まず、それぞれの言語の学習者である。ポーランド語、チェコ語、スロヴァキア語、スロヴェニア語、クロアチア語、セルビア語、ブルガリア語、マケドニア語などを実際に勉強している人が読めば、ちょっと面白いかもしれない。

　だがそういう人は限られている。それだけがターゲットではあま

りにも売れそうになく、現代書館の営業部は頭を抱えてしまう。

そこでもうすこし広げ、ロシア語学習者も対象としよう。というのも、この本に登場するのはロシア語と親戚関係にある言語ばかりだからである。似ている単語とか、共通点なんかが見つかるかもしれない。これはいままでになかった面白さだ。きっと楽しんでくれるに違いない。

だが、それでも問題は残る。最近はロシア語の学習者数がひどくすくないのである。

だからさらに広げて、外国語に興味がある人だったら誰でもいいことにしたい。これまで英語にしか触れてこなかった人でもいい。英語すらすっかり忘れてしまった人でもいい。漠然とでも外国語に興味がある人なら、すこしは面白がってくれるのではないかと期待している。

わたしのことをロシア語教師、あるいは言語学者だと捉えていた方は、なんでこのような本を書いたのか、意外に思われるかもしれない。確かに細かい事実や正確な情報については、それぞれの言語の専門家のほうがずっと詳しい。知識を求める方はそちらを参照することをお勧めする。

それでもわたしは、まさにこういう本が書きたかったのである。長年つき合ってきたチェコ語やポーランド語、スロヴェニア語、セルビア語、クロアチア語など、わたしはいまだに一学習者にすぎないけれど、勉強を続けていけば、魅力的な世界がどんどん広がる。その一部を届けたい。

ということで、たとえ間違ってこの本をお買い求めになったとしても、決して損はいたしません。試しに、いくつか拾い読みしてはいかがですか。

スラヴとは何か？

(ハンガリー語とルーマニア語とアルバニア語は
スラヴではないのでこの本には登場しないというお話)

　この本の目次を眺めれば、ポーランド語、チェコ語、スロヴァキア語、スロヴェニア語、クロアチア語、セルビア語、ブルガリア語といった言語名が並んでいる。ほかにもカシューブ語とかソルブ語とかボスニア語なんていうのもある。するとヨーロッパの地図を脳裏に思い浮かべられる人は、ははあ、これは東欧の言語がテーマなんだなと考える。

　「東欧」という用語は、実は東ヨーロッパの人たち自身があまり気に入っていないと聞いたことがある。その代わり中欧とかバルカン諸国といってもらいたいらしい。確かに東欧でまとめられると、かつてのイデオロギーと結びつくので、嬉しくないというのも分かる。だがこの地域をまとめて表す用語が他にないのだから、仕方がない。わたし自身は東欧という用語をそれほど嫌っていない。

　ではこの本のテーマが東欧の言語についてかといえば、それはちょっと違う。なぜならハンガリー語とルーマニア語とアルバニア語が登場しないからである。別に仲間外れにしているのではない。そうではなくて、言語の系統が違うのだ。ルーマニア語はインド・ヨーロッパ語族のうちフランス語やイタリア語と同じくロマンス諸語の１つ、アルバニア語はインド・ヨーロッパ語族だけどグループを作らない一匹狼、ハンガリー語はインド・ヨーロッパ語族ですらなく、フィンランド語やエストニア語と同じウラル語族に属する。

　ところがこの本は、インド・ヨーロッパ語族スラヴ語派の諸言語がテーマなのである。

　では、スラヴとは何か？

　『羊皮紙に眠る文字たち』(ご存じ現代書館)を書いたとき、タイ

トルが漠然としていて分かりにくいかなと考え、副題で「スラヴ言語文化入門」と補足した。とはいえ、スラヴなんて用語は一般にはほとんど知られていない。だから冒頭ではスラヴについて簡単に解説しておいた。用意周到である。これだけ準備すればもう完璧、正確に理解してもらえるに違いない。

　だが世間は相変わらずスラヴについて知らない。というか、そもそも興味がないようだ。だからこの本も、まずはスラヴについての説明からはじめなければならない。

　スラヴとは、ヨーロッパ東部からアジア極東にかけて広く分布する民族の総称である。スラヴ民族にはロシア人、ウクライナ人、ポーランド人、チェコ人、セルビア人、ブルガリア人などがいる。彼らが話すロシア語、ウクライナ語、ポーランド語、チェコ語、セルビア語、ブルガリア語などは、インド・ヨーロッパ語族スラヴ語派というグループに属している。

　それで間違いないのだが、それにしてもこうやって言語名を列挙すると、半分も挙げていないのにずいぶん長くなってしまう。スラヴ語派はメンバーが多い。そこで地域別に東スラヴ語群、西スラヴ語群、南スラヴ語群に分けるのが一般的な慣習となっている。これは便宜的な分け方で、同じグループ内の言語はほかより密接な関係があるかといえば実はかなり怪しいのだが、一応まとめておけば次のようになる。

東スラヴ語群：ロシア語、ウクライナ語、ベラルーシ語など
西スラヴ語群：ポーランド語、チェコ語、スロヴァキア語など
南スラヴ語群：スロヴェニア語、クロアチア語、セルビア語、
　　　　　　　　マケドニア語、ブルガリア語など

　本当はソルブ語などもあるからこれだけでは済まないのだが、主な言語だけを挙げておく。とにかく、こういう諸言語についてあれこれエッセイをまとめたのが、この本なのである。

とはいえ、この本にはロシア語、ウクライナ語、ベラルーシ語が登場しない。これには理由がある。まずロシア語については、すでに『ロシア語の余白』(再び現代書館) で取り上げた。もう充分である。一方、ウクライナ語とベラルーシ語は、いつかこの2言語だけで1冊の本にまとめたいと密かに考えている。このことは編集者も知らない。だから「密か」なのである。とにかくこの2言語についても、今回は除外することにした。結果として、西スラヴ語群と南スラヴ語群に属する言語についてのエッセイ集となった。

西と南のスラヴ諸語がいろいろ登場するのに、どうしてタイトルがよりによって『チェコ語の隙間』なのか。それは極めて個人的なことだ。つまり、わたしはチェコ語とのつき合いがもっとも深いのである。そのためチェコ語の話題がどうしても多くなってしまう。

チェコ語はスラヴ語派の中で、地理的にも歴史的にも言語的にもロシア語ともっとも遠い気がする。長年取り組んでいるのに、なかなか上達しない。だがそれでいいのだ。外国語なんて、流暢に操れるようになったらつまらない。文法が不安だったり、語彙がすくなかったりするほうが、通じたときの喜びが大きい。ワクワクする。

チェコ語をはじめとする他のスラヴ諸語は、ロシア語ではもう得られないワクワク感をいまでもわたしに与えてくれる。

この本はわたしが楽しんでいることを気ままに書いた、スラヴ諸語観察日記なのである。

本書には床版の「スラブ」も登場しません。

第 1 章
ポーランド語いまだ滅びず

魚がおいしいグダニスク(「ウナギはやっぱり」参照)。

ポーランド語のアルファベット

A	a	アー	M	m	エム
Ą	ą	オン	N	n	エヌ
B	b	ベー	Ń	ń	エニ
C	c	ツェー	O	o	オー
Ć	ć	チェー	Ó	ó	オ・クレスコヴァネ
D	d	デー	P	p	ペー
E	e	エー	R	r	エる
Ę	ę	エン	S	s	エス
F	f	エフ	Ś	ś	エシ
G	g	ギェー	T	t	テー
H	h	ハー	U	u	ウー
I	i	イー	W	w	ヴー
J	j	ヨト	Y	y	イグレク
K	k	カー	Z	z	ゼト
L	l	エル	Ź	ź	ジェト
Ł	ł	エウ	Ż	ż	ジェト

　カナで示したのはそれぞれの文字の名称である。巻き舌のrだけは「エる」のようにひらがなを使ってlと区別してみたが、それ以上はしていないので、źもżも同じ「ジェト」になってしまう。詳しくは本格的な入門書をお読みください。

　「オ・クレスコヴァネ」は何やら呪文のようだが、その意味はただ「ダッシュのついたオ」というだけのことで、しかも発音はいつでもuとまったく同じ。綴りのテストでは泣かされるに違いない。

長い長いポーランド語の話

　童話集『長い長いお医者さんの話』を書いたカレル・チャペックはチェコ人で、その作品も当然ながらチェコ語で書かれている。だがここではチェコ語ではなく、ましてやお医者さんでもなく、ポーランド語の話をしたい。

　ポーランド語は綴りが長い。

　たとえば「日曜日」はniedzielaと書いて「ニェヂェラ」と読む。9文字も綴らなければならず、おちおち休んでいられない。

　また「女の子」はdziewczynka「ヂェフチンカ」といい、女の子の話題をするだけで11文字も必要になる。基本単語でも容赦ない。

　ポーランド語の綴りが長くなるのには理由がある。それは1つの音を2文字で書き表すことがすくなくないからだ。

　たとえばdzという組み合わせ。木村彰一・吉上昭三『ポーランド語の入門』（白水社）によれば、日本語の感情をこめていうときの「ズイブン」のズの子音に似ているとあった。ズイブン難しい。またczは唇を多少前へつき出して発音するチで、英語だったらchalkのchに相当するという。

　最後の例でも分かるように、こういう表し方は英語でもやっている。それでもわたしには、ポーランド語の綴りがとくに長く感じられてしまう。それはチェコ語と比べてしまうからだろう。

　同じチの音でも、ポーランド語ではczと書くところがチェコ語ではčとなる。「時間」はポーランド語でもチェコ語でも「チャス」なのだが、ポーランド語ではczasと綴るのに対して、チェコ語ではčasとなる。はじめの文字はcの上に小さなvを乗せるのだが、おかげで1文字で済む。結果としてチェコ語の単語は短い。

ただしチェコ語のような付属記号方式は、見づらいこともある。とくに文字が小さいと、さらに小さな付属記号まで気を配るのは疲れる。そういうときには、2文字方式のほうが楽だと感じる。

　ところが、である。ポーランド語は2文字方式だけでなく、付属記号方式も取り入れているのだ。だからćやńやśといった文字も綴りの中に登場する。

　もっともタイヘンなのはzとźとżの区別で、źは右上から左下に向かって打つ点だが、żはただの小さな丸い黒点である。そのうえ、このźもżもdと組み合わせたdźとdżがある。そしてzとźとżとdzとdźとdżは、当然ながらすべて違う音なのだ。

　ということで、ポーランド語の綴りは長いうえに付属記号がちりばめられ、なんともにぎやかなのである。

　最近、視力がガックリと落ちてきた。そういうときに、ポーランド語は非常につらい。長い単語を追いかけるのも大変だし、細かい付属記号を見分けるのも負担である。

　ポーランド語を熟知している人は、そんな記号は多少無視しても理解できるという。だがわたしのポーランド語はそれほどのレベルではない。加えて、そもそも細かいことが気になる性格なのだ。たとえ単語の綴りが長くても、1つ1つを確認し、付属記号も見極めたいのである。

　そこで、先日ロンドンに出かけたとき、ベーカー街にあるシャーロック・ホームズ博物館でルーペを買うことにした。柄のところが革製で、おかげで値段も高めだったのだが、これから長いことつき合うことになりそうなので、思い切って買い求めた。

　こうして最近はホームズのルーペとともに、ポーランド語の解読に日々励んでいる。これがなかなか楽しいのだよ、ワトソン君。

逆さまなあいさつ

ポーランド語で「こんにちは」は次のようにいう。

　Dzień dobry!　チェイン・ドブるぃ

dzień は「日」で、dobry は「よい」という意味。ń は直前の音に軽く「イ」の響きを添えるので、音と綴りがすこしずれているように見えるかもしれないが、このくらいは我慢しよう。ちなみに、ポーランド語には「おはよう」という朝のあいさつがないので、代わりにこれを充てる。ということは、1日の大半で使える非常に重要な表現なのである。

あいさつが「よい日」というのは、ドイツ語の Guten Tag!（グーテン ターク）もそうだし、他のヨーロッパの言語にもあるから、とくに珍しくない。英語にも Good day! という表現がないわけではない。

いや、ちょいと待て。

Dzień dobry! は「日」が先で「よい」があとではないか！

ポーランド語では形容詞が名詞の後に来ることがある。これはちょっと珍しいかもしれない。こういう語順はフランス語にもあるが、あいさつについては Bonjour!（ボンジュール）のように、bon「よい」が先で jour「日」があとである。

文法書によればポーランド語における名詞＋形容詞の語順は、とくに形容詞と名詞が緊密に結びついて単一の概念を表すときにそうなるという。

たとえば język polski（イェンズィク ポルスキ）「ポーランド語」では język が「言語」で polski が「ポーランドの」という形容詞である。緊密に結びついているのも分かる。また Morze Bałtyckie（モジェ バウティツキェ）「バルト海」にしても、「海」

第1章　ポーランド語いまだ滅びず　　17

を表す morze が前に来ている。なるほど。

　ほんのわずかな違いだが、そういうものこそが学習者を不安にさせる。気が抜けない。

　しかし考えようによっては、これはなかなか便利である。言語だったら先に język といって、それから polski にしようかな、それとも angielski「イギリスの」がいいかな、はたまた rosyjski「ロシアの」はどうだろうかと、ゆっくり選べる。
　　　アンギェルスキ　　　　　　　　　　　　　　ロスィイスキ

　そのうえ、なんだか面白い。あいさつが逆さまだなんて、まるでルイス・キャロルの世界。そこは人々が「にちこんは」とあいさつする、幻想的な鏡の国ではないか。

　ところが「こんばんは」は次のようになる。

　　Dobry wieczór!　　ドブるぃ・ヴィェチュる

　今度は dobry が先なのである！
　まったくもって、ポーランド語は油断がならない。

バッグを持った婦人が Dzień dobry!
では左の紳士は？
「バルト海のほとりから」参照。

「あなた」の問題

　英語の2人称代名詞は you だけで単数も複数も表すことができるが、ヨーロッパの言語にはこの2つを区別するものも多い。

　フランス語の tu（単数）と vous（複数）の違いは有名かもしれないが、スラヴ諸語にも2人称にこのような区別がある。チェコ語の ty（単数）と vy（複数）、セルビア語やクロアチア語の ti（単数）と vi（複数）は語頭の子音もそれぞれフランス語と一致していて、やっぱりインド・ヨーロッパ語族なんだなあと感じる。

　ここに挙げた複数形は、丁寧な「あなた」という意味の単数形としても使える。さらには「あなたたち」にもなる。つまりフランス語の tu やチェコ語の ty は、親しい間柄の単数の相手に対してしか使えないわけだ。現地の人とそんな間柄になることは、初級レベルではそれほどない。だから2人称複数形だけを覚えておけば、まず間違いないのである。ついでに動詞の活用形も1つで済む。

　だが、そうはいかない言語もある。

　ポーランド語の2人称代名詞は ty が単数で wy が複数である。ty を親しい間柄の単数の相手に対して使うのは同じだ。一方 wy には「あなた」という丁寧な意味がない。親しい間柄の複数の相手にしか使えない。

　では「あなた」はどうするか。

　そういうときは pan という別の単語を使う。

　pan は「男性」という意味もあるが、2人称の代名詞としても使える。というか、そっちのほうがよっぽどたくさん使われる。したがって、絶対に覚えなければならない。

　ただし pan は男性のみに限る。女性に対しては pani を使わなけ

第1章　ポーランド語いまだ滅びず　　19

ればならない。ということは相手が男性か女性かによっていちいち区別しなければならないわけで、英語の you やフランス語の vous よりはるかに面倒臭い。面倒臭いけど避けては通れない。

さらに pan には英語の Mr.、また pani には Ms. の意味もある。名字につけて pan Kowalski「コヴァルスキ氏」とか pani Kowalska「コヴァルスカ夫人」と表現する。pani は既婚者にも未婚者にも使えるので、「コヴァスルカ嬢」とも訳せる。もっともいまどきは「コヴァルスキさん」「コヴァルスカさん」と訳せば充分かもしれない。さらに名字だけでなく、名前につけて pan Jan「ヤンさん」という組み合わせもできる。

チェコ語でも pan は Mr. という意味になるが、paní は Mrs. つまり既婚女性しか表さず、未婚女性には slečna を使う。いずれにせよ「あなた」にはならない。

ポーランド語の pan や pani と結びつく動詞は3人称単数形である。「あなた」に向かって3人称というのも奇妙な話だが、文句をいってもはじまらない。こういうことはイタリア語でも同じだ。

ポーランド語を話しているときは、しょっちゅう pan とか pani を使ってるなあと、自分でも感心する。だからといって食べ物のパンを思い浮かべることは決してない。頭の中で完全に区別されているからだ。

ちなみに複数は państwo といい、これは「みなさん」という呼びかけでも使う。こちらは3人称複数扱いとなる。ポーランド語の代名詞は、いつでも人称と数をチェックしなければならない。

ということで、ポーランド語で話すときには大勢を相手にせず、一人ひとりに丁寧に接するのがもっとも無難である。礼儀正しさが文法の負担を軽減してくれるのだと、勝手に考えている。

鼻母音の「縁」と「恩」

　ポーランド語がラテン文字を基本にいろいろな付属記号をつけて書き表すことは、すでに述べた。付属記号は上につくことが多いがときにはłのように文字のど真ん中につくこともあるし、下につくこともある。

　下につくのはąとęである。この2つは鼻母音を表す。

　鼻母音とは何か。正確に説明すれば厄介なことになるが、再び木村・吉上の『ポーランド語の入門』によれば、ąは日本語の「恩」、またęは「縁」のように発音されるとあり、意外にアッサリしている。

　スラヴ諸語では、一部のミニ言語や方言を除けば、ポーランド語だけに鼻母音がある。スラヴ系以外の言語では、フランス語にあることが広く知られている。

　　un bon pain blanc　1つのよい白パン
　　アン　ボン　パン　ブラン

　この中にフランス語の4種類の鼻母音が含まれていると習うと、それだけで緊張してしまう。この発音が上手くできなかったらどうしようと不安になり、白パンじゃなくて黒パンでいいし、そもそも黒パンのほうが好きだし、よいパンがいいに決まっているけど、とくにそうじゃなくても我慢しよう、と心に誓う。

　とはいえ、ポーランド語では鼻母音が他のスラヴ諸語にはない響きを作っているわけだから、大切にしたい。それに「恩」と「縁」なら、さほど難しくない。

　鼻母音が含まれる表現の中で、もっともよく使うのは次のものではないか。

Proszę.(プロシェン) どうぞ。

英語の please、ロシア語の пожалуйста(パジャールスタ) に相当するのだから、当然ながら使用頻度が高い。しかもそれだけではない。

Proszę?(プロシェン) えっ、なんですって？

このように聞き返すときにも使える。ポーランド滞在中は、こればかりいっている気がする。

この最後のęを上手に響かせれば、カッコいいし、ポーランド語っぽく聞こえるはずだ。鼻母音はだんだんと「やみつき」になる。

ところが教科書をよく読んでみたら、語の終わりではęが「エ」のように発音されることがあるという。つまり「プロシェ」でもいいわけだ。もちろん「プロシェン」と発音してもかまわないそうだが、なんだか拍子抜けである。

それだけではない。鼻母音には他にも細かい規則がたくさんあるのだ。lとłの前ではąは「オ」、ęは「エ」となる。pとbの前ではąは「オム」、ęは「エム」となり……。

鼻母音にはポーランド語を学ぶ「縁」を感じる。だがその面倒臭さについては、「恩」より「怨」がふさわしい。

子ども向けフランス語＝ポーランド語イラスト辞典。
鼻母音がいっぱい。

最後のビール

　A. J. ジェイコブズの『驚異の百科事典男』（文春文庫）を読んだ。雑誌社に勤務する著者はあるときブリタニカ百科事典全巻を読破する決心をし、その経過を日常と絡ませながら綴る物語である。文庫本で700ページ近い長編にもかかわらず、最後まで楽しめた。

　著者は1年かけてブリタニカを読破するのであるが、その最後の項目はなんとZywiecだった。

　　「ジヴィエツはポーランド南部中央の町だ。大きなビール醸造所と、『眠れる聖母』という十六世紀の彫刻で知られる。人口は三万二千人」（686ページ）

　著者はこの最後の項目がひどくあっさりしていたことで拍子抜けしたという。だがわたしはその逆で、奇妙な感動を覚える。

　そうか、あのブリタニカの最後の最後の項目はZywiec（ポーランド語表記ではZの上にテンがついてŻywiec）なのか。

　わたしにとって、ポーランドといえばジヴィエツである。いや、これはちと大袈裟だが、この地名が心に深く刻まれていることには間違いない。

　ジヴィエツはビールの産地なのである。

　ポーランドだってビールは生産している。ところがチェコのようにおいしいビールはすくない。多くがなんだか薄味で、日本の「飛び抜けて乾いた」ビールみたいに物足りないのである。

　ポーランド語のセミナーに参加していたとき、いっしょに勉強していたプラハの学生と「ポーランドのビールで許せるのは、ジヴィ

第1章　ポーランド語いまだ滅びず

エツくらいだね」などと話していたことを思い出す。ジヴィエツはチェコ人も認めるビール。しっかりとした味で、ポーランドのビールの中ではわたしがもっとも好きな銘柄なのである。後で知ったのだが、ジヴィエツはかつてハプスブルク家の遠戚が力を注いだおかげで、これほどまでに成功したらしい。

そのジヴィエツがブリタニカ百科事典の最終項目なのである。嬉しいのも当然ではないか。

そのポーランド語セミナー終了後、スロヴァキアへと向かう列車の中。旅の道連れとなった向かいの席のポーランド婦人から、この国の印象をあれこれ聞かれた。わたしはよかった点をいろいろ並べたあとで「ビールもなかなかおいしかったです」とつけ加えた。

「あら、どの銘柄がお好み？」

わたしは迷わずジヴィエツと答えた。ポーランド人ならジヴィエツを誇らしく感じているのではないか。

しかし、婦人の反応は違った。

「あれはアル中の飲むビールですね」

……ずいぶん厳しいことをおっしゃる。とにかく、ジヴィエツは広く愛されているのである。

ポーランドが誇るビール
ジヴィエツの商標をデザインしたコースター。

語学書のリアリティー

　昔の教え子たちが集まる年末の忘年会で、久しぶりにチュウくんに会った。ここ数年は欠席が続いていたのだが、今回は夫婦で来ている。久しぶりに再会できて嬉しい。

　チュウくんにはかつて授業でロシア語を教えた。だがそれだけでなく、個人レッスンでポーランド語を教えたことがある。

　拙著『外国語の水曜日』（現代書館）で、チュウくんと a 語 5 日間集中講座をおこない、授業のはじめに a 国国歌を斉唱する話を書いたが、この a 国とは実はポーランドであり、すなわち a 語はポーランド語なのである。

　具体的な国名をあえて伏せたのは、外国語学習の過程を一般化するという目的に加え、いったいどこの国でどんなことばなのか、読者のみなさんに想像を膨らませてもらいたいと考えたからである。実際、この国を突き止めて喜んでいた学生もいた。一方で、この国名をいともあっさりとネタばらししてくれた書評もあった。かなり著名な評論家でも、知っていることは黙っていられないらしい。とはいえ、上梓からすでに 10 年以上が経過した。ここに著者自ら正解を記しておく。

　さて、チュウくんと会えば、話題は自然にポーランド語となる。

　「いや〜、すっかり忘れましたけどね。いまでも覚えている表現といえば、Dzień dobry!『こんにちは』とか、Proszę.『どうぞ』とか、Dziękuję.『ありがとう』とか」

　10 年近くもポーランド語に触れていないのに、それにしては覚えているではないか。やはりあいさつ表現は印象に残るらしい。

　「それから Oczywiście!『もちろん』」

そういえば、なんだか知らないけど、気に入ってよく使っていたね。ビール飲む？ Oczywiście! とかいいながら。

「あと winda」

これには大笑いした。

winda は「エレベータ」のことである。なんでそんな妙な単語を覚えているかといえば、教材の中にあったからだ。

そのとき使用したのは石井哲士朗『エクスプレス・ポーランド語』（白水社）だった。その第2課に Winda jest na prawo. 「エレベータは右手です」という表現がある。語学書のとくにはじめのほうに出てくる語や表現は、こんなにも印象深い。出てきたものは片っ端から覚えなければならない。チュウくんは大学のエレベータに乗るたびに、winda, winda とくり返していた。

わたし自身もこの教材を使って勉強したことがある。第3課の Zamek Królewski 「王宮」はのちにワルシャワに旅行したとき、旧

チュウくんの好きな
ポーランドのエレベータ winda。

市街で実物を目の当たりにして嬉しかった。教科書で覚えたことを現地で確認するのは、なかなか楽しい作業である。

　第8課にはHotel Forum「ホテル・フォーラム」というのが出てきた。中央駅のそばに住んでいる主人公の住まいの窓からは、一方からホテル・フォーラムが、もう一方からは文化科学宮殿が見えるという。どうやらワルシャワのど真ん中らしい。だからはじめてワルシャワに行ったときには、迷わずこのホテルを予約した。確かに便利だったし、中央駅も文化科学宮殿も見えた。

　のちに著者の石井氏に会ったとき、ワルシャワではホテル・フォーラムに泊まったことを話した。

　「ずいぶん高いホテルに泊まったね。お金持ち〜」

　金持ちじゃないけど、だって石井さんの教科書に出てくるじゃないですか。

　「ボクなんか泊まったことないもん」

旅の道連れは単語集

　海外旅行にどんな語学書を持っていくかは永遠のテーマである。

　もちろん、現地の言語をどのくらい知っているかにもよる。ロシア語や英語なら、電子辞書があればいい。街を歩きながらふと思いついた単語を引いてみれば、楽しいうえに意外と頭に入る。

　問題は、多少は知っているけどそれほど自信がないような、中途半端な場合である。

　ご存じのように会話集というものは、そのほとんどが絶望的に役に立たない。イラストいっぱいで指でさせば分かるものは、まったく知らない言語なら楽しくて便利かもしれないが、すこしでも齧ったことがあるとすぐに物足りなさを感じる。

　自分が学んだ入門書という選択もある。これは心を落ち着かせる作用があるかもしれない。だが文法を学ぶ本が現地の生活に合致しているかどうかは、保証の限りではない。

　ということで、荷造りをしながら毎回どうしたものかと悩んでいるのである。

　ただしポーランド旅行のときは悩まない。カバンに忍ばせる本は決まっている。小原雅俊編『ポーランド語基礎1500語』（大学書林）である。シリーズのうちの１冊であり、その中にはわたしやカミさんがまとめたものもあるのだが、それはともかく、ポーランド語編は驚くほどよくできている。

　先日のポーランド旅行でも、これを持っていった。首都ワルシャワからバルト海に面するグダニスクまでは鉄道を利用したのだが、スピードが非常に鈍く、7時間近くかかってしまった。車窓を眺めるのにもいい加減飽きてくる。そうなったら『基礎1500語』を開く。

これまで何回も目を通しているはずなのだが、毎回のように新しい発見がある。ということは、基礎語彙が身についていないということになるが、それは事実である。著者から「黒田くんは基礎語彙の1500語も覚えていないの？」と笑われそうだが仕方がない。似たようなスラヴ系言語にあれこれ触れていると、語彙は他からの類推で理解できてしまうことが多い。これだから上達しないのだが、わたしにとってポーランド語は5〜6番目のスラヴ系言語なので、旅行前はいつでもつけ焼刃。せめて基礎語彙は復習しなくちゃ。

　ポイントは類推のつかない語彙である。アルファベット順に並んだ単語の中から、ロシア語やチェコ語と似ていないものを拾っていく。気になる単語があった。ofiara（オフィャラ）という女性名詞で、意味は「生けにえ、捧げ物；犠牲（者）」とある。説明が簡潔で助かる。情報の多すぎる単語集は頭に入らない。

　ofiaraは他のスラヴ諸語からはちょっと類推がつかない。ていうか、1500に限定された語彙で「犠牲者」なんて必要だろうか。ついに不要な単語を見つけたか。

　だがその数日後、グダニスクで立ち寄った教会の中で、戦争や災害に遭ったofiaraのための寄付を求める貼り紙を見つける。参りました。その語彙選定は完璧で、決して無駄がない。

　かつて某外国語学部の言語学の授業で、語彙論と単語集の話をしたときにこの『基礎1500語』を紹介したら、ポーランド語専攻の学生が非常に興味を示した。ただ書店に行っても見つけられないという。検索能力がまだ身についていないから仕方がないが、10人以上の学生がいっせいに求めたら、たとえネット書店でも入手までに時間がかかる。そこで出版社にまとめて注文することにした。

　本を渡すとき、わたしはポーランド語専攻の学生たちに、以下のような文を印刷したプリントを添えた。さて、学生たちの成果や如何に？

『ポーランド語基礎1500語』を使いこなすための10のポイント

①基礎語彙を覚えるために使ってください。決して派手な本ではありませんが、よく厳選されています。

②順を追って読みながら、すでに知っている単語には印をつけていくのがもっとも正統的な方法です。

③『白水社ポーランド語辞典』の見出し語のなかで、この『1500語』に収録されているものにチェックを加えておけば、重要語が一目でわかるようになります。

④アルファベット順では使いにくいという場合は、自分で好きに並べ替えてください。ノートやルーズリーフに書き出してもいいし、カードにとるのもいいでしょう。辞書や教科書を参照しながら、基本的な意味以外を追加することもできます。

⑤余裕ができたら、変化形もチェックしてください。これを知らなければポーランド語は使えるようになりません。

⑥例文がほしいときには、『ニューエクスプレス　ポーランド語』など、かつて勉強した教科書から選ぶと効果的です。

⑦巻末の文法はすこし難しいかもしれませんが、表を眺めながら知識を整理することができます。

⑧辞書の代わりに使うことは絶対にやめてください。必ず失敗します。

⑨あらゆる語学書には間違いが含まれている可能性があります。また30年近く前に出版されたものなので、古い部分があるかもしれません。つづりなどでヘンだなと感じたら、大きい辞書で確認してください。

⑩小さな本です。せっかく買ったのですから、しばらくはいつでも持ち歩き、時間のあるときに眺めてはいかがでしょうか。

男性人間形 vs 非男性人間形

　スラヴ諸語は互いに似ているからどれも同じだろうと高をくくっていると、必ず痛い目にあう。大雑把な統語論は、世界中の言語の構造は説明できるかもしれないが、具体的な言語を学習するときには何の役にも立たない。

　そういう意味で、ポーランド語はわたしに対して常に緊張を強いる言語である。意外な格と結びつく前置詞。動詞と名詞の不思議な組み合わせ。そんなことがいちいち気になる。

　さらには文法でも未知の発想があって驚く。

　たとえば一致。形容詞類が修飾する名詞などに合わせて文法性・数・格を一致させるのは多くのスラヴ諸語で共通する。格変化を失ってしまったブルガリア語やマケドニア語は違うけど、それだって文法性と数の区別はやっぱりある。

　数について、複数形の作り方は名詞ならば教科書でも詳しく練習するが、形容詞などはなんとなく適当になりがちだ。だがここをちゃんとしておかないと、後々困ることになるのはスラヴ共通。

　ロシア語では形容詞類が複数形になると文法性の区別がなくなり、男性・女性・中性が同じ形となる。楽でいい。

　チェコ語では複数形でも男性・女性・中性の３つの区別がある。共通の形になってしまう格もあるけど、理に適っている。

　だがポーランド語の複数形は、男性人間形と非男性人間形に分けるのである。

　「男性人間形」って何？

　はじめて耳にする文法用語で、ちょっと緊張する。その実態は名前のとおり、人間の男性を表す名詞と結びつくときのかたちだ。と

いうことで複数形では2つに区別することになる。

人間の男性に限って特別扱いするとは驚きだ。「父兄」といっただけで叱られるご時世である。フェミニズム団体がポーランド語文法に興味を持ったら物議を醸しそうだ。

では男性人間形と結びつくのは、具体的にどんな名詞なのか。

父、息子、兄弟などの親族名称は分かりやすい。学生、労働者、技師などの職業名も男性だったらこれに入るのだろう。国籍を示すポーランド人とか日本人も同じはずだ。イヌとかウマは人間じゃないからダメ。

じゃあ宇宙人は？　幽霊は？　怪物は？

ポーランド語でオカルト研究をしようというわけではないが、なんだかちょっと気になる。映画『エイリアン』の字幕はどうするのだろう。SFやゲームキャラクターなんかはどうしたらいいのか。そもそも、男性かどうかというところから大問題である。

こういうことは、ポーランド語詳解文法を丁寧に読めば書いてあるのだろうけど、いささか面倒くさい。こんどポーランド語の先生に会ったときに聞いてみるかなどと考えているから、ちっとも賢くならない。どうしてこうもモノグサなのか。

だって、男性人間だもの？

ポーランドの偉人、ヨハネ＝パウロ2世、
ショパン、コペルニクス、
みんなまとめて男性人間形。

モウコノウマ

　フジくんは動物園に行きたいといった。
　大学でポーランド語を専攻するフジくんは、いろいろなことが重なって一時は心を閉ざしてしまったのだが、最近はだいぶよくなってきた。下宿に閉じ籠りがちな彼を、わたしは意識的に外へ連れ出す。彼の行きたい場所があれば、もちろんそこへ出かける。
　それにしても、動物園とは意外な選択だった。
　わたしたちは初夏のある日、東京・多摩動物公園へ出かけた。
　心のやさしいフジくんは、もともと鳥が好きで、実家では文鳥を何十羽も世話している。動物園でも鳥はとくに楽しそうに眺めていたが、もちろんそれだけでなく、あらゆる動物を見ようと２人で園内をせっせと歩きまわる。
　それぞれの檻には、そこにいる動物を説明するプレートがある。名称や種類や原産地に加えて、その英語名や、場合によってはラテン語名が表記されている。そういうのをチェックするのはなかなか面白い。知らない名前もけっこうある。動植物名は無限と思えるくらいあるので、全部を覚えることは不可能に等しいが、それでもどこかで出合ったものくらいは記憶にとどめたい。手元に電子辞書があると便利だ。
　小柄な馬がいた。プレートにはモウコノウマとある。原産は中央アジア。野生の馬としては現存する唯一の種類だという。
　わたしはこの馬に興味を持った。だがそれは珍しい種類だからではない。その英語名である。

　Przewalski's horse

フジくん、気がついた？

「あ。これってポーランド語ですよね」

この Przewalski という綴りは、どう考えてもポーランド語である。ポイントは rz。これはポーランド語では唇をすこし前につき出して発音する「ジュ」を表す。z の上にテンのつく ż とまったく同じ音を示すのだが、こういう付属記号は英語などで表記されるときに無視されることが多い。z も ż も、さらに ź までもが、すべて z になってしまう。

一方 rz だったら、英語でもそのまま残るから類推がつく。ただしそれがどんな音を示すかは分からない。日本語では「プルツェワルスキー」とか「プルジェバリスキー」などといった表記がされてしまう。ポーランド語から考えれば「プシェヴァルスキ」だろう。

それにしても Przewalski って何のこと？

のちに調べたのだが Przewalski は人名だった。ロシアの探検家で、1879 年に中央アジアでこの馬を発見したことで知られるという。

ロシア人！　確かに百科事典にはニコライ・ミハイロヴィチのように名前と父称が掲載されていた。ただしポーランド系なので、ラテン文字ではポーランド語式に表記することもあるという。となると話は簡単ではない。ロシア人だとしたら「プルジェバリスキー」と書くのも、あながち間違いとはいい切れない。

それでもわたしは Przewalski を「プシェヴァルスキ」と表記したい。というか、ポーランド式の綴りを見たら、それ以外の発音ができないのだ。rz はその前にある p の影響で「ジェ」じゃなくて「シェ」と無声化すべきだ。最後の ski の部分も伸ばさないで「スキ」としたい。ねえ、フジくん、そうは思わない？

「先生は、いつでも言語のことを考えているんですね」

そういって、フジくんは静かに笑った。

ウナギはやっぱり

　肉料理が嫌いというわけではないのだが、ヨーロッパに滞在していると肉ばかりが続いてしまい、そうなると他のものも食べたくなる。チェコではキノコやカリフラワーのフライがビールに合うし、ジャガイモのクレープもいい。それでも種類に限界があるので、すぐに飽きてしまう。

　だがポーランドのグダニスクは、そういうことのない例外的なところだった。つまり魚が豊富なのである。もちろんポーランド全体としては、やはり肉料理のほうがメインだろう。だがバルト海に面したこの港町は、肉類を一切拒否しても魚だけでなんとかなる。

　そのためには単語を覚えなければならない。

　当たり前だがryba「魚」などという大雑把な単語だけではレストランで対応できない。もちろんこれも大切で、メニューの中から複数形のryby（つまり魚料理）を探し出すときに必要となってくる。だが肝心なのは、そのあとに続くさまざまな魚の名前のほうだ。

　ここで気づいた。わたしはポーランド語で魚の名前をまったく知らない。

　ポーランド語に限らず、魚の名前はどのスラヴ系言語でも弱い。ロシア語だけは、通訳のために寿司ネタになりそうなものを選んで暗記したことがあった。だがそれ以外となると、知っている単語は非常に限られる。

　ポーランド語ですぐに分かるのはłosoś「サーモン」だ。これは他のスラヴ諸語でも似ているから覚えやすい。だがサーモンは日本でもよく食べる。せっかくポーランドにいるのだから他の魚がいい。

　karp「コイ」も分かる。英語のcarpによく似ているから、容易

に想像がつく。ポーランドやチェコではクリスマスにコイ料理を食べることで有名だ。一種の風物といっていい。だが、わたしはコイがそれほど好きではない。

それ以外は何も浮かばない。そこで会話集で予め確認しておく。dorsz「タラ」、flądra「ヒラメ」、pstrąg「マス」、sandacz「スズキ」、szczupak「カマス」。
（ルビ：dorsz→ドルシュ、flądra→フロンドら、pstrąg→プストロンク、sandacz→サンダチュ、szczupak→シュチュパク）

5つも覚えておけば大丈夫だろう。自分を信じて街に繰り出す。

グダニスクは美しい観光都市で、観光客向けのレストランも多い。入り口にはメニューが貼り出されたり、黒板にチョークで書かれたりしている。やっぱり魚料理が多い。覚えたての単語がいくつも並んでいるのが嬉しい。やはり勉強はするものだ。

目指すのは海岸に繋がれた船の中のレストラン。デッキにある席でビールを飲みながら昼食にしたら気持ちいいだろうなと、以前から目をつけていた。店内に入るとすぐに受付になっていて、どうやらそこで注文してから席で待つらしい。

料理方法はフライのみ。だが魚は選べる。メニューには暗記した単語が並ぶ。ところが1つだけ、halibut（ハリブト）というのが分からない。そんなの会話集になかったぞ。こうなったらそれを頼んで、新たな単語を覚えることにしよう。

出てきたのは白身魚のフライだった。だが見ただけでは何の魚だか分からない。分からないがおいしかった。

あとで調べてみたら、halibutとは「オヒョウ」のことだった。しかも英語でもまったく同じ綴り。なんだ、英語でも魚の名前に関する知識が不足しているのか。

ちなみにwęgosz「ウナギ」（ヴェンゴシュ）も試してみた。高級レストランで注文したウナギは、ぶつ切りにクリームソースがかかっていた。悪くはなかったのだが、ウナギはやっぱり日本風がいい。

ウナギはわたしの心に巣くう、唯一の「国粋主義」である。

お手にキスを

　かつてまだ研究者の端くれみたいなつもりでいた頃、ポーランドで開かれる東スラヴ関係の学会に招待され、カミさんと2人でノコノコ出かけたことがある。

　学会というのはどこでもクラス会みたいな雰囲気があり、知人同士が旧交を温める場という感じが強い。ところがわたしもカミさんも、海外に知り合いの研究者なんてほとんどいない。そうなると、会場で思いっきり浮いてしまう。

　だがそのときはちょっと違った。地方で開かれた小さな学会だったので、出席者はほとんどがポーランド人。ロシア人やドイツ人も何人かいたが、遠いアジアからやって来たわたしたちは、とくに歓迎された。

　ポーランド人は社交的である。こちらが会場でボーッとしていると、積極的に話しかけてくる。

　気がつくと、カミさんが見知らぬ男性と話をしていた。髭を生やしているので年齢を判断するのが難しいが、おそらく40代くらいではないか。聞けば、ポーランド北部から来たロシア語教師だという。しかもそのロシア語の発音がすばらしい。

　ロシア語教師の発音が悪いのは日本に限らない。たとえスラヴ系であっても、語彙力や理解力では有利かもしれないが、発音は熱心に身につけた一部の者を除けば、母語の影響が残る。わたしの個人的な経験では、チェコ人のロシア語教師で発音の上手い人には会ったことがない。

　だがそのポーランド人は違った。ポーランドにおけるロシア語教育事情を熱心に語るその話しぶりは、1つ1つの発音が正確なだけ

でなく、イントネーションも含め、何というか、呼吸までもがロシア語なのだ。ロシア人と話しているとしか思えない。これほどできる人がいるのかと、心密かに感心していた。

だが、内面までがロシア人というわけではない。

話が終わり、わたしとカミさんはその場を離れようとあいさつをした。するとそのポーランド人はニッコリとして、カミさんの手を取った。

そしてキスをした。

う～ん、やっぱりポーランド人である。

ポーランドではいまでも、男性が女性の手にキスをするのが一般的なあいさつだ。騎士道精神なのか、よく分からないが、彼らの行動はごく自然である。ロシア人はそういうことをまずしない。どんなにロシア語が上手くても、彼はやっぱりポーランド人だった。

一方で、わたしは手にキスをするのがどうにも苦手である。別に唇を付着させる必要はなく、ただ近づければいいのだと、頭では分かっていても、これを自然にやれるほど、ポーランドの習慣が身についていない。

その学会でポーランド女性と知り合った。ウクライナ語学を専攻する若い大学院生で、お互いに共通のテーマに関心を持っていることが分かり、有益な情報交換をすることができた。彼女のウクライナ語も上手だった。

別れ際、彼女は右手を差し出してきた。手の甲を上に向けている。やはり彼女はウクライナ人ではない。ポーランド人の女性としては、これが自然なのである。

そのとき、わたしはどうしたか。

その手をそっと左に捻じった。

そして軽く握手をした。

あとでカミさんからダメ出しされたことは、いうまでもない。

バルト海のほとりから

　リトアニア語やラトヴィア語のようなバルト諸語は、スラヴ諸語とはやっぱり違う。もともとは１つの源から分かれたという説もあったが、今ではそれほど支持されていない。すくなくとも外国語学習において、有利になることはそれほどない。

　だが歴史的系統はともかく、近隣であればお互いに交流する。国境を接していれば、その絆はさらに深まる。

　リトアニアにはポーランド系住民がたくさんいて、首都ヴィリニュスにはかつてポーランド語専門書店があった。新聞や雑誌なら、リトアニアの街のキオスクで簡単に入手できる。かつて第２の都市カウナスでリトアニア語研修を受けるために１カ月間滞在していたときも、ときどきポーランドの雑誌を買っては下宿で読んでいた。ポーランド語がそれほど得意というわけではないが、１つの言語を集中的に学んでいると、ときには違った言語が読みたくなる。

　では、ラトヴィアはどうか。残念ながら、わたしはこの国の事情について非常に限られた知識しかなく、なによりも言語が分からないので、詳しいことは知らない。

　ラトヴィアはこれまで何度か訪れた。旧ソ連時代には、ロシア語通訳として仕事をした経験もある。もっとも当時は、表面的にはロシア語だけで充分にコミュニケーションができてしまうため、たとえばラトヴィア語の学習教材を探すほうが、かえって難しいくらいだった。

　そんな中、街のキオスクでかわいい小さな本を見つけた。表紙には *LATVIEŠU-POĻU SARUNVĀRDNĪCA* とあり、なんだかよく分からない。

表紙にはイラストがあって、タキシード姿のおじさんが帽子をとって Labdien! とあいさつしている。その視線の先にはコートを着てハンドバッグを持った女性が、これに応えて Dzień dobry!
　これは「ラトヴィア語＝ポーランド語会話集」なのである！
　当時のわたしは Dzień dobry! 以外のポーランド語がほとんど分からなかった。それでもこれが欲しくなってしまい、迷わず購入する。両方の言語のうち、どちらも分からない外国語会話集を買ったのは、おそらくこのときがはじめてだろう。
　開いてみれば、ちょっと洒落たイラストが満載。どうやら1コマ漫画らしく、そばにはラトヴィア語とポーランド語で何やら書き添えてある。ああ、これが分かったらどんなにいいだろう！　だが残念ながら、そのときはイラストをただ眺めるしかなかった。
　それから四半世紀以上が経過したいま、わたしは再びこの会話集を手に取ってみる。ラトヴィア語は相変わらず分からないが、一方ポーランド語のほうはだいたい見当がつくようになっていた。イラストに添えられたことばも分かる。だから笑える。
　会話集には巻頭に文字と発音の説明、また巻末には簡易文法がついていた。当時はあまり気にしていなかったが、これは重要な情報である。と思ったら、これはラトヴィア語で書かれたポーランド語の説明だった。つまり文法表や例文のポーランド語は分かるのに、説明のラトヴィア語は理解できないのである。
　それでもいい。半分だけでも分かるようになったことが無性に嬉しい。やっぱり語学書は捨てずに、ときどき開いてみなければいけない。
　では、残りの半分が分かる日は、果たして来るのだろうか。

ハッピー・バースデイ!

　東京・新宿に行きつけのビアホールがある。甲州街道から道を一本入ったところにひっそりと佇む、地下のドイツ風居酒屋。教え子たちと集まるときに、よく利用している。

　先日も何人かでレーベンブロイを飲んでいたら、近くの席に5～6人の若者のグループが入ってきた。多くは日本人らしいが、そのうち2人はヨーロッパ系の風貌。とはいえ、そんなのはいまどき珍しい光景ではない。

　だがしばらくして、そこから聞こえてきた歌は珍しかった。

Sto lat, Sto lat.（ストラト　ストラト）　100年、100年
Niech żyje, żyje nam.（ニェフ　ジイェ　ジイェ　ナム）　長生きしますように
Sto lat, sto lat.　100年、100年
Niech żyje, żyje nam.　長生きしますように

わたしは隣に座っていたウメくんと、思わず顔を見合わす。
「先生、ポーランド語じゃないですか!」
　ウメくんはかつてドイツ語を専攻し、いまは言語学科に籍を置く大学生。ハンガリー語やフィンランド語などのウラル諸語に取り組んでいるが、スラヴ諸語もポーランド語を含めていくつか勉強してきた。それにしても歌まで知っているとは、大したものだ。文化を積極的に勉強している学生は、言語学専攻では珍しい。

　確かにこれはポーランド語の歌、しかも誕生日の定番曲である。きっと仲間の1人が誕生日なのだろう。だがそのグループの日本人たちは、ただ黙って聞いているだけだった。
「わたしたちも歌っちゃいましょうよ!」

<ruby>Jeszcze<rt>イェシュチェ</rt></ruby> <ruby>raz<rt>ラス</rt></ruby>, <ruby>Jeszcze<rt>イェシュチェ</rt></ruby> <ruby>raz<rt>ラス</rt></ruby>,　もう一度、もう一度

Niech żyje, żyje nam.　長生きしますように

Jeszcze raz, jeszcze raz,　もう一度、もう一度

Niech żyje, żyje nam.　長生きしますように

Niech żyje nam.　長生きしますように

　驚いたのは2人のポーランド人だった。流暢な日本語で「ポーランド語が分かるんですか」と嬉しそうに話しかけてくる。それに対してこちらは<ruby>Oczywiście<rt>オチヴィシチェ</rt></ruby>!「もちろん！」とポーランド語で返す。

　気分のよくなったウメくんは止まらない。続いてポーランド国歌を歌い出す。

<ruby>Jeszcze<rt>イェシュチェ</rt></ruby> <ruby>Polska<rt>ポルスカ</rt></ruby> <ruby>nie<rt>ニェ</rt></ruby> <ruby>zginęła<rt>ズギネワ</rt></ruby>　ポーランドいまだ滅びず
<ruby>Kiedy<rt>キェディ</rt></ruby> <ruby>my<rt>ムィ</rt></ruby> <ruby>żyjemy<rt>ジィエムィ</rt></ruby>　我らが生きる限り

　もちろんポーランド人も熱唱。日本のビアホールでは歌声が響くことなど滅多にないが、ヨーロッパではよくある光景だ。店内が一瞬にして、日本ではないような雰囲気になる。わたしも含めた4人は、ポーランド国歌を最後まで気持ちよく歌った。

　こんなふうに、日本にいてもポーランド語に触れる機会がときどきある。話者人口は4千万人近く、スラヴ諸語の中では大言語といっていい。そういう意味では「使える」言語なのだ。

　ただし日本のビアホールでポーランド語の歌を歌ったりすれば、周囲の日本人からは異様な目で見られることだけは、覚悟しておいたほうがいい。

ランラララン

　小学生は朝礼や移動教室などでしばしば歌を歌う。そのときのため事前に配布される「愛唱歌集」のような本には、スラヴ系の民謡が意外と多く掲載されている。

　いちばん多いのはロシア民謡で、「赤いサラファン」や「トロイカ」あるいは「ともしび」などは広く知られている。だがそれだけではない。「おお、牧場はみどり」や「気のいいアヒル」がチェコ民謡だということは、どれくらいの日本人が知っているのだろうか。

　ポーランド民謡もある。有名なのは「森へ行きましょう」だろう。「も〜りへ〜いき〜ましょ〜う　む〜すめ〜さん〜」という曲は、テレビのCMなどでもくり返し使われている。

　ポーランド民謡なのだから、当然ながらオリジナルの歌詞はポーランド語である。

Szła dzieweczka do laseczka（シュワ　チェヴェチュカ　ド　ラセチュカ）
Do zielonego — ha, ha, ha（ド　ジェロネゴ　ハ　ハ　ハ）

Do zielonego — ha, ha, ha

Do zielonego.

Napotkała myśliweczka（ナポトカワ　ムィシリヴェチュカ）

Bardzo szwarnego — ha, ha, ha（バルヅォ　シュヴァるネゴ）

Bardzo szwarnego — ha, ha, ha

Bardzo szwarnego.

　挿入される ha, ha, ha という「合いの手」は、日本語でも「アッハ〜ハ」と入るから、そこを頼りにリズムをとれば、この歌詞をもとに歌うことも不可能ではない。歌詞の内容は「娘さんが緑の森へ

行き、ハンサムな狩人さんに会いました」といった感じで、似ているような似ていないような、微妙なところである。

本当のことをいえば、この歌詞を正しく訳すのはかなり難しい。szwarnego は「ハンサムな」という意味らしいのだが、śwarnego という綴りも見かける。しかもどちらの単語にしても、かなり大きなポ英辞典やポ露辞典で調べても載っていないので、正確なところは分からない。

それでも、この歌が世界的に知られていることは、ポーランド人自身も知っているようで、わたしもポーランド語夏期集中セミナーの授業中に習ったことがある。メロディーは知っているし、くり返しが多いし、難しいことは何もない。しかも、後半は「ランラララン」だから簡単。

いや、そうではなかった。

ポーランド語の歌詞は「ランラララン」では済まないのだ。

Gdzie jest ta ulica, gdzie jest ten dom
グヂェ イェスト タ ウリツァ グヂェ イェスト テン ドム
Gdzie jest ta dziewczyna
グヂェ イェスト タ ヂェフチナ
Co kocham ją?
ツォ コハム ヨン
Znalazłem ulicę, znalazłem dom
ズナラズウェム ウリツェン ズナラズウェム ドム
Znalazłem dziewczynę
ズナラズウェム ヂェフチネン
Co kocham ją.
ツォ コハム ヨン

訳せば「あの通りはどこ、あの家はどこ、わたしの愛するあの娘さんはどこ？　通りを見つけた、家を見つけた、わたしの愛する娘さんを見つけたよ」といったところだろうか。通りや家が突然現れるので少々面食らう。そのうえ一般的な現代文法では理解しにくい箇所もあり、相変わらず民謡は難しい。

だがここで考えた。この部分を知ってこそ、ポーランド語を勉強したといえるのではないか。多くの人が「ランラララン」で済ませ

るところも、しっかりポーランド語で歌えてこそ、勉強した価値があるというものだ。

よし、がんばって覚えよう。

以来、この部分もポーランド語できちんと歌うことにしている。たとえ日本語で歌うときでも、みんなが「ランラララン」というのを尻目に1人で「Gdzie jest ta ulica...」と口ずさむ。

本当のことをいえば、ポーランド語でも「la, la, la...」で歌うことはある。だが、それでは面白くない。

ちなみに、同じ歌はチェコ語版もある。だが後半部分は日本語と同じ「la, la, la...」のようだ。

こんどチェコのビアホールでこれを歌う機会があれば、後半だけポーランド語にしちゃおうかな。

幼稚園生のための歌の本。
いっしょにランラララン。

四半世紀前のニュース番組

　最近はチェコに出かけても、ホテルには宿泊せず、もっぱらアパルトマンを利用している。アパルトマンとは、簡単にいえばウイークリーマンションみたいなものだ。台所があるから、スーパーマーケットで買ってきた材料を自分で料理することができる。皿やナイフ・フォーク・スプーンも揃っている。何よりありがたいのは家庭用冷蔵庫があることで、ビールやワインが冷やせる。しかも瓶を立てて、である。

　2013年に宿泊していたプラハのアパルトマンは1階に受付があり、午前8時から午後6時まではフロント係が対応してくれた。とはいえ、鍵はチェックアウトまで預かりっ放しなので、チェックインの手続きが終われば、あとはあいさつをする程度。

　それでも1度だけ、部屋まで来てもらったことがあった。テレビの使い方が分からなかったのである。

　どうやらわたしとカミさんは現代の技術革新から完全に取り残されているらしく、ヨーロッパのホテルやアパルトマンの部屋にあるテレビの使い方が分からないことがしばしばある。いまどきのテレビは昔と違ってただスイッチを入れるだけではダメで、あれこれボタンを複雑に押さなければ映らない。

　今回のアパルトマンのテレビも、わが家のテレビよりはるかに新型。イヤな予感がしたのだが、案の定、ボタンをいくら押してもスクリーンには何も映らない。こういうときは聞いたほうが早いと、カミさんが受付から係の青年を呼んできた。青年は流暢な英語を話したが、カミさんにはチェコ語でテレビの使い方を丁寧に説明してくれる。おかげで、2つのリモコンを交互に使って、正しい順番で

正しいボタンを押し、数百のチャンネルから番組を選ぶ方法が分かった。われわれは青年に丁寧にお礼を述べ、さっそくチャンネルの捜索に取りかかる。

　チャンネル数があまりにも多いと、どの番号にどの放送局が対応するかを調べるだけでもタイヘンである。すぐに気づいたのは、外国語の放送局が多いことだった。ドイツ語、英語、フランス語、イタリア語、スペイン語……。

　あれ？　チェコ語は？

　そうなのである。いくらチャンネルを替えても、チェコ語の番組が見つからない。ひょっとして、ここは外国人が主に利用するアパルトマンだから、チェコ語放送が入らないのではないか。完全に油断していた。

　とはいえ、入らないものは仕方がない。受付の青年に頼んでも、おそらく無理であろう。こうなったら、観られる番組で我慢しなければならない。

　あちこちチャンネルを替えているうち、スラヴ系言語が流れている番組を見つけた。おお、もしかしてチェコ語かな。

　違った。

　ポーランド語であった。

　ここからやっと、ポーランド語の話になる。

＊　　　　　＊　　　　　＊

　最近のプラハでは、ポーランド人観光客もアパルトマンを借りたりするのだろうか。この新型テレビでは、欧州各言語の放送に加えてポーランド語放送も観ることができた。

　ポーランド語放送は、全部で4チャンネルあった。すべてTVP局で、POLONIAは総合、INFOは報道、KULTURAは文化、そしてHISTORIAは歴史番組を、それぞれ放送する。

基本的にはINFOチャンネルでニュースを観る。ポーランド国内だけでなく、海外の動向も分かる。2013年の夏は、エジプトとシリアの話題で持ちきりだった。

　KULTURAチャンネルでは教養番組やWieczorynka（ヴィエチョリンカ）という子ども向けアニメ番組が観られる。チェコのテレビ局ČTにもVečerníček（ヴェチェるニーチェク）という有名なアニメ専門番組があり、ここから「クルテク」などが生まれたのだが、ポーランドにも似たような番組があって、むしろ納得である。動物園のペンギンが主人公の人形アニメが楽しかった。

　だがもっとも楽しんだのはHISTORIAチャンネルだった。ここでは古い映画やドキュメント番組が常に流れている。時代もさまざまで、第2次世界大戦時代のものもあれば、比較的新しいsolidarność（ソリダるノシチ）「連帯」時代のものもある。固いものばかりではなく、30年くらい前の音楽祭が放送されたりする。懐かしい人には嬉しいだろう。

　不思議な番組を見つけた。夕方7時過ぎに放送するニュース番組なのだが、1980年代末の同日のニュースDziennik Telewizyjny（ヂェンニク テレヴィズィイヌィ）を編集することなくそのまま流しているのである。四半世紀前のポーランドは激動の時代であった。画面の中のワレサ委員長（当時）が若い。もちろん旧体制時代の放送だから、政権側の政治家もたくさん出てくる。外国の政治家も、西ドイツのコール首相やソ連のゴルバチョフ書記長など、懐かしい顔ぶれが現れる。ちょっとした歴史の復習である。

　それだけではない。アナウンサーや記者の服装が時代を感じさせる。街にはイルミネーションがすくなく、商品のデザインが全体的に地味だ。こういうとき、映像は文章より雄弁である。まさに百聞は一見に如かず。観ていて飽きない。

　何よりも気に入ったのは、天気予報である。画面にはポーランド

の地図が現れ、6～7箇所に太陽や雲のマークが示される。そこにアナウンサーが、明日は全体的に曇りで、気温も朝は10度くらいの予想です、などと報じる。なるほど、それじゃ出かけるときの服装に気をつけなければ。

だが次の瞬間、これが四半世紀前の話だったと思い出す。おっといけない。それにしても80年代末はずいぶん涼しいな。最近は気温が高い気がするが、やっぱり温暖化なのか。

いやいや、ここはポーランドではなく、チェコだった。ややこしいことこのうえない。

ややこしいのはそれだけではない。朝、ポーランド語放送を観てからプラハの街に出かけたら、口からチェコ語が出てこないことに気がついた。チェコ語で Dobrý den!「こんにちは！」というべきなのに、ポーランド語で Dzień dobry といってしまう。それ以来、朝だけはポーランド語放送をやめて、街では売店で新聞を買い、喫茶店でコーヒーを飲みながら20～30分くらいはチェコ語を読むことにした。そうして頭を切り替えるのである。

こんな感じで、複数のスラヴ系言語に接する奇妙な体験をした。ふつうのプラハ滞在では、そういうことはまずない。

それでも毎晩のポーランド語放送が楽しみだった。寝る前の数時間、テレビから流れてくるもう1つのスラヴ系言語というのも、また格別である。

1980年代末のポーランド・ニュース番組。

第1章　ポーランド語いまだ滅びず

再び「失われた笑い」を求めて

　2011年の夏にポーランドへ出かけたときには、ポーランド映画のDVDを買おうと出発前から決めていた。かつてヴィデオ全盛期にはマルチ対応のデッキをわざわざ買って観ていたのだが、それもいまは昔。DVDは字幕や音声が選べるから便利だし、嵩張らなくて軽いから旅行中も気兼ねなく買える。

　ところが探し方が悪かったのか、ワルシャワでもグダニスクでもポーランド映画のDVDはそれほど手に入らなかった。かなり大きなCD＋DVDショップで探しても、ハリウッド物はたくさんあるのに国産はすくない。これはたとえばチェコとは大きく違う。

　それでも「ポーランド映画の基本 コメディー編」*Kanon filmów polskich Komedia* という10巻シリーズを見つけた。すべてポーランド語と英語から字幕が選べる。このうち1990年代以降はわたしの趣味におそらく合わないことが経験から分かっているので、60～80年代に制作された8巻のみを買い求めることにした。

　ポーランド映画は日本でも数多く紹介されている。もっとも有名なのはアンジェイ・ワイダ Andrzej Wajda 監督の作品だろう。『灰とダイヤモンド』『地下水道』『鉄の男』『大理石の男』など、ポーランドの歴史と社会を鋭く描いた作品には定評がある。他にもクシシュトフ・キェシロフスキ Krzysztof Kieślowski 監督の「トリコロール」シリーズは映像の美しさで知られているし、イェジ・カヴァレロヴィッチ Jerzy Kawalerowicz 監督『尼僧ヨアンナ』やアンジェイ・ムンク Andrzej Munk 監督『パサジェルカ』などの文芸作品も日本でDVD化されている。スラヴ圏ではロシア・ソ連に次いで広く知られているといっていい。

ただし、すべて真面目である。

もちろんロマン・ポランスキ Roman Polanski 監督のように、エンターテイメント性の強い作品もある。だが基本的には、苛酷な歴史や社会の矛盾を告発するような、インテリ層が感銘を受ける作品が多い。それを否定はしない。

だが、わたしは一般庶民が楽しむ映画を知りたいのである。

だって、語学者なんだから。

語学者は文学や芸術ばかりを追い求めてはいけない。ことばは文学者や芸術家だけのものではないのである。かといって、新聞記事と論文だけでは、出合う文体が限られてしまう。そんなものばかり相手にしているから、言語学書はつまらない。それよりも、ふつうの人が楽しむものに注目したい。

映画の場合、いくらタルコフスキーやアンゲロプロスの映画が高い評価を得ていても、語学者にとっては視点が違う。すくなくともわたしはたいして面白いとは感じない。こういう発言をするとインテリからは軽蔑されるのだが、仕方がない。わたしが求めているのは、もっとフツーの映画なのだから。

しかもコメディーがいい。

前著『ロシア語の余白』（もちろん現代書館）でも述べたが、笑いは文化である。笑うことは泣くことに比べてずっと難しい。悲しみというものは、親子が別れるとか、恋人と結ばれないとか、大切な人が死ぬとか、だいたい相場が決まっている。ところが笑いは、それぞれが独自の背景から成り立っている。世界共通とは限らず、むしろ言語文化圏ごとに違っている場合が多い。それを知らなければ笑えない。文法と語彙だけでは理解できないのだ。

だからポーランドを知るために、ポーランドのコメディー映画が観たいのである。それをポーランド語で理解して、さらには笑えるようになったら、わたしのポーランド語は進歩する。そう信じて

DVDを求めていたのだった。

　それでは、ほとんど初体験といっていいポーランドコメディー映画はどうだったか。買い求めたシリーズを順番に観ていったのだが……。

　ほとんど理解できない。

　ことばの問題だけでない。なんというか、笑いのツボが分からないのである。どうしてこれが面白いの？　なんでこういう展開になるの？　頭には疑問ばかりが浮かび、映画が楽しめない。

　アニメーションについても同様だった。「子ども向けポーランド・アニメーション・アンソロジー」*Antologia polskiej animacji dla dzieci*という3枚セットのDVDで短編アニメを30本以上観たのだが、これもやっぱりよく分からないものが多い。不思議だ。

　何と比べて分からないのか。

　チェコである。

　不思議なことに、わたしにとってコメディーやアニメーションの評価基準は、日本でもロシアでもなく、チェコなのである。詳しくは次章に譲るが、ここ数年にわたってチェコ映画を熱心に鑑賞した結果、価値観がすっかりチェコ化してしまったようだ。

　ということで、わたしのポーランド映画評は完全にズレていることが予想される。しかもポーランド語の理解力に限界があるのだから、さらに問題である。分からない、などという発言は許されないのかもしれない。ごめんなさい。

　それでも気に入ったポーランドのコメディー映画を、例のシリーズからいくつか見つけた。

ポーランド版『スティング』
Vabank cz.1 I 2

　『ヴァバンク』（ユリウシュ・マフルスキ監督、1981年）は金庫破りの物語である。

　舞台は1934年のワルシャワ。クフィントは2年の刑を終えて刑務所から出てきた。彼は表向きこそジャズプレイヤーで、夜のクラブでトランペットを吹いているが、実は天才的な金庫破りなのである。だが2年前、銀行家クラメルに銀行強盗を唆され、その結果捕まってしまったのだった。しかも出所してみれば、親友がクラメルのせいで自殺していたことを知る。クフィントは復讐を誓い、仲間を集めることにする。

　その復讐の方法が巧妙で、しかもスマートである。銀行を襲うといっても強盗ではない。気づかれないうちにこっそりと盗む。そのために警報装置を解除する天才ドゥインチェクに協力を仰ぐ。彼のとぼけたキャラクターはクフィントと対照的である。さらにクフィントを尊敬する間抜けな若手の強盗コンビのヌタとモクスが笑いを誘う。こういう映画を観ていると、必ず強盗側を応援したくなるから不思議だ。社会主義国の映画では、犯罪者はどのような理由があろうとも最後には必ず罰を受けるという結末が普通である。この映画は時代背景をずらしているとはいえ、珍しい例外かもしれない。

　タイトルのvabankとはいったいどういう意味なのか。これがなかなか分からない。普通は「ヴァージニア銀行」になってしまう。英語字幕にはvabanqueとあり、調べてみればボードゲームのようである。どうやら「カジノのイカサマ賭博」のようなニュアンスらしい。

　イカサマというキーワードが出るまでもなく、このストーリーは

アメリカ映画『スティング』Sting（監督：ジョージ・ロイ・ヒル、1973年）を思い起こさせる。ポール・ニューマンとロバート・レッドフォードが共演するこの大ヒット映画は、1930年代を舞台に裏世界の大物相手に詐欺を働く物語だ。確かに似ている。

そうなると『ヴァバンク』は舞台がシカゴからワルシャワに移っただけの、何かパワーダウンした二流映画のような先入観を持つ人がいるかもしれない。

だがそれは違う。『ヴァバンク』はオリジナリティー溢れる、ポーランド映画の傑作だ。すくなくともわたしとカミさんは、どんなポーランド映画よりもワクワクしながら観た。

実際、『ヴァバンク』は1980年代初頭のポーランドで大成功を収め、記録的な観客を動員したという。好評に応え、1984年には続編『ヴァバンクⅡ』が公開される。今度は銀行家クラメルの逆襲である。こちらもハラハラドキドキ楽しめる。

ポーランド人だって娯楽映画を観る。この映画のおかげで、わたしはポーランドの一般庶民感覚に、ほんのすこし近づけたかのよう

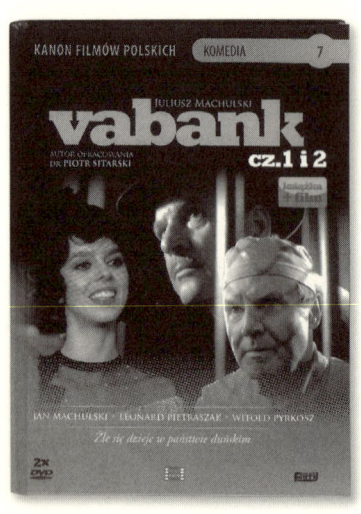

『ヴァバンク』のDVDジャケット。
果たして金庫破りは成功するのか？

な幻想を持つことができて、嬉しかった。

　ちなみにインターネットでこの『ヴァバンク』の情報を調べていたら、ロシアでも人気の高いことが分かった。旧ソ連時代の1985年にすでに劇場公開されている。当時は社会主義国間で映画を配給し合っていた関係もあったが、すべての映画がヒットするわけではないだろう。

　やっぱり、『自動車に注意！』*Берегись автомобиля*（監督：エリダール・リャザーノフ、拙著『ロシア語の余白』参照）と違って、最後に犯罪者たちが成功しちゃうところが面白かったのかな。

オシャレで生き生き
Nie lubię poniedziałku

　すべてのジャンルを合わせても全部で20本も観ていないポーランド映画から、いちばんを決めるのもおかしなものだが、『月曜日はイヤよ』（タデウシュ・フミェレフスキ監督、1971年）がもっとも好きだ。

　これはワルシャワのとある1日（なぜか9月15日）に起こった出来事を、丹念に追うコメディーである。

　ストーリーは取りとめない。明け方に酔っ払いながら家に帰ろうとする俳優、地方からコンバインの部品を求めて上京した労働者、幼稚園が急にお休みになってしまい子どもを連れたまま勤務する警官、商用で訪れたイタリア人、アメリカから里帰りした金持ちのポーランド系移民などが、微妙に接点を持ちつつ、すれ違い、行き違い、さまざまな誤解を生み、それでも最後には八方うまく収まる。その中に、小さな笑いがたくさん潜んでいる。挿入されるワルシャワの風景は、観光案内かと見紛うばかりに美しく、しかも活気がある。

　他愛ない映画だ。そこがいい。おかげで、生き生きしたポーランド語が間近に感じられる。

　しかもオシャレである。オープニングは出演者とキャストを紹介するアニメーションからはじまるのだが、これがイギリスコメディーの傑作『ピンクパンサー』を思わせる。しかもここで先のストーリーをさりげなく暗示させる。全編に流れるテーマ音楽も軽快だ。

　すでにこのオープニングから、タイトルにもなっている Nie lubię poniedziałku.「月曜日は嫌いだ」というセリフが2度くり返される。poniedziałek が生格となっているのは、動詞 lubię「（わたしは）好きだ」が否定されたために直接目的語が生格となる「否定

生格」で、この用法はロシア語ではほとんど失われている。3度目は Ja, panie, lubię Manday.「わたしはですね、あなた、マンデーが好きですよ」という、英語交じりの怪しいセリフが入る。もちろんこれも計算のうち。どうして英語なのかは本編を観れば分かる。とにかく、この冒頭だけでも1つの短編といっていいほどカッコいい。

カッコいいのはセリフも同じだ。

Prawdziwy fachowiec nie zaczyna pracy w poniedziałek.
　　　　　　　　　本物のプロは月曜日に仕事をはじめない。

ヨーロッパなどでは、切りのいい日に物事をはじめるとうまくいかない、あるいは未完成で終わってしまうというジンクスがある。だから避けたほうがいいというわけだ。この映画に登場する人々が見舞われるさまざまなハプニングを観ていると、やっぱり月曜日は気をつけたほうがいいかも、という気になる。

そもそもこのような考え方は、外国語学習にも通じるのではないか。新年、新学期、週のはじめなどから新しい外国語の勉強をはじ

『月曜日はイヤよ』のDVDジャケット。
これからとんでもない1日がはじまる。

めると、なんだか途中で挫折しそうな気がする。ピッタリにはじめたものだから、その後は1日も休まずに続けなければと気負い、そのうちだんだんと心の負担になっていく。それよりも思い立ったが吉日で、その後は焦らずに進めていったほうがいいのである。

　そんな迷信は信じない？

　それではこの映画をご覧ください。傍から見ていれば笑えるけれど、自分は決して巻き込まれたくはないエピソードが満載のコメディーを観れば、迷信にも気をつけたほうがいいかな、と思うかもしれませんよ。

ドラマ仕立ての視覚教材

　外国語の視覚教材はすでに珍しくない。映像とともに学習するのが当然といった風潮すらある。だがその出来栄えは、ロボットみたいに表情の固まった出演者がセリフを猛スピードで捲し立て、しかも内容は陳腐なクセに表現が難しいといった、お世辞にも誉められないものがけっこう多い。

　だがポーランド語には、スラヴ圏で群を抜く優れた視覚教材がある。それが *Uczmy się polskiego*（ウチュムィ シェン ポルスキェゴ）「ポーランド語を学びましょう」である。

　この教材はポーランド科学振興財団がポーランド・テレビと共同で制作したものである。スキットはドラマ仕立てで、あるポーランド人一家の生活を追いながら、国の歴史や文化も紹介していく。

　ドラマは４人家族がワルシャワのマンションに引っ越してくるところからはじまる。第１課では同じ建物に住む新しいご近所さんたちと自己紹介をくり返しながら、あいさつ表現を学習していくようになっている。ごく平凡な設定だが、そこにはさまざまな工夫がある。

　まずこの一家はグジェゴジェフスキ Grzegorzewski という。ポーランド語では名字の形が男性と女性で違うことが多く、この場合もお父さんの Krzysztof（クシシュトフ）と高校生の息子の Marek（マレク）は Grzegorzewski（グジェゴジェフスキ）で、お母さんの Bożena（ボジェナ）と幼い娘の Magda（マグダ）は Grzegorzewska（グジェゴジェフスカ）となる。なんとも発音しにくい名字だが、それはポーランド人にとっても同じらしく、Magda に自己紹介された近所の男の子 Maciek（マチェク）が「めちゃくちゃ難しい名字だね」というくらいだ。つまり、こういう名字を教育用にわざわざ選んでいるのである。また Bożena の職業は言語療法士 logopeda（ロゴペダ）である。ベタな設定ではあるが、Maciek の発

第１章　ポーランド語いまだ滅びず　　59

音を矯正する場面なども巧みに織り交ぜられている。

　ドラマに出演するのはプロの俳優たちである。Magda役の女の子は日本だったら「天才子役」と評判になるのではないか。とにかく安心して観ていられる。

　しかもそのドラマのストーリーが面白い。一家のほかにも、ときどき訪れるお祖母ちゃん、上の階に住む口うるさいWierzbicka<ruby>夫<rt>ヴィェジュビツカ</rt></ruby>人、素っ頓狂なAnna<ruby>おばさん<rt>アンナ</rt></ruby>などなど、キャラの濃い登場人物がどんどん増える。Marekとその彼女<ruby>Marta<rt>マルタ</rt></ruby>の恋の行方も気になる。

　1つのレッスンは30分ほどなのだが、教材なので7～8分に1回ほど復習が入る。ドラマの場面から抜き出した表現がくり返し発音されるわけだ。ところがドラマが面白すぎると、この「復習」が邪魔に感じる。ストーリーの先が知りたくて、教材部分を早送りで飛ばしたくなるほどだ。こうなってくると、全30回の連ドラを観ているのと変わらない。となると、教材としてはちょっと微妙かな。面白すぎて勉強にならないかも。

　しかしそれくらい魅力的な視覚教材が他にあるだろうか。

　わたしはこの教材が大好きである。俳優たちは、教材にふさわしく標準的でゆっくりと発音してくれるので、なんといっても聴き取りやすい。全30巻を最後まで観たときには自信がついた。これからは本物のポーランド・テレビドラマにチャレンジできる。

　ちなみにこの *Uczmy się polskiego* は、ポーランドのテレビでときどき再放送しているようだ。それだけではなく、You Tubeでも視聴することができる。外国語教材でこれほど人気のあるものは、めったにないだろう。これはすでに1つのドラマ作品なのだ。

もう書くことがありません

　話が飛ぶようだけど、必ずポーランドへ戻るからね。

　　　　　＊　　　　　　　　＊　　　　　　　　＊

　読書とは、1冊の本がキッカケとなって、次から次へと広がっていくものだ。

　2011年3月11日の東日本大震災が起こって以来、世間の価値観は大きく変わってしまった気がする。だが、日本はそれまでにも大震災を何回か経験したはず。わたしの住む東京だって、1923年9月1日には関東大震災があった。その頃の人々は何を考え、どのような行動を取ったのか。疑問に思い、地元の区立図書館を訪れた。

　関連する本は多かったが、中でも『江東ふるさと文庫③ 古老が語る江東区の災害』（発行：東京都江東区総務部広報課）が当時を知る人々の生の声を聞き書きによって伝えていたので、これを読むことにした。収録されている話は、震災だけでなく、明治43年の水害や大正6年の津波についての話も含まれていたが、これが非常に興味深い。統計資料とは違った価値がある。わたしは災害の状況以上に、聞き書きというものに興味を持った。

　見方が変わると書店の本棚も違って見える。赤嶺淳編『クジラを食べていたころ』（グローバル社会を歩く研究会）という本を見つけた。名古屋の大学生たちが主に自分の祖父母に高度成長期、とくに食生活についておこなったインタビューをまとめたものだが、大変な力作で深く感心した。おじいさんやおばあさんの語りが、聞き書きによって方言も含めて懸命に再現されている。言語学の資料としてもレベルの高いものではないか。論文にありがちな不自然で技巧的な

例文より、はるかに生き生きとしている。正確なだけで新鮮みも面白みもまったくない最近の言語研究は、こういった聞き書きから学ぶことがあるのではないか。

このようなジャンルをライフヒストリーあるいはライフストーリーというらしい。新しい知識を得た。

そこで今度は、ライフヒストリーやライフストーリーをキーワードに、概説書を探すことにした。関連書籍はいろいろあったが、初心者向けには櫻井厚・小林多寿子編『ライフストーリー・インタビュー　質的研究入門』（せりか書房）という本がバランスよくまとめてあるように感じたので、これを選ぶことにする。おかげでこの分野の全体像だけでなく、言語研究のヒントとなりそうな知識もたくさん仕入れることができ、本はたちまち付箋紙でいっぱいとなった。

この本の中で、次のような記述を見つけた。

　ライフヒストリー研究の伝統では、口述の語りよりも当事者によって記録された個人的記録文書が重視されてきた。周知のように、社会学ではトーマス＆ズナニエツキ著『ヨーロッパとアメリカにおけるポーランド農民』で、個人的記録は「社会集団の生活を特徴づける」ために、たいへん貴重な資料と評価されたのである。（145ページ）

　『ヨーロッパとアメリカにおけるポーランド農民』では、五〇家族の七六四通もの手紙がまとめられ、五つの機能によって分類されている。儀礼的、近況報告的、感傷的、文学趣味的、事務的の五類型である。（147ページ）

ポーランド農民？　手紙？　類型？　わたしにとってはちっとも周知ではないぞ。いったいどんな研究なのだ？　是非とも知りたい。

ほらね、ポーランドに戻ったでしょ。

『ライフストーリー・インタビュー』の巻末にある文献一覧によれば、このポーランド農民の手紙に関する研究は『生活史の社会学』（櫻井厚訳、御茶の水書房）というタイトルで邦訳されているらしい。その書名では気づかないわけである。いずれにせよ手に入れたい。だが地元の図書館にはなく、発行年も 1983 年と古いため、書店では入手できない。そこでカミさんに頼んで、勤務先である大学の図書館で探してもらった。

　『生活史の社会学』を手に取ってみると、いきなり訳者まえがきに次のようなことが書いてあった。

　　本訳書はいくつかの点で従来の翻訳書と形態を異にしていることをまずお断りしておかなければならない。（…）本書は一冊ではなく二冊の相互に関連する原書を土台にしており、しかもそれぞれの部分訳を一体化したものである。（i ページ）

　原著である *The Polish Peasant in Europe and America* は 2250 ページにも及ぶ膨大な研究である。それをすべて訳すのは確かに大変だろう。そこでライフヒストリーの方法論を中心に、さらに H. ブルーマーの『「ポーランド農民」の評価』という原著に対する研究の部分訳も合わせて 1 冊にしたのだという。なるほど。

　邦訳を読みはじめる。社会学の方法論が詳しく述べられている。基礎的な知識が欠如しているわたしには、かなり難しい。それでもがんばって読み進める。

　だがポーランド農民は、いつまで経ってもほとんど登場しない。81 ページの II「農民手紙の形式と機能」になって、やっとポーランドがキーワードとなる。

　トーマス＆ズナニエツキの分析によれば、当時のポーランド農民にとって、手紙は儀礼的な性格を持つ社会的義務であったという。

だから面倒でも書かなければならない。そうなると、それほど個性的な内容ではなく、むしろ伝統で決められた紋切り型をくり返すことになる。つまりパターン化されるというのだ。大切なのは何か情報を伝えることよりも、礼儀正しくあいさつを送ること。あなたがたのことは忘れていないと明言し、離れ離れだからこそ家族の団結を確かめ合うことばを綴る。

では具体的にどのような手紙なのか。

だがこの邦訳書では、たった1例のみが詳細な註とともに紹介されているだけだった。活字のポイントを落として小さくしているとはいえ、その分量はたった1ページ半。

ええっ、手紙そのものは紹介しないの？

そうなのである。社会学にとっての関心はその方法論だ。一方わたしが知りたいのは、20世紀初頭に移民したポーランド農民が、故郷に残った親戚に向けてどのような手紙を書いていたかという具体例である。目指す方向がまったく違う。

やはり原著に当たらなくてはならない。

調べてみると、原著 *The Polish Peasant in Europe and America* は1918年から1920年にかけて5分冊で出版されたことが分かったが、区立図書館にはもちろんない。再びカミさんに借り出してもらうように頼みこむ。この本はのちに2巻本にまとめられたが、ページ数を考えればいずれにせよ相当に重そうだ。大学には5巻本があったので、とりあえずそのうちの第1巻だけを借りてもらう。

さらに興味深い事実を知った。この名著は *Chłop polski w Europie i Ameryce* というタイトルで、ポーランド語訳が1976年にワルシャワから出版されているのである。当然ながら手に取ってみたい。こちらも図書館から第1巻だけを借り出してもらう。2冊合わせて1400ページ以上！　カミさんから重いと文句をいわれたことはいうまでもない。

英文の原書を開く。もちろん、邦訳にはないポーランド農民の手紙そのものが紹介されているページを探す。はじめに儀礼的、近況報告的、感傷的、文学趣味的、事務的の5つの類型として8つの例が示される。いくつか読んでみれば、神への感謝からはじまって、自分が元気で暮らしていること、相手やその家族の健康を祈っていることなど、確かにパターン化されていることに気づく。社会学者にとってはそのパターンが重要なのだろう。だが言語に興味がある者はパターン化のおかげで読みやすいという呑気な印象を持つ。

いや、そうでもないか。

原著では、もともとポーランド語で書かれたはずの手紙が、すべて英訳されて掲載されている。その英語は決して難しいものではないのだが、なぜか読みにくい。なんというか、ピンとこないのだ。冒頭に必ず書かれる神への感謝である Praised be Jesus Christus. や、それに対する In centuries of centuries. というのがなんだかしっくりしない。

そこで、該当箇所をポーランド語訳で当たってみる。

考えてみれば、*Chłop polski* は不思議な本だ。とくに手紙の部分は、もともとポーランド語で書かれたものが英訳され、それが再びポーランド語に訳されているわけである。

だが、おかげで解決することもある。Praised be Jesus Christus. は Niech będzie pochwalony Jezus Chrystus.「イエス・キリストが称えられますように」、それに対する In centuries of centuries. は Na wieki wieków.「末永く永遠に」がそれぞれ対応していることが分かると、なんだかホッとする。自分の能力を考えれば、ポーランド語より英語のほうが語彙も豊富で理解しやすいはずなのに、不思議な現象だ。ポーランドに関してはポーランド語で読むほうがいいらしい。

ということで、英語原典はやめてポーランド語訳を読むことにし

第1章　ポーランド語いまだ滅びず　　65

た。すると、こちらのほうがはるかに読みやすいことに気づく。くり返しの多い儀礼的な手紙は、語彙力に限界があるわたしにも理解しやすい。パターン化のおかげで文脈から類推することもできる。

ゆっくり読み進めていくうちに、面白い表現を見つけた。

2番目の手紙は、ある農夫が文字の読み書きを指導してくれた司祭に向けて書いたものだ。例によって冒頭は神への感謝。続いて自分が達者でいることやちゃんと働いていることを報告する。さらに日食があったことを伝えている。だがそのあとに唐突な文が続く。

Nie mam więcej co pisać.（ニェ マム ヴィエンツェイ ツォ ピサチ）「書くことがこれ以上はありません」

それから村人みんなから司祭へのあいさつなどが続くが、そこで再び次の文である。

Więcej nie mam co pisać.（ヴィエンツェイ ニェ マム ツォ ピサチ）「これ以上は書くことがありません」

他の手紙を読んでみれば、この「これ以上は書くことがありません」がけっこうくり返されていることが分かった。社会学者はどう分析するのだろうか。

すくなくともわたしは、なんだか微笑ましく思った。文章作法のはじめは誰でも模倣である。日本の小学生の作文だって、パターン化されているのがふつうだ。社会的義務として書いているポーランド農民の手紙だって同じだろう。その中で数すくない自分のことばが「これ以上は書くことがありません」なのかもしれない。

ことばを追い求める者には具体例が欠かせない。偉大な文学者による名文だけでなく、農民の手紙からも学ぶことは多い。その際はやはりオリジナルに触れることが大切なのだと、改めて感じた。

何をやってもことばのこと、スラヴのことを考えているものだから、わたしはポーランド農民と違って書くことがいくらでもある。

もちろん、ポーランド語以外のスラヴ諸語についても。

コラム1．カシューブ語

　ポーランドにはポーランド語以外に、カシューブ語という言語もある。だがこれは方言だという意見もある。

　言語と方言の違いは言語学的に証明できない。これは歴史的あるいは政治的な判断なのである。2つの言語を比べて、似ているからとか同じ国内だからといったことは、何の証拠にもならない。

　ただ21世紀は、方言に言語としての地位を与えようとする傾向が強い。カシューブのことばも、言語とする見解を以前に比べて多く見かけるようになった。ここでは言語として取り上げてみる。

　カシューブ語はバルト海沿岸の東部で話されている。その辺りで大きな都市といえば、ワレサの連帯運動で有名になった港湾都市グダニスクだ。そこまで行けば、何か情報があるかもしれない。

　だがこの計画は早々に挫折した。カシューブ地方の他の都市、たとえばグディニャとかソポトなどにはバスが運行しているが、本数が極端にすくないうえ、時間もどのくらいかかるか読めないのである。日帰りで往復するのは冒険だ。とくにカミさんは慎重な性格なので、そういうリスクは冒したくない。わたしだって、わざわざ面倒を起こしたくない。

　そこでグダニスク市内でカシューブを探すことにした。

　市内には郷土料理店があり、どうやらこれがカシューブらしい。だが特徴がよく分からず、あまり記憶に残っていない。それよりもロシア人たちがロシア語で押し通そうとして、それをポーランド人が完全に無視していた様子のほうが印象的だった。両方のことばを聴きながら、スラヴ系の言語同士だからって通じるとは限らないんだなあと思った。もちろん助けてやらない。どんな民族であろうと外国で自分の言語をゴリ押しする人は嫌いである。

土産物店に入ってみた。民族衣装や民芸品は美しいが、わたしとしては言語資料がほしい。すぐに見つかったのがシールだった。黄色の地に、なにやら羽根の生えた黒い獣が爪を立てているが、おそらくこれが紋章なのだろう。そばには Kaszëbë とある。なんと発音するかは謎だが、どうやらこれがキーワードらしい。

　気がつくと、本やパンフレットが置かれている。カシューブについてまとめた小冊子があって、そこにはポーランド語で地理や歴史から文化までさまざまな情報が集められている。先ほどの紋章の獣がグリフィン、つまりワシとライオンが合体した怪獣であることが分かった。じゃあカシューブには黄金が隠されているのかな。

　もうちょっとカシューブ語が書いてあるものがないかと探してみたところ、Roman Drzeżdżon, Grzegorz J. Schramke *Słowniczek polsko-kaszubski* という、20ページほどの小さな単語集を見つけた。パラパラ捲ると、最後に数詞がまとめてあった。

1 – jeden, 2 – dwa, 3 – trzë, 4 – sztërë, 5 – piãc, 6 – szesc,
7 – sétmë, 8 – òsmë, 9 – dzewiãc, 10 – dzesãc

　スラヴ系言語をすこしでも学習した人なら、たとえ数字がなくても意味が分かるはずだ。文字として目立つのは ë と ã である。ポーランド語の説明を頼りに音を想像するしかない。

　実際の音を聴きにカシューブ地方に行くチャンスは、果たして訪れるのだろうか。

カシューブの紋章をデザインしたシール。

第2章
チェコ語の隙間、スロヴァキア語の行間

プラハのツェレトナー通り24番地。
なぜか音楽関係のポスターが貼ってある（「古雑誌の広告を追え」参照）。

チェコ語のアルファベット

A	a	アー	Ň	ň	エニュ
B	b	ベー	O	o	オー
C	c	ツェー	P	p	ペー
Č	č	チェー	Q	q	クヴェー
D	d	デー	R	r	エる
Ď	d'	ヂェー	Ř	ř	エしゅ
E	e	エー	S	s	エス
Ě	ě	イェー	Š	š	エシュ
F	f	エフ	T	t	テー
G	g	ゲー	Ť	t'	チェー
H	h	ハー	U	u	ウー
Ch	ch	ハー	V	v	ヴェー
I	i	イー	W	w	ドヴォイテーヴェー
J	j	イェー	X	x	イクス
K	k	カー	Y	y	イプシロン
L	l	エル	Z	z	ゼット
M	m	エム	Ž	ž	ジェット
N	n	エヌ			

　巻き舌の「る」のほかにもう1つ、řも「しゅ」のようにひらがなを使ってみようか。これはチェコ語独特の音（「姑を泣かせる孫の名前」参照）。

　「ドヴォイテーヴェー」は「二重のヴェー」という意味。英語ではダブリューすなわち「二重のユー」なので微妙に違う。その昔VとUの区別がなかったことが意外なところに現れる。

ChはHのあとに

　チェコ語で使われるラテン文字は1つの文字が1つの音を示す。しかしそれはあくまでも原則。例外の代表がchだ。

　chという組み合わせは英語やフランス語にもあるが、表す音はまったく違う。千野栄一・千野ズデンカ『チェコ語の入門』（白水社）によれば、これは「ドイツ語のBachのchに似ていますが、それよりやや弱く、呼気を通しながら［k］を発音しようとすると得られる音」（23ページ）と説明されている。別の本では「『ク』を発音するときに出る、上あごと舌の真ん中あたりの間に空気がこすれて流れる音」といっている。いずれにせよ、日本語には対応する音がない。

　このchが含まれるチェコの人名や地名は、日本語でどのように表記するのか。たとえばアールヌーヴォー様式を代表する画家であるAlfons Muchaは、日本語ではフランス語風に「アルフォンス・ミュシャ」として知られているが、一部ではチェコ語式に「ムハ」と書かれている。ほかにもプラハの有名な居酒屋U Kalichaがガイドブックで「ウ・カリハ」と表記されているのを見た。チェコの西端にある、ドイツ国境まで数キロという町Chebは「ヘプ」とするのが一般的だ（最後のbは語末の無声化によって「プ」となる）。ということで、chだけだったら「フ」と書き表すのが妥当だろう。

　しかしである。それではhだけだったらどうなるのか。

　先ほどの『チェコ語の入門』には「いわゆる有声のhで、日本語では『お返事』とか『御飯』というような2つの母音の間にでる音」（同ページ）とある。ということはこちらも日本語で「フ」と表記するしかないことになる。『善良なる兵士シュヴェイクの冒険』

の著者 Jaroslav Hašek は「ヤロスラフ・ハシェク」であり、宗教改革者 Jan Hus は「ヤン・フス」とするしかない。

とはいえ、このような「微妙な違い」というものはどんな言語にもあるもので、決して珍しいことではない。

困るのは、アルファベットの順番である。辞書や百科事典では、ch は c の中に入るのではなく、まるで独立した文字であるかのように、h の次に来ることになっている。これに慣れるまでは、しばし迷う。chléb（フレープ）という単語を辞書で調べようと思ったら c の項目をいくら引いてもダメで、h のあとを探さなければならない。

chléb は「パン」のことである（chleba（フレバ）という形もあり、今ではこちらのほうが一般的かもしれない）。他にも ch ではじまる語は chlapec（フラペッ）「男の子」、chodba（ホドバ）「廊下」、chemie（ヘミエ）「化学」、charakter（ハラクテル）「性格」など、いくらでもある。知らない単語に出会ったとき、アルファベットの順番を思い出さないと、意味にたどり着けない。

それだけではない。たとえば書店に行く。英国のミステリー作家アガサ・クリスティーはチェコ語で Agatha Christieová となるのだが、もしアルファベット順に並んでいたら、彼女の作品は c のところにはなく、ch を探さなければならない。発音はおそらく「クリスティオヴァー」で、語頭は決して「フ」ではないのだが、どうやらそれは関係ないらしい。チェコ人は ch を見たら、h のあとに分類するように脳内がセットされているのである。

ということで、チェコ語学習者としては、「ch は h のあと」を身につける必要がある。勉強を続けていくと、わたしの脳内も徐々に「ch は h のあと」とセットされていく。Christieová に限らず、レイモンド・チャンドラー Raymond Chandler もジルバート・キース・チェスタートン Gilbert Keith Chesterton も正しく見つけられるようになる。それほど難しいことではない。それでもこれが分かっていると、プラハの書店を使いこなせている気がして嬉しくなる。

ところがワルシャワに行くと、この自信が一気に揺らぐ。ポーランド語でも ch はチェコ語と同じ「フ」なのだが、アルファベット順では c の中に含まれるのである。h のあとをいくら探したところで、Christie は見つからない。

　多言語学習者の苦悩は続く。

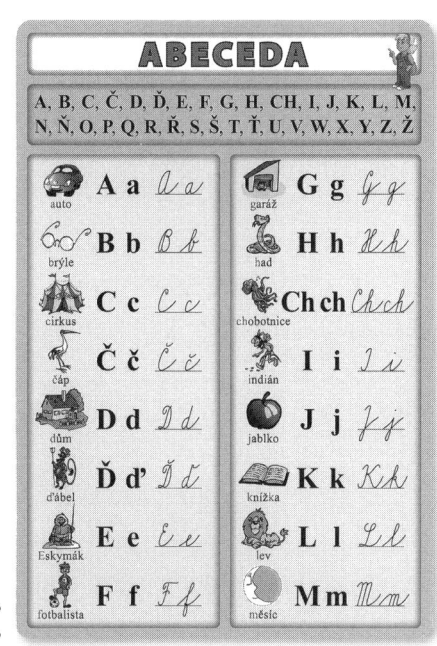

チェコ語のアルファベット表。
確かに Ch は H のあとである。

姑を泣かせる孫の名前

　チェコ語の音の話をするときにřの話題は欠かせない。

　rの上に小さなvが載っているこの文字の示す音は、音声学では「有声歯茎ふるえ摩擦音」という。この名称だけで相手を脅すには充分だが、その音は舌を巻きながら頰をすぼめて摩擦を起こして出すと聞けば、たいていの人が仰天する。舌を巻くことに限りない恐怖を感じている人は、世の中にはもっと難しい音があるんだから巻き舌くらいあきらめないで練習しましょうねというこちらの意図を完全に無視し、とりあえずチェコ語には手を出さないようにしようと心に誓うだけだ。

　このřについてはあちこちで書き散らしているので、いいかげん聞き飽きたといわれそうなのだが、不思議とそういう声が聞こえてこない。教師は同じことをくり返していいのだと改めて確信する。そんなことはもう知っているとばかりにつまらなそうな顔をしている学生がいたら、そいつを当てて説明させてやろう。そこまで理解しているヤツはめったにいない。

　řが実際にどんな音なのかは、聞いてみるしかない。カナで書き表すのは不可能なのだが、この本では「じゅ」とひらがなを使ってみることにした。こうすればžの「ジュ」と区別できるような気がするのだが、どこまで効果があるかは不明である。所詮、ふりがなは気休めにすぎない。

　この音を珍しがるのは、何も日本に限ったことではない。高校生の頃にギネスブックの日本語版を眺めていたら、世界一難しい音ということでřが紹介されていた。当時はこの音について詳しいことは知らなかったが、難しいという相対的な評価に世界一を決めてい

ることに不信感を覚えた記憶がある。今では違っているかもしれない。

　何を隠そう、チェコ人自身も ř の音を自慢する。ときには「世界一」なんていっているかもしれない。だから早口ことばでも、Tři tisíce tři sta třicet tři stříbrných stříkaček stříkalo přes tři tisíce tři sta třicet tři stříbrných střech.「3333 の銀のポンプが 3333 の銀の屋根に放水した」（「喉に指を突っ込め」参照）を得意げに披露するのだ。

　だが本当のところ、自慢するほど難しい音なのだろうか。わたしが出せない言語音なんていくらでもあるけれど、この ř については苦労した記憶すらない。ちょっと練習すればすぐできる。なんてことをいおうものなら、巻き舌すら出なくて絶望気味の人から猛攻撃される。だからいわない。

　嘆くのは勝手だが、ř から逃げていてはチェコ語のごく基本的な単語すら発音できない。数字の 3 tři がいえないのは不便ではないか。友人 přítel がいないのも寂しいけれど、夕食 večeře にありつけないのはもっと困る。

　なに、心配することはないのだ。ř はチェコ人にとっても難しいのである。子どもはなかなか発音できない。また高齢になると上手く出せなくなることもあるという。

　だから姑と仲の良くない嫁が、息子の名前を英語の Gregory に相当する Řehoř とつけて、発音に苦労させて密かに喜ぶという話さえあるのだ。

　言語音を嫁姑戦争に使うのはやめてほしい。

そこで切るか?

　すでに一部は出てきたが、チェコ語の基本的なあいさつをまとめて紹介しよう。ひらがな部分は巻き舌で。

　　Dobré ráno. ドブれー・らーノ　おはようございます。
　　Dobrý den. ドブリー・デン　こんにちは。
　　Dobrý večer. ドブリー・ヴェチェる　こんばんは。
　　Dobrou noc. ドブろウ・ノツ　おやすみなさい。

　ヨーロッパの多くの言語と同じく、はじめの語は「よい」という意味で、その後に「朝」「日」「晩」「(深)夜」といった語彙が続く。ポーランド語とは違って、朝のあいさつもちゃんとある。「よい」の部分の語尾が微妙に異なるのは、文法性とか格が絡んでくるので、詳しくは入門書などでご確認ください。

　チェコスロヴァキア時代から続く夕方に放送する子ども向け人気番組 *Večerníček* では、冒頭でアニメの男の子が新聞紙で折った兜のような帽子をとって Dobrý večer. とあいさつする。番組の最後では Dobrou noc. だ。ゆっくりと明快に発音するので、とても聴き取りやすい。

　このような挨拶は旅行者でも覚えたいはず。とくに Dobrý den. は非常によく使う。日本語の習慣と違い、店に入るときはほぼ必ず Dobrý den. とあいさつすることを忘れてはいけない。しかもお客から声をかけるのがふつうである。すると店員も気のない声で Dobrý den. と返してくれる。

　では店を出るときは何というか。

Na shledanou. ナ・スフレダノウ　さようなら。

　これも客のほうからいうものである。するとドアを閉める向こうで店員がやっぱり気のない声で Na shledanou. と返す。まあ、こういう習慣は悪くない。
　それにしてもチェコ語のあいさつは長い。それはチェコ人自身も感じているのか、ここで紹介した表現のうち1つには縮約形がある。

　　Nashle. ナスフレ　さよなら。

　これをはじめて聞いたときは、自分の耳を疑った。そんな表現ってあるだろうか。Na shledanou. のうち、2つ目の語の、しかも途中までしかいわない。ふつうそこで切るか？
　わたしの知る限り、スラヴ諸語でこういったあいさつの縮約形があるのはチェコ語の Nashle. だけである。
　とはいえ、「コンビニエンス・ストア」を「コンビニ」、「パイナップル」を「パイン」（それじゃ「松」だよ）、最近では新年に「あけおめ」なんてあいさつしている日本人が、どうこういえた筋ではないのだが。

チェコ語版スクラブル

第2章　チェコ語の隙間、スロヴァキア語の行間　　77

火事だ!

　旅行会話集というのは平和な場面ばかりでなく、緊急事態に対応するための表現も挙がっている。いや、挙げなければならない。「助けて！」「泥棒！」などはできれば使いたくないが、覚えておく必要があることは理解できる。では、実際にはどのように発音されるのか。実はこれについてはあまり知られていなかったりする。

　Hoří! 火事だ！

　こんな表現は使いたくない。それでも勉強のために覚えよう。不完了体動詞 hořet「燃える」の現在3人称単数形である。「火事」という意味の名詞は požár もあり、ロシア語ではこれとほぼ同じ音の名詞で火事を伝えるのだが、チェコ語では動詞を使っている（řの発音については「姑を泣かせる孫の名前」を参照のこと）。

　しかしそれだけの認識では不充分なことに、DVDでドラマや映画を観ていて気づいた。

　1回目は『ぼくたちは五人組』(*Bylo nás pět*, 監督：カレル・スミチェク、1995年) だ。第2次世界大戦前のチェコスロヴァキアの長閑な子ども時代を描いた作品で、原作はカレル・ポラーチェク Karel Poláček による児童文学で、邦訳もある。1990年代にテレビドラマとして映像化された。

　登場する男の子たちはみんな悪戯っ子ばかりなのだが、あるとき消防ごっこをすることを思いつく。段ボール箱を家に見立てて火をつけ、それを消防士役の子が消そうというのだ。主人公のペーチャは空き地に並べた段ボール箱に端から火をつけた後、辺りに火事を触れる声を上げる。

Hoří!　火事だ！

　そのときわたしは、おや？っと思った。

　2回目は『独身男性下宿』(*Pension pro svobodné pány*, 監督：イジー・クレイチーク、1967年) というコメディー映画である。原作はアイルランドの作家ショーン・オケイシー Sean O'Casey による舞台劇 *Bedtime Story* だ。

　ある男性が禁止されているにもかかわらず自分の下宿に女性を連れ込む。ところがこの女がわがまま放題で、たまりかねた男性は彼女を追い出そうとするのだが、彼女はいうことを聞かない。拗ねて洋服ダンスに籠ったと思ったら、中でどうやらタバコを吸い出したらしく、隙間からモクモクと煙が上がる。突然に両開きの扉がパッと開いて、演技派女優イヴァ・ヤンジュロヴァー Iva Janžurová 演じるはすっぱ女が声を上げる。

　　Hoří!　火事だ！

　このときは、なるほどと思ったのである。

　とはいえ、ここまでお読みになっても、何のことだかさっぱり分からないだろう。実はこういうことだ。わたしは当初、Hoří! の発音を Ho が高くて ří が低いと勝手に信じていた。ところが実際は逆で、Ho は低くはじめ、それから ří で上げながら思いきり伸ばすのだ。「ホージーー」といった感じか。こういうことは音を聞けば一瞬にして分かるのだが、文字ではなかなか伝わらない。

　このイントネーションは2つの映像で完全に一致していた。そのときはじめて、「火事だ！」の表現では声の上げ下げが大切なのだと悟ったのである。考えてみれば当然だ。日本語だって独特なイントネーションではないか。

　だからマンションに設置されている火災報知機の点検のとき、スピーカーから「火事です！　火事です！」と知らせる妙にいい声に、なんだか違和感を覚えてしまうのである。

第2章　チェコ語の隙間、スロヴァキア語の行間　　79

旅行を楽しむための形容詞

　最近はパック旅行でもチェコを目指すツアーがたくさんある。プラハはもちろんだが、世界遺産の指定を受けたチェスキー・クルムロフにも向かう。世界遺産となれば、見たい人も増えるようだ。ちなみにわたしは訪れたことがない。

　その代わりというわけでもないが、チェスケー・ブヂェヨヴィツェには行ったことがある。ボヘミア南部最大の都市の名称は、バドワイザーの由来としても知られる。夏期語学研修の遠足で訪れ、当然ながらクラスメートたちとビールを味わった。

　もし注意深い人なら、チェスキー・クルムロフとチェスケー・ブヂェヨヴィツェは、その前半部分が何か関係あるのではないかと想像するのではないか。チェコ語で綴れば Český Krumlov と České Budějovice となり、Český と České を比べれば違いは最後のたった1文字である。

　ラテン文字についている付属記号を恐れてはいけない。はじめのcの上に小さなvのような記号があるが、これをハーチェクという。この記号がつくと子音が口蓋化されることを示すのだが、それより旅行者は č が「チュ」だと具体的に覚えるほうが早い。母音字の上につく「´」はチャールカといい、その音を長く発音することを表す。だから ký は「キー」だし ké は「ケー」となる。

　これが分かると、チェコの街中で楽しい謎ときがはじまる。郵便局の前には Česká pošta「チェコ郵便局」という表示。他にもコンサートに行けば Česká filharmonie「チェコ・フィルハーモニー」、テレビをつければ Česká televize「チェコ・テレビ」のように、とにかく Česk が共通する。それが「チェコの」という意味の形容詞

だと分かれば、ここまでに挙げたものはすべて納得いくはずだ。

　ではそれに続く語尾が ý とか é とか á とか、いろいろ違っているのはなぜか。これは形容詞類と名詞の一致というやつで、つまり後に続く名詞によって český だったり české だったり česká だったりするのである。似たような現象はドイツ語やロシア語にもあるから類推できる人がいるかもしれない。ちなみに České Budějovice は複数形の地名である。

　チェコでは「チェコの」という形容詞がたくさん使われるので、この簡単な文法さえ知っていれば、たとえば Česká restaurace「チェコ料理店」も前半が形容詞なのだと分かる。どうして ý や é じゃなくて á なのかについては、チェコ語の参考書をお読みください。

　チェコ語は形容詞が先で名詞が後というのが原則。つまり日本語や英語と同じである。だとすれば、街中で見つける共通部分から形容詞をあぶり出すこともできる。

　たとえば Národní muzeum は「国立博物館」で、Národní galerie は「国立美術館」、さらに Národní knihovna が「国立図書館」だとすれば、Národní は「国立」なんだろうという類推が成り立つ。実際 národní は英語の national に相当するので、「国立」と訳すことが多いが「国民」ということもあり、Národní divadlo は「国民劇場」とするのが一般的だ。

　だがこの národní は先ほどの český と違ってバリエーションがない。語尾はいつでも í ばかりで、すくなくとも ý とか é とか á ということはこの形容詞が最初にあるかぎり絶対ない。こうなるとロシア語を勉強した人もすこし焦る。

　とにかくプラハの地下鉄駅 Národní třída では「国民ナントカ」なんだなと想像してくれれば充分で、třída が「大通り」であることは後で調べてからでも遅くない。

　形容詞とその規則を知っていれば、旅行はさらに楽しくなる。

第2章　チェコ語の隙間、スロヴァキア語の行間　　81

チェック・チェック・チェック

「旅行を楽しむための形容詞」で紹介したčeský^{チェスキー}には「チェコの」に加えて「ボヘミアの」という意味もある。世界遺産のチェスキー・クルムロフ Český Krumlov は有名だが、その一方でモラフスキー・クルムロフ Moravský Krumlov という別の地名も存在する。ボヘミアとモラヴィアの違いである。形容詞が大切というわけだ。

英語で「ボヘミアの」は Bohemian で、一方「チェコの」は Czech である。Czech には形容詞の他にも「チェコ人」「チェコ語」という意味もある。cz を「チュ」と読ませるのは英語でも例外的だが、ポーランド語表記から来ているらしい。ちなみにドメイン名などでチェコを表すときも cz を使う。

気をつけなければならないのは、この Czech がそのままでは国名にはならないことだ。国としては Czech Republic という。チェコ語では Česká republika で、このときは2つ目の単語の r を大文字にしない。český と česká の違いは、すでに述べたように後に続く名詞の文法性による。

Czech は check「調べる」や cheque「小切手」とまったく同じ音で、つまりは「チェック」である。これはいかにもチェコらしい。というのも、チェコ語では「チェック」あるいは「チェク」すなわち ček という語尾にしばしば出会うからだ。

日本でも有名なもぐらのアニメーションは krtek^{クルテク}だが、さらに krteček^{クルテチェク}というときもある。「クルテチェク」のほうがかわいい響きだろうか。ちなみにポーランド人にとってチェコ語はこの ček が響くらしく、なんだか甘えたような言語だという印象を持つという。

ček という語尾は物語などでよく使われる。ボジェナ・ニェムツ

ォヴァー Božena Němcová による物語「スモリーチェクのこと」*O Smolíčkovi* は、こんなふうにはじまる。

Smolíček byl malý pacholíček a bydlel u jednoho jelena, který měl zlaté parohy.「スモリーチェクは小さな馬屋番で、一頭の鹿のところに住んでおりました。その鹿には金色の角がありました」

　冒頭は「スモリーチェク ビル マリー パホリーチェク」のように「チェク」が続いて心地よく響く。これはチェコ人なら誰でも知っている有名な物語なのだが、わたしが知ったのは連続テレビドラマ「ぼくたちはみんな学校へ行かなければならない」(*My všichni školou povinní*, 監督：ルドヴィーク・ラージャ、1984 年) を観ているときだった。
　主人公は新任の男性教員なのだが、加えてその学校に通うさまざまな生徒とその家族にも焦点を当てる。その中の１人である１年生のイルカくんは、素直でいい子なのだが、熱中すると自分が抑えられなくなる癖があり、そのせいで担任の女性教師とうまくいかない。ノイローゼ気味の担任はイルカが教科書を読み上げるだけで、イライラのあまり気を失いそうになる場面があるのだが、そのとき音読していたのが Smolíček byl malý pacholíček... だった。それにしても、どこの国にも神経質な先生はいるものらしい。
　ček がつくと単に小さいだけでなく、意味そのものが限定されることもある。strom は「木」だが stromeček は「クリスマスツリー」だ。chléb は「パン」で、chlebíček といえばふつうは「オープンサンド」である。パン屋や惣菜売り場のガラスケースに並ぶ、卵やハムやチーズを載せた chlebíček は、宝飾品のように輝いている。
　こんなふうに ček をうまく使いこなせると、チェコ語が上達した気分になる。チェコは「チェック」の国なのだ。

きまぐれ遠足の造格

　ここ数年、チェコへ行くときには1週間から10日ほどまとめてプラハに滞在することにしている。そうすればゆっくりと過ごせるし、地方都市への日帰り旅行をする余裕もできる。

　地方都市を目指すときは、いくつかの候補地行きの列車の便について、予めインターネットで調べておく。だがこういうのは急に変更されることも珍しくないので、油断がならない。

　そこで2013年の夏にプラハに滞在したときには、ある朝、散歩の方向を少々変更して、中央駅に時刻表を見に行くことにした。実際に見てみれば、夏休み中には走っていない便があったり、直通では行けないことが分かったり、いろいろ詳しい情報を得ることができる。

　その結果、今回の候補地の中でもっとも行きやすそうなのは、ウースチー・ナド・ラベムであることが分かった。しかも、次の列車は30分後に出発である。なんともタイミングがいい。

　じゃあ、乗っちゃおうか？

　ということで、カミさんがすぐに切符を買い求め、30分後にわれわれは車窓から離れ行くプラハの風景を眺めていた。予定外の行動だが、こんなきまぐれ遠足も、慣れてきたからこそ実現可能なのである。

　ウースチー・ナド・ラベムはプラハの北西に位置する都市で、人口は10万人弱、チェコでは主要都市の1つである。だが、そこに何があるのかと問われれば、急に出かけることになってしまったこともあり、実はよく分かっていない。現地で調べることにしよう。

　それにしても、長い都市名である。チェコ語ではÚstí nad

Labemと3つの単語で表記する。ポイントは nad Labem だ。nad は「〜上方の」という意味の前置詞で、町がその川を見下ろすように広がっていることが想像される。ドイツ語でも Frankfurt am Mein というのがあり、構造は同じだ。ただし Mein はそのまま「マイン」なのに対して、Labem は Labe という河川名の造格形である。

　チェコ語には7つの格がある。格とは名詞が文の中で果たす役割のことで、日本語だったら「てにをは」をつけるところを、代わりに語尾をつけ替えることで表す。

　格を持つ言語は何もチェコ語に限らないが、ドイツ語の4つ、ロシア語の6つと比べると、すこし多い気がする。ちなみにチェコ語の7つの格は、その並べる順番が教科書などでは決まっている。

　1　主格：「〜は」「〜が」　主語や辞書の見出し
　2　生格：「〜の」　所有
　3　与格：「〜に」　間接目的
　4　対格：「〜を」　直接目的
　5　呼格：「〜よ」　呼びかけ
　6　前置格：いつでも前置詞と結びつく
　7　造格：「〜で」　道具や手段

ドイツ語はこのうち、1〜4までしかない。だからドイツ語学習者がチェコ語を学ぶと、格が倍近く増えるのでウンザリする。ついでだが、チェコ語の格の名称も、ドイツ語と同じように「1格」「2格」などと番号で示すことがある。

　ロシア語は格が6つなので、チェコ語で新たに覚えるのは5番目の呼格しかない。だが呼格は多くの場合は主格と同じ形だし、そもそもそれほど使うわけではないので心配はいらない。それより注意すべきなのは、その順番である。ロシア語の格は「主格、生格、与格、

対格、造格、前置格」の順に並べる。なんとも微妙な違いだ。しかもロシア語では1格、2格のように番号で呼ぶことはない。

外国語学習者は新しい概念を把握するのにいつも苦労するが、格についてはどうも造格が捉えにくいらしい。造格は道具や手段などを示すのだが、ドイツ語だったら前置詞を用いて表すところ、わざわざ独立した格があるので、妙な気がするのだろう。確かに「フォークで食べる」とか「車で行く」など、道具や手段そのものを表す用法に限られる。さらに特定の前置詞とも結びつく。nad「〜上方の」もその1つだ。

チェコには似たような地名が多いためか、その違いを前置詞 nad ＋「近くを流れる川の名称の造格」によって表す例がたくさんある。車窓を眺めていると、nad Labem のほかに nad Vltavou「ヴルタヴァ川上方の」のついた駅名もいくつか見かける。

同じ造格形でも、Labe のように e で終わる語は造格で m を加えるが、Vltava のように a で終わる場合には、その a を取り去って ou をつける。このように格語尾は名詞によって違うので、日本語の「てにをは」に比べて格段に難しい。

nad Vltavou は急行の停車しない小さな駅名に多いので、一瞬にして消えてしまうのだが、それでも長い駅名なので、瞬時でも印象に残る。プラハ出発後、しばらくは nad Vltavou が続くが、目的地が近づくに連れて nad Labem が増える。つまり、ヴルタヴァ川沿いからラベ川沿いに近づいているわけだ。こんなことが分かるのも nad ＋造格のおかげである。面倒がらずに覚えよう。なんといってもよく使うのだ。めったに使わない文法はめったにない。

さて目的地のウースチー・ナド・ラベムであるが、チェコの地方都市らしく、それほど特徴のある街ではなかった。だが、チェコ国鉄乗車体験にはちょうどいいし、造格にも出合える。移動と文法の両方が勉強できるので、そういう意味ではお勧めである。

ビアホールとレストランの生格

　いまさらいうまでもないが、チェコといえば pivo(ビヴォ)、すなわちビールである。ビールが大好きなわたしにとって、チェコは天国だ。

　ビール好きにもいろいろいるが、わたしはいろんな種類を試したいわけではなく、同じビールを飲み続けるのがいい。そもそもチェコで食事に行っても、店にはそれほどビールの種類があるわけではない。覚えておくべきは velké「大きい」(ヴェルケー)、malé「小さい」(マレー)、světlé(スヴィエトレー)「明るい」、tmavé(トマヴェー)「暗い」の４つの形容詞のみ。pivo に合わせてすべて中性単数形、しかも主格と対格が同形だから、適切な２つを組み合わせれば、そのままで「～をください」となる。わたしの好みは malé světlé、つまり小グラスで、ダークではないふつうのビールがいい。大きいグラスで頼むと温まってしまうから、ケチケチせずに小グラスでたくさん飲みなさいというのが、わたしの先生の教えだった。

　プラハ滞在中は、だいたい昼食はどこかの食堂に入りビールを１杯、夕食は惣菜とアルコールを買って宿泊先の部屋で済ませる。最近は台所のついた宿泊施設を利用しているので、スーパーマーケットで買ったビールやワイン、スパークリング（Bohemia Sekt(ボヘミア ゼクト)という国産品を愛飲していた）を冷蔵庫で冷やしておく。

　もちろん、このようなプラハ・アルコール生活はむしろ例外的であり、ふつうはビアホールなどに出かけるものだろう。プラハにはビアホールがいくつもあり、中には団体旅行客でいつも賑わっているところもある。

　有名なのは U Fleků(ウ フレクー)だろうか。ガイドブックによれば、ここは1499年創業のプラハ最古のビアホールだそうだ。その近くに語学

書の充実している古本屋があるので、傍はよく通るのだが、入ったことはついぞない。

また Hostinec U Kalicha（ホスチネツ ウ カリハ）も知られている。Hostinec は Hospoda（ホスポダ）つまり「居酒屋＝ビアホール」のこと。こちらは『善良なる兵士シュヴェイクの冒険』で有名な作家ヤロスラフ・ハシェクが通ったことで知られており、画家ヨゼフ・ラダによるシュヴェイクのイラスト入りで、ガイドブックなどに広告が載る。シュヴェイクはプラハ観光のポイントの1つであり、U Švejků（ウ シュヴェイクー）というビアホールもある。

こうして見ると、プラハのビアホールには U のつくものが多い。前置詞 u は「～のもとに、～のそばに」を表し、フランス語の chez に相当する。だがチェコ語では前置詞の後で必ず主格と呼格以外のかたちになるから厄介だ。u の後は生格形になることに注意しなければならない。

ビアホールに限らず、チェコにはこの u のついた店名が多い。もちろん意味もそれぞれある。U Pavouka（ウ パヴォウカ）は「蜘蛛のそば」で、店の入り口には蜘蛛がデザインされている。U Supa（ウ スパ）なら「禿鷹のそば」だし、U Páva（ウ パーヴァ）なら「孔雀のそば」である。店の名前だから「禿鷹亭」とか「孔雀亭」のほうがいいかもしれない。

ここに挙げた3つの店名は、前置詞 u に続く語がすべて a で終わっている。どれも男性活動体名詞の単数生格形である。とはいえ、単数生格形にはいろいろあって、同じ男性名詞でも不活動体の単数生格形は U Cedru（ウ ツェドル）「杉亭」のように語尾が u となる。女性名詞では U Sovy（ウ ソヴィ）「フクロウ亭」のように、sova の a を y に変えて単数生格形を作る。

U Fleků のように ů となるのは男性名詞の複数生格形だ。ということは U Svejků も複数生格形で、「シュヴェイクのようなおバカさんたち」という意味なんだろう。そういえば švejkovat（シュヴェイコヴァト）「シュヴェイクのようにおバカなことをする」という動詞さえある。

もうすこし続けよう。この前置詞と名詞の間に、形容詞が入ることもある。そのときには当然ながらふさわしい形に格変化している。多いのは zlatý「黄金の」という形容詞だ。やはり Zlatá Praha「黄金のプラハ」に由来するのだろうか。とにかく U Zlatého Tygra「黄金の虎亭」、U Zlatého Stromu「黄金の木亭」、U Zlatého Hroznu「黄金の葡萄亭」、U Zlaté Hrušky「黄金の梨亭」などなど、たくさんある。

　さらには数詞つき。U Dvou Koček「2匹の猫亭」とか、U Tří Housliček「3つのバイオリン亭」とか、とにかく素敵な名前が多く、これなら難しい数詞の格変化だって、楽しく覚えられそうな錯覚に陥る。

　ここに挙げた店の名前は、かつてプラハで買ったレストランガイドなどを参考にして集めた。だいぶ以前の資料なので、このうちのいくつかはすでに閉店したり、移転したりということもあるかもしれない。それほど外食しないカミさんとわたしが気に入っていた「黄金の葡萄亭」は、数年前に行ったら閉まっていた。あとで調べたらどうやら別の地区に引っ越したらしい。

　今でも営業しているのは U Golema「ゴーレム亭」だ。ゴーレムはユダヤ教の伝説に登場する動く泥人形、なのに男性活動体名詞だから生格語尾は a となる。この店もユダヤ人街にある。料理はユダヤ料理というより、標準的なチェコ料理に近い気もするが、なんとなくムードが好きで、数年に1度だが訪れる。

　わたしの通う、数すくない u ＋生格形である。

第2章　チェコ語の隙間、スロヴァキア語の行間

ひなどりと伯爵

　チェコ語字幕つきでチェコ映画を観ていたとき、わたしは思わずつぶやいてしまった。
　そうか、伯爵はひなどりなのか。
　さすがのカミさんも訝しげにこちらを窺う。それも当然だろう。だが話せば長くなるから、それは映画が終わってからにしよう。

　　　　　＊　　　　　　　＊　　　　　　　＊

　チェコ語はその格変化の型が教育向けに整然と分類されている。名詞の場合、その型は14に分けるのが一般的である。
　前掲の『チェコ語の入門』94 ページでは次のようにしている。

　1. doktor「医者」、2. muž「男」、3. předseda「議長」、4. zástupce「代表」、5. hrad「城」、6. stroj「機械」、7. žena「女」、8. nůše「かご」、9. píseň「歌」、10. kost「骨」、11. město「町」、12. moře「海」、13. kuře「ひなどり」、14 nádraží「駅」。

　これを見ただけで難しいとか面倒くさいと思う人は、飛ばしていただいて構わない。「エッセイ集なのにこんな一覧を引用するとは、いったい何なんだ？」と好奇心が刺激された人だけに向けて、解説しよう。
　チェコ語の格変化型は、doktor「医者」とか muž「男」のように具体的な語を代表例として挙げることが多い。しかもその例が定番として決まっている。「城」型といえば、それだけで「男性名詞不活動体無語尾硬変化型」のことなので、長々といわなくて済む。「女

性名詞有語尾硬変化型」の代わりに「女」型といえば充分だ。

　それにしても、中には「本当にそれほど重要なのか？」と疑問に思うような語もある。zástupce「代表」はなんだか社会主義臭いし、反対に nůše「かご」は田舎っぽい。そこで教材によっては「代表」の代わりに soudce「裁判官」、「かご」の代わりに růže「薔薇」で示す。裁判官はともかく、「薔薇」型というのは何やら妖艶で文法っぽくない。印象が違う。

　わたしが常々気になっていたのは kuře「ひなどり」型である。「ひなどり」がそれほど身近でないためか、これも他の語彙に替えたほうがいいんじゃないかと感じているのだが、これに限ってそれ以外の例は見たことがない。

　格変化は以下のとおりである。

	単数	複数
1	kuře	kuřata
2	kuřete	kuřat
3	kuřeti	kuřatům
4	kuře	kuřata
5	kuře	kuřata
6	kuřeti	kuřatech
7	kuřetem	kuřaty

　単数の 1，2，5 格以外で－et－とか－at－によって拡大されているところが特徴。つまり面倒なのである。

　面倒なのに加え、この変化型になる中性名詞は極端にすくない。『チェコ語の入門』の表では、それぞれのタイプが全体に占める割合をパーセントで表している。なんでも几帳面に計算したがるチェコらしいが、それによれば kuře 型は 0.36 パーセントで非常にすく

ない。それでも必ず覚えなければならない。

　ほかにはどんな語があるか。多いのはkotě「こねこ」やštěně「こいぬ」のような人間や動物の子を示すものだ。děvče「女の子」もそうだが、これが中性名詞というのが初心者には奇妙に思える。こういうときに「おっ、でもドイツ語のMädchenも中性名詞だったぞ。意外な共通点があるんだな」と思える人は幸いである。あとはrajče「トマト」くらい。

　そういう限られている変化型の名詞と偶然に出合えば、やっぱり注目してしまう。そうか、伯爵はhraběというのか。そしてのhraběはkuře型なのか。それを略して「伯爵はひなどりなのか」となってしまったのだ。

　それにしても、「伯爵」は小さい生物ではないのに、同じ型なんだな。しかもなんだか威厳があって、よさそうではないか。いっそhrabě型にしたらどうだろうか。

　しかしカミさんによればhraběは単数4格が2格と同じ形になるから、そこがほかの名詞とは違ってしまうという。やっぱりダメか。それに冷静に考えれば、「伯爵」より「ひなどり」のほうが使うに決まっている。

　そういえば、チェコにはKuře na paprice「わかどりのパプリカ煮」という郷土料理があった。家庭でも作る一般的なものである。チェコにとってわかどりは身近なのだ。だからこそkuřeで代表させるのかもしれない。

　だとしたら、格変化もこれで唱えよう。Kuře na paprice, Kuřete na paprice, Kuřeti na paprice...

　なんだか、羊を数えるより眠れそうである。

パリの空港にて

　東京からプラハまでの直行便がないのは、いまも昔も変わらない。しかもかつては、どこかヨーロッパの街に必ず1泊して、翌日の便に乗り継がなければならなかった。

　あるとき、パリに1泊した。カミさんは先にプラハでセミナーに参加していたのだと思う。それを追いかけるかたちで、こちらもプラハへ向かうのだが、そういうときに限って乗継ぎ地点で飛行機が遅れる。しかも出国手続きを済ませ、出発便を待つホールに案内されてから、突然に知らされるのである。つまり、やることもないのに閉じ込められてしまうわけだ。

　こういうとき、もっとも困るのは言語である。わたしは数時間後のプラハをイメージしながら、頭の中からフランス語を追い出そうとしていた。機内に案内されればチェコ語の新聞くらいはあるだろうから、それを読みながら頭の中をチェコ語モードに切り替えるつもりでいたのである。それなのに、フランス語の響く環境に身を置く時間が想定外に延長されてしまった。

　そこで空港内の売店に行く。パリともなればチェコ語の新聞くらいあるかもしれないと期待したのだが、残念ながら見つからない。だがあきらめてはいけない。何かないものかと書棚を丁寧に眺めているうちに、やっと見つけ出した。

　Paříž：Celkový průvodce pro návštěvu města
（パジーシュ　ツェルコヴィー　プルーヴォッツェ　プロ　ナーフシュチェヴ　ムニェスタ）

　　　　　『パリ：街を訪問するための全ガイド』

　チェコ語で「パリ」のことを Paříž という。つまりこの本はパリ案内チェコ語版なのである。これから去ろうとしている街のガイド

ブックを読んでも仕方がないのだが、目的はチェコ語に触れることであり、文句をいってはいられない。すぐさま買い求め喫茶コーナーでコーヒーを飲みながら、さっそく読むことにする。

目次に続く冒頭は、次のような導入からはじまっていた。

パリへようこそ！
「乗客の皆様、シートベルトをお締めになり、おタバコはおやめください。あと10分後にシャルル・ド・ゴール空港に着陸いたします」
フライトアテンダントが乗客にこのようなアナウンスをすると、あなたの心臓はドキドキしはじめるかもしれません。これはあなたにとってはじめてのパリとの出合いであり、到着後はあらゆることが未知なのです……。

ちぇっ、こっちはシャルル・ド・ゴール空港をプラハのヴァーツラフ・ハヴェル空港に替えて、早く案内してもらいたいと願っているのである。こんな文章を読んでも、ちっとも楽しめない。それに続く地下鉄案内やフランス料理の説明も、まるで気分が乗らないので、適当に飛ばしながら先を急ぐことにする。

豊富なカラー写真を眺めていると、先ほどまで目の前にあった建物や公園に気がつく。その説明を改めてチェコ語で読むというのは、なんだか妙なものだ。表記は Notre-Dame や Place de la Concorde のようにフランス語そのままのものもあるが、一部はチェコ語に訳されている。エリゼ宮は Elysejský palác（エリゼイスキー　パラーツ）だし、エッフェル塔は Eiffelova věž（アイフェロヴァ　ヴェシュ）となる。なんだか面白いな。Vítězný oblouk（ヴィーチェズニー　オブロウク）が凱旋門だと分かるのは、写真のおかげである。でもまあ、日本語の「がいせんもん」だって、音だけ聞いたらフランス人はさっぱり分からないだろう。ところで、フランス語で凱旋門は何だっけ？　いかん

いかん、そんなことは帰国後に調べればいい。

　街中の説明は、どうしてもフランス語を思い出してしまうので、ルーブル美術館の項を読むことにする。こちらも有名な作品がチェコ語で説明されていて面白い。ミロのビーナスはVenuše Milotská<ruby>ヴェヌシェ<rt></rt></ruby> <ruby>ミロツカー<rt></rt></ruby>で「ミロ」が形容詞になっている。ドラクロアの「民衆を導く自由の女神」はSvoboda vedoucí lid（スヴォボダ　ヴェドウツィー　リト）というのか、そういえば「自由」を意味するsvobodaはチェコ語でも女性名詞だったな。じゃあモナ・リザは？　なんだMona Lisaのままじゃん。当たり前か。

　こうしてみると、乗り継ぎだけのパリについて、ほとんど知らないことが確認される。せっかく1泊したのに、なんだかもったいなかった気がしてきた。いつかカミさんと、この街をゆっくり見ることにしよう。そのときは、このガイドブックを片手に歩いてみようかな。

　そんなことを考えているうちに、遅れた飛行機の出発時刻となった。残ったコーヒーを飲み干して、ゲートの列に並ぶ。予定どおり、パリに居ながらにして頭はチェコ語モードに切り替わりつつある。あとは飛行機が目的地まで無事に飛ぶことを祈るばかりだ。

　Na shledanou, Paříži!（ナ　スフレダノウ　パジージ）　さようなら、パリ！

**パリ案内チェコ語版。
フランスの首都がまた違って見えるかも。**

謎の百貨店「白鳥」

　プラハ市内にはもちろんデパートがいくつかある。共和国広場のKotva「錨」は、地下の食料品売り場でお惣菜を買うことも多い。国民大通りにあるデパートは、PriorからMájそしてK-Martと、次々に名称が変わった。現在はTESCOと大きく表示されているため、本当はMy「わたしたち」という名称だということに気がつかない人も多いのではないか。

　いろいろある中で、わたしのお気に入りは百貨店「白鳥」である。チェコ語でBílá Labuťという。この百貨店の入り口には白鳥をデザインしたロゴマークがある。

　この百貨店の何が面白いかといえば、その品揃えである。他のデパートは行くたびに内装やディスプレイが変わり、照明はピカピカと明るくなり、外国ブランド品を扱うテナントが増えていく。そしてそれに反比例するかのように、チェコ語の表記が減っていく。

　だがこの「白鳥」はいつ行っても変わらない。古ぼけた店内、薄暗い照明、そして何年前に生産されたのだろうかと疑いたくなる商品の数々。だからデパートではなく、百貨店と呼びたいのだ。

　この「白鳥」の歴史は古い。社会主義体制になる前の、第2次世界大戦以前に創業した、老舗中の老舗である。だが今では社会主義時代のムードを残す、妙にレトロな百貨店となってしまった。

　わたしもカミさんも、プラハに行けば「白鳥」を必ず訪れ、他では見かけない品々を買い集める。型が古いからといってバカにしてはいけない。社会主義時代は確かに粗末な製品が多かったかもしれない。だが技術の及ばないところは、素朴ながらも洒落たデザインで補っていたような気がする。それが好きなのだ。

「白鳥」の売り場は地上3階、地下1階あるのだが、最近ではその多くがシャッターを降ろしている。辛うじて営業しているのは1階だ。入り口近くに布製品を扱うコーナーがある。ここでテントウ虫がデザインされた布を見つけた。タオル ručník かな？

Ne, utěrka.「違います、布巾です」

無愛想なおばさんが面倒くさそうに答える。タオルだって布巾だって、そんなの何に使ってもいいじゃん。とりあえず買うことにしよう。だがおばさんは、タオルじゃなくて布巾だけどそれでいいのかと、しつこく確認する。社会主義時代にタイムスリップしたかのような、軽い錯覚を感じる。

この百貨店でもっとも面白いのは、文房具売り場である。そもそも文房具売り場はどこの国でも楽しい場所で、デザインのよい文具を探すのは楽しみなのだが、最近は外国からの輸入品が増えて、その国らしい個性があまりない。ところが「白鳥」の文房具売場は、いまどきどこで生産しているのか、他ではお目にかかれないような素朴な文房具が、たくさん売られているのである。

わたしが興味あるのは、もちろん文字が書いてある文房具だ。だからシールやステッカーなどが並んでいるコーナーがお気に入り。そこには実にさまざまなものが売られている。

今回まず見つけたのは文字シールだ。これはチェコ語とスロヴァキア語に対応できるように、さまざまな付属記号のついた文字が含まれている。貴重な言語資料である。もちろん買うことにする。

それ以外にも、面白いステッカーがたくさんある。

SEM「引」　TAM「押」

これはドアに貼るのだろう。実用的ではないか。家でも使える。

VCHOD「入口」　VÝCHOD「出口」

第2章　チェコ語の隙間、スロヴァキア語の行間　97

狭いわが家で入り口と出口が分かれているところなどあるはずもないが、それでもほしい。

TENTO PROSTOR JE MONITOROVÁN KAMEROVÝM SYSTÉMEM
(テント プロストる イェ モニトろヴァーン カメロヴィーム スィステーメム)

　　　この場所は監視カメラによってモニター撮影されています。

いったいこれをどこに貼るというのか。まあ、仕事場にでも貼って、編集者に自慢するか。

もうすこし大きいシールを見つけた。いろんな単語が書いてあるが、すぐに分かるのはsůl「塩」くらい。カミさんによればどれも調味料の名称だという。瓶や缶にこういうものを貼って分類するのだろう。色違いを合わせて3枚ほど買う。

ほかにも、使う予定もない伝票とかノートを買い求める。いくら買い込んでも、それほど嵩張るものではない。それよりも、折れないように持って帰るほうに気を遣う。プラハに行くたびに似たようなものを買い集めているので、この奇妙なコレクションもだんだんと増えつつある。それが楽しい。

同時に考える。百貨店「白鳥」は、近い将来になくなってしまうのではないか。たとえ残ったとしても、すっかり改装されるか、あるいは外国ブランド店でいっぱいになってしまわないだろうか。

だが、文句はいわない。それは経営側だけでなくプラハ市民もまた望むことなのかもしれない。すくなくとも2～3年に1度訪れるくらいの一旅行者が、あれこれいえる立場ではないのだ。だから、いずれは失われてしまう風景を残すために、こういう奇妙なものを日本に持ち帰っているのである。

ただしコレクションするだけではない。適材適所で使うものは使う。SEM「引」とTAM「押」は洗面所のドアにさっそく貼ってみた。なかなかいい。客人が質問したら威張って説明してやろう。

ふと、SEM も TAM も付属記号のない文字ばかりだから、テプラで作っても変わらないんじゃないかという考えが脳裏を一瞬過ぎったが、深く考えないことにした。

百貨店「白鳥」の
文房具コーナーで買った品々。

第2章　チェコ語の隙間、スロヴァキア語の行間

ブランド靴はバチャ

　およそブランド品とは縁のない生活を送っている。そういうものに熱心な人がそもそも身近にいない。本とビールがあれば幸せというタイプにとって、ブランド品など「ネコに小判」、チェコ語でいえば Házet perly sviním.「ブタに真珠を投げる＝ブタに真珠」なのである。

　だが21世紀のプラハには、有名ブランド品店がどんどん増えている。わたしでも知っているくらい名の知られた洋服や靴を扱う店が、自分のトレードマークであるロゴをこれ見よがしに飾り、人はそこへ群がっていく。それでも興味が湧かない。

　ただ、ヴァーツラフ広場の坂を下り切ってナ・プシーコピェ通りにぶつかる辺りにある、いかにもブランド品店という感じの巨大な靴屋のことは、以前から気になっていた。散歩の途中に前を通りかかると、女性客がシンデレラのお姉さんのように熱心に試し履きをしている姿が、ガラス越しに見える。

　バチャ Bat'a だ。

　Bat'a はチェコのオリジナルブランド靴店である。その歴史も古く、百科事典によれば創業者トマーシュ・バチャが1894年にズリーンで靴工場を造ったことに由来する。それが1930年代末には、チェコのみならず世界一の靴コンツェルンとなった。1945年には国有化されてしまうが、社会主義時代も生産を続け、1989年にはBat'a家に再び返還されている。

　ということで Bat'a は創業者の名字なのだが、そのロゴをよく見るとtのあとの「'」がなくなっている。これはトマーシュの息子であるヤン・バチャが1939年にカナダに亡命し、現地で靴生産に

携わるときに、商標として「ˇ」なしのBataにしたようだ。そのほうが非チェコ語圏では分かりやすいかもしれない。そのおかげかどうかは知らないが、ヤンは手広く商売をし、Bataは世界的なブランドとなったわけだ。そういえば以前、カンボジア語の先生と話をしていたら、「ああ、バタ靴ってチェコなんですか」といわれたことがある。それほど広まっているのだ。

　ここまで「グローバルなブランド」（ああ、イヤな表現だ）がチェコ産となれば、やはり気になる。そこで勇気を出して入ることにする。入るだけなら文句もあるまい。

　店内を一周する。どこもかしこも靴だらけ。当たり前だ。しかも高い。だいたい革靴なんてそもそも履かない。履きたくてもどれも大きくて、ちょうどいいサイズがなさそうだ。

　それでも、他に何か手ごろな製品はないか。靴を扱っているのだから、革製品の小物くらいあるはずだ。

　果たして、小さな小銭入れを見つけた。これくらいなら買える。わざわざBataのロゴがあることを確認してしまう自分が悲しい。とにかく、こうしてわたしもBata製小銭入れをしばらく愛用し、機会があるたびに、これはチェコのブランド品なのだと自慢していた。知らない人は感心し、知っている人はBataが靴以外も生産しているのかと訝った。

　時とともにその小銭入れも古くなり、チャックも壊れて使えなくなってしまった。新しいのを買おうと再びヴァーツラフ広場の店を訪れたのだが、今度はいくら探しても、靴以外はいかなる製品もなくなってしまった。

　先日、ウースチー・ナド・ラベムを訪れた際、街の中心近くでBataの支店を見つけた。試しに覗いてみると、そこには靴以外にも革製品がいくつかあった。わたしが気に入ったのはやっぱり財布で、今度は札入れである。お値段は少々張ったが、カミさんが早め

の誕生日祝いとして買ってくれるという。うれしいな。久しぶりにBataブランドを持つ身分となる。

　ところが後で気づいたのだが、この札入れは日本紙幣を入れるには少々大きい。ユーロ札をはじめとするヨーロッパの紙幣はさらに短いから、折り畳むとだいぶ余ってしまう。世界ブランドBataは、いったいどこの紙幣に合わせて作ったのか。謎である。

　まあいいや。この札入れはチェコ・コルナ専用に決めた。そもそもわたしが財布を買いたがるのは、海外で通貨単位ごとに使い分けたいからである。これだけ大きければ、たくさん両替して相当な枚数のコルナ札を入れても、余裕で入ることだろう。Bataとチェコ・コルナ札、これ以上の組み合わせはない。

　ただそうなると、やっぱり「'」のついたBat'aのほうがいいのになと、つい思ってしまう。

「バチャ」はマケドニアの首都スコピエにもある。

博物館は語彙の宝庫

　ヨーロッパを訪れる団体旅行の観光客は、必ずといっていいほど博物館を見学する。歴史博物館や郷土史博物館などを大急ぎで巡って、その国や町の歴史の知識を集中的に詰め込む。効率的ではあるが、歴史に興味のない人には退屈そのものではなかろうか。

　わたしやカミさんは歴史に興味があるので、こういう博物館を積極的に訪れる。ただし団体旅行はしないので、自主的に歴史博物館や郷土史博物館を巡る。どこに行っても長い時間をかけて展示物をゆっくりと見学し、説明を丁寧に読む。博物館の用語はそれぞれ特殊なのだが、たくさんの展示品を見ているうちに自然と覚えることができる。それがうれしい。語彙を増やすのは博物館を訪れる目的の１つなのかもしれない。

　とはいえ、プラハのように何回も訪れている街ともなると、主要な博物館はすでに見尽くしてしまった。そこで最近では、もうすこしテーマが限定された博物館を事前に調べておいて、地図を片手に探すことにしている。

　プラハ市内公共交通博物館 Muzeum městské hromadné dopravy v Praze は中心からすこし外れたところにあるのに加え、道路工事で通行止めの道があったりしたため、行き着くのにひどく苦労したが、古い型の市電が実際に展示してあったり、市電路線図の時代ごとの変化が分かったり、いろいろと面白い発見があった。

　郵便博物館 Poštovní muzeum は、なんといっても切手のコレクションがすばらしく、ドイツ占領時代などの珍しい切手が実際に見られるし、さらに切手の原版を彫る職人についての紹介も興味深く、これまで何回も訪れている。

とくに電車オタクでもなければ切手コレクターでもないのだが、こういう博物館はそれでも充分に楽しめる。何よりもチェコの文化の側面を知ることができて、それが楽しいのだ。

　中でも 2013 年に訪れたチェコ共和国警察博物館 Muzeum policie České republiky は、期待以上の収穫があった。

　所在地は Ke Karlovu 1 とあるのだが、さっぱり見当がつかない。不正確な地図を頼りになんとかたどり着いてみれば、そこは 14 世紀に創設された修道院の敷地内という、なんともミスマッチな場所であった。

　館内の展示はオーストリア・ハンガリー帝国の警察組織からはじまる。その時代はさまざまな資料がドイツ語やチェコ語、ときにはハンガリー語で書かれていて、それを丁寧に眺める。これがさらにマサリク大統領の独立共和国、社会主義時代から現在へと続く。知らないことばかりで、展示品の1つ1つが珍しい。

　カミさんがとくに興味を示したのは、犯罪捜査の方法を詳しく説明した展示コーナーだった。さすがミステリーファンであり、科学捜査の方法や、社会主義時代に起こった有名な猟奇事件についての説明を熱心に読んでいる。どんな社会体制でも、殺人事件や誘拐事件は生じるものだ。説明のほとんどはチェコ語のみで、まさに地元密着型である。だがおかげでカミさんの「犯罪捜査語彙」がさらに増え、ミステリーを読むスピードが上がることだろう。

　わたしのほうは交通警察に興味を持った。自動車がなかなか手に入らなかった社会主義時代とはいえ、車の数は徐々に増え、それに伴い交通事故も増える。それに対する対策や安全運転指導などが興味深い。いちばん面白いのは道路標識で、ピクトグラムが大好きなわたし〔詳細は『その他の外国語』（現代書館）のうち「子どものための記号学」参照〕は、説明を丁寧に読み、デザインを鑑賞した。また鏡を見ながら図形をなぞる体験コーナーがあって、これはバック

ミラーを見ながらどれくらい正しく空間が把握できるかを判断するテストなのだが、挑戦した結果、その能力が完全に欠如していることが証明された。わたしが運転免許を持たないのは、世のため人のため自分のためなのである。

　周囲に見学者はほとんどいない。入館時には社会科見学らしき高校生の一団がワイワイと騒いでいたが、それもいつの間にか消えている。おかげでゆっくりと見学することができ、気がつけば３時間近くが経過していた。

　このような経験は後にさまざまな影響を及ぼす。何よりも書籍や雑誌など印刷物に対するまなざしが変わる。博物館で覚えたことが記憶に刻み込まれるためには、文字資料を探さなければならない。

　カミさんは古道具屋に雑然と積まれた古雑誌の中から「犯罪通報」*Kriminalistický sborník* 1982年7月号を見つけた。博物館に展示されていた専門雑誌である。内務省の資料だし、そんなに流通するものではないので、本当に珍しい。犯罪捜査に関する論文や報告がチェコ語とスロヴァキア語で掲載され、さらには連載らしき専門用語事典の一部がある。貴重な資料だ。

　わたしのほうは古本屋で『イラストで見る道路交通法』*Pravidla silničního provozu v obrazech*（1961年）という小冊子を見つけた。ドライバー向けに交通ルールを説明する啓蒙書らしい。イラストに添えられた短い解説を眺めながら増えていく語彙は、おそらく一生使わないだろう。それがなんとも楽しい。

　使わない語彙以上の贅沢があるだろうか。

骨董品店と古道具屋

　読書を愛する者は古本屋を愛する。新刊書店では入手の困難な本を求めて古本屋を巡る。定価より安く手に入れようとするのは邪道である。

　チェコ語で「古本屋」のことをantikvariát（アンティクヴァリアート）という。チェコは出版活動が盛んな国であり、だからこそ新刊では買えない本の中にも優れた作品がたくさんある。そういうものを追い求めて、プラハの街を巡って来た。ちなみに日本で出版されているチェコ語の入門書には、このantikvariátが挙がっていることが多い。tiを「チ」ではなく「ティ」と読ませるところが例外なのだが、それでもこの単語をわざわざ採用するのは、チェコ語を愛する者もまた古本屋を愛しているからかもしれない。

　ただしantikvariátは古本屋とは限らない。ときには「骨董品店」ということもある。古書を期待して入店してみれば、そこには貴金属製品やアンティーク家具、あるいは油絵などが所狭しと並んでいて、なんとも場違いな気分になったことも一度や二度ではない。だが、これぞかりは訪れてみなければ分からない。

　「骨董品店」だけを指す単語としてはstarožitnost（スタロジトノスト）というのがある。こちらの場合には本の望みがまったくない。さらには高価なものも多いから、入るだけ無駄である。

　ただし古道具屋となると別である。古本屋ではないから、まとまった書籍のコレクションは期待できないが、それでも古新聞や古雑誌も含め、ときには面白いものに出合うこともある。

　その古道具屋のことを、チェコ語では……。

　ここで悩む。

そのキーワードを書いていいものか。

　プラハにはわたしとカミさんが気に入っている古道具屋が1軒ある。中心街ではなく、ちょっと外れた所にあるから、よほど意識的に探さないかぎり、偶然に見つける可能性は低い。

　先日その古道具屋で、バイヤーらしき東アジア人が、片言の英語を使いながら金の力でやたらと買い込んでいる姿を目撃した。東欧ではこういう光景をときどき目にする。

　古本も古道具も、本来はその国の財産ではないか。それを自分のためではなく、転売するために大量購入するのには、なんとなく抵抗感がある。それを止めることはできないけれど、助長するような行為は慎みたい。

　チェコ語で「古道具屋」という単語は対訳辞典にもなかなか載っていない。そのキーワードが分かれば、それを頼りにインターネットで探し出し、乱暴な買い物をする人が出るのではないかと不安になる。

　ということで、そんなつもりのない読者には申し訳ないのだが、チェコ語で古道具屋のことはvではじまる単語だというのにとどめさせてほしい。

　そのvには物が溢れている。骨董的価値は不明だが、なんだか面白そうなものが所狭しと積み上げられている。それを崩さないように細心の注意を払いながら、店内をゆっくりと回る。

　やはり文字の書かれたものに興味がある。たとえば芸能雑誌。1970年代の映画俳優や歌手の話題が満載だ。社会主義時代だって大衆娯楽は存在した。

　切手やマッチラヴェルは、大雑把に50枚とか100枚とかをまとめて、ビニール袋に入れて売られている。熱心なコレクターだったらこれでは困るだろうが、わたしにはこれで充分であり、むしろ後で開けたときの楽しみも増える。コースターはバラ売りだったので、

書いていることばの面白そうなものを選ぶ。さらにビールのラヴェルもあった。これを集めた人はどんな気持ちだったのだろうかと想像しながら、そのうちの一袋を買ってみる。

ふと気がつくと、古新聞が積まれていた。さすがに古新聞はいらないかな。それとも商品を包むためで、売り物じゃないのかも。

ところが手に取ってみると、あることに気づいた。

ここに積み上げられているのは、すべて号外ばかりである。しかも日付は1968年8月21日以降の数日。これでピンと来る人がどれほどいるだろうか。ソ連を筆頭とするワルシャワ条約加盟5カ国が、チェコスロヴァキアに軍事介入した事件に関する新聞なのだ。

新聞はさまざまで、プラハに限らず地方都市で発行されたものも含まれている。事件から3〜4日後のものが多く、緊迫した状態が伝わってくる。8月24日付の「夕刊プラハ」*Večerní Praha* には次のような見出しがあった。

「A. ドプチェクと O. チェルニーク　代表団とともにモスクワ滞在」A.Dubček a O.Černík v Moskvě s delegací

さらにその下には小さな文字で「グスタフ・フサーク博士の電話情報」Telefonická zpráva dr. Gustava Husáka とある。クレムリンに呼び出されたドプチェクが当時どのような状況にあったか、この事件後に大統領となるフサークがどのような役割を果たすのか、すでにその結果を知っている者には興味深い記事だ。日本に持ち帰って大切に保存しよう。

ことばが分かると、古道具屋でも違ったものが見えてくる。

わたしはvから「歴史」をすこしだけ分けてもらった。

絵はがきの見事な文字

　友人である堀江敏幸くんの『おぱらばん』(新潮文庫) を読んでいたら、河馬の絵はがきを探し求める話があった。

　　古物市などでそれらしい店を発見すると、単刀直入に、動物の絵はがきを見せて欲しいと申し出る。歴史のあるパリ植物園の飼育舎に幽閉されていた動物たちの写真は、特定のコレクターしか所望しないものなので、誰もが触れられる屋台のケースとはべつのファイルに保管されており、こちらから頼まないかぎり現物を拝むことができないのだ。はじめて絵はがき屋を冷やかしたとき、なにを探しているのかと店番の親父に問われて、大型動物ですと応えたところ、大型動物のなんだ、象か、キリンか、とさらなる分類を求められて啞然とした憶えがある。そこまで細かく指定する必要があるのかと怪訝な顔で相手を見返しつつ、一方ではこちらの希望が児戯に類しているようで気恥ずかしくもあり、小さな声で、じつは、河馬なんです、と言ってみると、河馬はないね、めったに出ないよ、そればかり狙うコレクターがいるからねと店の親父はにべもなかった。(新潮文庫、66〜67ページ)

わたしは河馬の絵はがきどころか、象やキリンまで含めて、動物の絵はがきが存在することすら知らなかった (それどころか、パリの植物園に動物がいることに驚いているほど無知なのである)。
　しかし思い返してみれば、プラハの古本屋にも隅のほうには必ず絵はがきコーナーがあり、ときどきそのケースを熱心に調べている人 (だいたいは初老の男性) を見かける。絵はがき収集はそれなり

にポピュラーな趣味らしい。

　古本屋の絵はがきはどこでも細かく分類されている。圧倒的多数は風景で、写真の他にスケッチ風のものもあり、チェコ国内に限らず外国の風物を描いたものもあるが、それがすべて、都市のアルファベット順に整然と並べられているのだ。几帳面なチェコ人の中でも、古本屋はとくに分類癖が強く、その主人には威厳がある。順番を崩さないよう、こちらも細心の注意を払いつつ、むかし図書館にあった蔵書カタログのように、ケースの中の絵はがきを丹念に繰っていく。

　絵はがきには家族写真をとくに加工することなく、裏に切手を貼ってそのまま投函したようなものもある。あとは花とか、動物なんかもあるが、それほど数はない。河馬があれば堀江くんへお土産にと思ったのだが、残念ながらやっぱりなかった。

　絵はがきはほとんど使用済みで、宛名に加えて、何やらメッセージが書かれている。戦前の絵はがきも珍しくない。第2次世界大戦中に空襲をほとんど受けなかったプラハには、古いものがたくさん残されている。それにしても、具体的にはいつ投函されたものなのだろうか。こういうとき郵便物は便利だ。日付が書いてあれば分かりやすいが、そうでないときは切手に押された消印を頼りに、年代を確定することができる。

　それにしても、メッセージの文字があまりに美しいものがときどきあって、思わず目を見張る。近頃ではお目にかかることも稀な達筆。国語の教科書にあるような模範的な筆跡。いつしか、絵はがきの写真よりも手書き文字に興味が移っていった。

　プラハ城がデザインされた切手の貼られている絵はがきの文字は、それほど達筆というわけではないが、充分読めるし、今どきのチェコ人の平均に比べればずっときれいだ。日付は1920年7月19日、宛先はアンナ・レブロヴァー夫人。以前に受けた招待に対して、子

どもを連れて応じるとの返事に加え、あれこれ近況が続く。さらにイェンダから手紙が届いたのでお見せすると書き添えてある。裏には大人子ども合わせて 6 人の家族らしき写真。

マサリク大統領がデザインされた切手のは、1933 年 7 月 25 日付で、宛先は A. ドヴォジャーコヴァー嬢、送り主は M. マルチヌーとあるが、その性別は分からない。内容は名の日のお祝いのようだ。それにしてもこの筆記体の美しさはどうだろう。筆記用具の違いもあるが、下から上にあがる線は細く、その反対は太くして、メリハリをつけている。カリグラフィーのお手本ではないか。

さらにカレル・トマシーク氏に宛てられた 1942 年 1 月 15 日付の絵はがきにも、美しい筆記体でメッセージが書かれている。短いものなので、以下に訳出してみよう。

「プラハより心からのあいさつをあなたにイェンダ・シコラが送ります。お友だちにもよろしく」

おや、このイェンダっていうのは、先ほどのイェンダと同一人物なのか。1 つのケースに入っていた絵はがきは、ある家族がまとめて放出したことも充分に想定される。宛名はさまざまだけど、お互いに関係があっても不思議ではない。

1942 年といえば、第 2 次世界大戦の真っ最中。切手にはドイツ語で Böhmen und Mähren、チェコ語で Čechy a Moravy すなわち「ベーメン・メーレン保護領」で、当時のチェコがナチス占領下であることが分かる。消印もドイツ語で Prag、チェコ語で Praha。写真の説明も 2 言語で書かれている。1 枚の絵はがきから、さまざまなことが読み取れる。

さてこの古本屋では不思議なことに、絵はがきに加えて封筒までが売られていた。使用済みの郵便封筒で、とくに珍しくもない切手が貼られている。こちらにメッセージがないのは当然だが、これも丹念に眺めていると、なかなか面白い。

1941年1月6日付の封筒には、宛名に pí Marie Strejčková, chot' ředitele gymnazia とある。pí は paní「夫人」の省略形なので、マリエ・ストレイチュコヴァー夫人宛というわけだ。それに続く ředitele gymnazia は「高等学校長」というのは分かるけど、この chot' って何だろうか。カミさんに聞いてみたら、「配偶者」という意味で、「高等学校長夫人」ということなのだが、今では滅多に使わないという。なるほど、そばにもう1枚、こちらはタイプで印刷された封筒があり、そちらは校長であるエマヌエル・ストレイチェク氏宛だった。

　封筒にはどちらも差出人名がない。それどころか宛先の住所すらドマジュリツェという都市名以外に番地などは書かれていない。高等学校長ともなれば、それで充分に分かるのか。もちろん中は空っぽ。何を伝える手紙だったかは永遠に分からない。

　それでも、このタイプ印刷に負けないくらい美しい文字で書かれた手書きの宛名を眺めながら、いろんなことを考える。

　美しい文字からは、美しい想像が広がる。

「心より名の日のお祝いを申し上げます」
宛名のAは7月26日に名の日を祝うAnnaだと推測される。

112

うちのカミさんが

　アメリカのテレビドラマ「刑事コロンボ」が好きなことは、かつて別のところでも書いた。子どもの頃、すこし背伸びをして、夜遅くまで起きて一生懸命に観たものだった。数年前、カミさんの誕生日にそのDVD全巻を購入し、再び観るようになった。あるときは日本語吹替え音声で英語字幕、あるときは英語オリジナル音声で日本語字幕など、組み合わせを変えては楽しんできた。

　だがカミさんとわたしの熱意はそこで留まらない。あるとき、チェコのDVD通販サイトで、「刑事コロンボ」のチェコ語吹替え版を発見する。チェコ語でもColumboと表記するが、まさか「ツォルンボ」とはならず、当然のように「コロンボ」と発音する。1990年代にテレビ放送されていたものをDVD化したらしい。もちろん迷うことなく購入を決める。セットではなく2話ずつが収録されたものをバラバラで買わなければならないので、通販ではすべてが揃わず、足りない分はプラハに出かけた際にDVDショップで買い足し、さらに「新・刑事コロンボ」の分もいくつか手に入れたが、全巻は揃っていない。それでも50話近くは観られる。DVDには一部にポーランド語吹替えもあるのだが、これは語り手が1人で訳を読み上げる「活弁方式」なので、どうも調子が出ない。ということで、チェコ語音声＋チェコ語字幕でくり返し観ている。

　考えてみれば、わたしがこれまで触れてきたチェコ語は、文学や論文など、どちらかというと「真面目な」ものが多かった。語彙にしても、どうしても偏ってしまう。これはその言語が話されていない地域で暮らす学習者にとっては、仕方がない。それが「刑事コロンボ」のおかげで、ずいぶん補うことができた気がする。

たとえば葉巻。コロンボのシンボルの1つであるが、これはチェコ語で doutník（ドウトニーク）という。ロシア語などからは想像がつかないので、こういうチャンスでもないと覚えられない。

刑事ドラマで登場する語彙は日常とはかけ離れているが、ミステリーは日本でもたくさん出版あるいは放送されており、おかげでわたしたちはその方面の語彙を結構知っているものである。英語なら山田政美・田中芳文『犯罪・捜査の英語辞典』（三省堂）という優れた辞書があり、わたしは愛読している。

チェコ語の場合は「刑事コロンボ」で「勉強」するしかない。そもそも「殺人」が vražda（ヴらジュダ）というのさえ知らなかった。他にも mrtvola（ムルトヴォラ）「死体」、otisk prstu（オチスク プルストゥ）「指紋」、zbraň（ズブらニ）「武器」のような一般的な語彙から、střelný prah（ストしェルニー プらフ）「硝煙」のような外国語教材ではまずお目にかからない語彙も覚えることができるのである。

ところで、コロンボの有名なセリフに「うちのカミさんが」というのがある。わたしも配偶者のことを「カミさん」と呼んでいるが、これは決してコロンボの影響ではなく、うちの父親が使っていたからそれを踏襲しているのにすぎない。それはともかく、英語ではこれを Mrs. Columbo といっている。これを「カミさん」と訳したのは、わたしにはしっくりする。

ではチェコ語ではどうかといえば paní Columbová（パニー）となる。女性の名字は男性の形を基準に語尾をつけるのだが、Columbo のように o で終わっていれば、それに vá を加えればよい。外国人の名字であろうと、この原則は適応される。

ということで、うちのカミさんなら paní Kurodová となるはずだと推測した方は、文法的にはまったく正しい。とはいえ、カミさんは基本的に旧姓で仕事をしているので、そんなふうに呼ばれても、学生や編集者はもちろん、本人もしっくりしないだろう。もちろんわたしもしっくりしない。

翻訳家と国務長官の意外な側面

　エリス・ピータース Ellis Peters のミステリー小説「修道士カドフェル」シリーズの大ファンである。12世紀イギリスのベネディクト派修道院を舞台に、かつて十字軍に従軍した経験を持つウェールズ出身の修道士カドフェルが、薬草や毒草など植物に関する知識を活かしながらさまざまな難事件を解決していく。中世独特のムードに加え、修道院内の人間関係や王家の争いなどが複雑に絡み合い、読者を決して飽きさせない。

　わたしはイギリスのテレビ局 ITV が制作したデレク・ジャコビ主演のドラマ版が好きだが、カミさんは現代教養文庫の邦訳（現在では光文社文庫に収録されている）全20巻を2回ずつ読むくらい熱中している。イギリスで出版された詳細なガイドブックまで買っているくらいだ。

　エリス・ピータースは彼女のペンネームで、カドフェルなどのミステリーを書くときにはこれを使っているそうだが、本名はイーディス・メアリ・パージター Edith Mary Pargetel といい、こちらでは歴史小説を書いている。2つの顔を使い分けているのである。

　いや、2つではない。彼女には第3の顔がある。チェコ文学翻訳家としての顔だ。

　パージターは1947年にチェコスロヴァキアを訪れ、それがきっかけでチェコ語を身につけ、以来翻訳をするようになったという。主として詩を訳したが、散文ではボフミル・フラバル Bohumil Hrabal の小説『厳重に監視された列車』 *Ostře sledované vlaky* の英訳も手がけている。この作品はイジー・メンツェルにより映画化され、アカデミー賞を受賞して有名になった。

こんな感じで、チェコやチェコ語というキーワードから、著名な人物の意外な側面が浮かんでくることがある。

たとえばクリントン政権時代の国務長官マデレーン・オルブライト Madeleine Korbel Albright はプラハ出身のユダヤ系チェコ人である。チェコ名はマリエ・ヤナ・コルベロヴァー Marie Jana Korbelová といい、1950 年に社会主義政権から逃れて移住してきた。そういう人が初の女性国務長官になれるのが、アメリカである。

当然ながらオルブライトはチェコ語が話せる。日本のテレビ放送ではそういう場面がほとんど見られないが、チェコのニュース番組などでは、今でもときどきインタヴューを受け、その際はもちろんチェコ語で答えている。そういう姿を見ると、妙な感動を覚える。

一方でエリス・ピータースのチェコ語は聞いたことがない。1995年に亡くなってしまった彼女が生前どのようなチェコ語を話していたか、今では想像するしかない。もちろん、オルブライトのようにはいかないだろう。ピータースはイギリス人なのだ。

英語教師時代、「修道士カドフェル」シリーズをいくつか原書で読んでみたが、非常に難しかった。修道院や中世に関する語彙を知らないこともあるが、それ以外にも高級な英単語が使われている。歴史小説を書く作家の語彙は、たとえ娯楽作品であっても手強い。

一方チェコ語教師であるカミさんは、このシリーズをチェコ語訳で何冊も読んでいる。修道士カドフェルはチェコでも人気を博しており、翻訳も数多く出ている。といってもピータース自身が訳したわけではないが。

それにしても、自分の作品が自分の専門とする外国語に翻訳されるのは、どんな気持ちなのだろうか。すくなくともチェコ語に理解のある彼女だから、Ellis Petersová と表記されても違和感を覚えないことだけは確かなはずだ。

喉に指を突っ込め

　このタイトルを見ただけで、これからどんな話題がはじまるか分かる人は、チェコ語を勉強しているに違いない。

　　　Strč prst skrz krk!　喉に指を突っ込め！
　　　（ストルチュ　プるスト　スクるス　クるク）

　このチェコ語文には母音字が1つもない。声に出していうときには、間に母音が入らないよう気をつけなければならない。チェコ語学習者はこんな文を練習させられることが多い。

　子音字だけから成り立つ文があるなんて、考えただけでもチェコ語はオソロシイ言語である。だが、よく観察してほしい。すべての単語にrが含まれていることに気づいただろうか。rはもちろん子音だけど、一瞬で消えてしまう音ではないので、音節の要になれる。だから発音できるのである。そうでなければチェコ人だって発音できまい。

　これは有名な例であり、わたしも引用したことがあるし、カミさんも自著で使っている。著作権があるわけではないので、みんなが使うことで自然と広がっていく。

　だから先日プラハの書店で、まさに Strč prst skrz krk. というタイトルの絵本を見つけたときには、何の本であるかがすぐに分かったし、喜んで買い求めたのである。

　これは幼児の発音矯正教材で、アルファベット順に各音の練習およびその音がたくさん含まれている短い詩、さらには早口ことば jazykolam（ヤズィコラム）が紹介されている。いつも Strč prst skrz krk. のワンパターンではつまらない。もうすこしネタを増やそう。

　その本には、Strč prst skrz krk. も合わせて12の早口ことばが

第2章　チェコ語の隙間、スロヴァキア語の行間　　117

挙げられていた。早口ことばなので、子音だけとは限らず、とにかく発音しにくい文が集められている。もっとも簡単そうなのが次の文だろう。

<ruby>Pan<rt>パン</rt></ruby> <ruby>kaplan<rt>カプラン</rt></ruby> <ruby>v<rt>フ</rt></ruby> <ruby>kapli<rt>カプリ</rt></ruby> <ruby>plakal<rt>プラカル</rt></ruby>.　　神父様が教会で泣いていた。

ところが実際に発音してみると、これがなかなか難しい。神父様を泣かせるようなことは決してやってはいけないと、心に誓う。

次のものは長いうえに発音も大変なのだが、Strč prst skrz krk. と並んで有名な早口ことばである。

Tři tisíce tři sta třicet tři stříbrných stříkaček stříkalo přes tři tisíce tři sta třicet tři stříbrných střech.
（トシ チシーツェ トシ スタ トシツェト トシ ストシーブるニーフ ストシーカチェク ストシーカロ プしェス トシ チシーツェ トシ スタ トシツェト トシ ストシーブるニーフ ストシェフ）

3333の銀のポンプが3333の銀の屋根に放水した。

řのオンパレードである。これが正確に発音できれば、チェコ人が褒めてくれること間違いなしだ。しかし、わたしはもっと面白そうな早口ことばを見つけた。

Prd krt skrz drn, zprv zhlt hrst zrn.
（プるト クるト スクるズ ドるン スプるヴ ズフルト フるスト ズるン）
モグラのヤツが芝を通って、まずは穀物を一握りガツガツ食べた。

全部で8つの単語からなり、すべて子音字、しかも付属記号が一切ない美しさ。音節の要にはrのほかにlもなることが分かる。

一応カナは振ったものの、それを頼りに発音しているようでは、チェコ人は感心してくれない。あっといわせるためには、スラスラいえるまで練習あるのみ。まずはStrč prst skrz krk!

チケットがいっぱい

　チェコ語セミナーで、はじめてプラハに１カ月も滞在したとき、泣かされたのは「チケット」だった。

　チェコ語には「チケット」を表す語彙が、なんだかずいぶん多い気がする。たとえば入場券は vstupenka（フストゥペンカ）という。動詞 vstoupit（フストウピト）「入る」に似ているから、覚えるのにそれほど苦労はない。

　だがそれだけでは済まない。列車の乗車券は jízdenka（イーズデンカ）となる。これは「乗り物で行く」という意味の基本動詞 jezdit（イェズディト）と関係があるのだが、母音は交替しているし、イマイチ覚えにくい。さらに letenka（レテンカ）は飛行機のチケットである。いくら動詞 letět（レチェト）「飛ぶ」を知っていても、だんだんと面倒になってくる。

　面倒に感じるのは、他の言語だったら１語で済むのになあと、頭のどこかで不精なことを考えているからである。vstupenka も jízdenka も letenka も、英語なら ticket、ロシア語なら билет（ビリェート）だけで用が足りる。それをいちいち使い分けるのが面倒臭いのだ。

　チェコ語にも ticket や билет に相当する lístek（リーステク）「切符」がある。これを使えば「劇場の入場券」は lístek do divadla（ド　ヂヴァドラ）、「列車の乗車券」は lístek na vlak（ナ　ヴラク）となると、辞書には書いてある。だがたとえ短期間でもチェコで暮らすとなれば、やはり博物館や劇場に入るには vstupenka を知らなければならないし、列車に乗って出かけるときには jízdenka という語が不可欠である。さらには帰国のために、いずれ letenka も使うことになる。

　これに加え、苦労したチケットがもう１つある。stravenka（ストらヴェンカ）、つまり食券だ。とはいえ、食糧が配給だったわけではない。プラハの研修では学生寮に住んでいたのだが、そこでは食堂 menza（メンザ）で食事

第２章　チェコ語の隙間、スロヴァキア語の行間　　119

をするとき、あらかじめ受け取っておいたこの食券を渡すのである。

わたしはそういうシステムからすでに戸惑ってしまったのだが、加えてまたまた新しい単語を覚えなければならないことに、心底ウンザリした。

食券で思い出したことがある。わたしが参加したチェコ語セミナーには、ロシア人が何人か参加していた。日本人の目から見ると、同じスラヴ系言語を話す彼らは、チェコ語についても最初から何でも分かっているように見えた。

だが、本当はそうでもなかった。

あるロシア人の女の子が、食堂のメニューのことで嘆いていた。出てくるものが野菜ばかりだというのだ。そんなことはない、毎回のようにチキンやポークだって出ているじゃないといっても、そういう皿を取ろうとすると、食堂のおばさんがそれじゃなくてこっちを取れといって、肉の入っていない別の皿を渡すという。そこで食券を見せてもらった。

ベジタリアン用だった。

本人によれば、寮に着いたばかりの頃、食券を受け取るときに何かいわれたのだが、よく分からないので適当に相槌を打っていたら、これを渡されたという。

「わたしはね、お肉が食べたいの！」

身から出た錆とはまさにこのこと。気の毒だが、このベジタリアン用食券を渡している限り、肉料理は永遠に食べられないだろう。

他人事ではない。他のスラヴ系言語を知っているからといって高をくくっていると、こんなふうに痛い目にあう。そう考えて、チケットの違いも文句をいわずに覚えることにした。

マッチラヴェルの文法

　マッチラヴェルの収集は、実は奥の深い世界らしい。切手や紙幣と違い、公的機関が制作するものではないので、その実態は摑みにくいし、完全なカタログも不可能だろう。にもかかわらず、これに関する本は意外とある。

　日本では国産マッチラヴェルの本がいくつも出版されているが、ヨーロッパのそれについてもなかなか楽しい本が出ている。

　松本貢実子、BUSY TOWN『マッチで旅するヨーロッパ』（ピエ・ブックス）はカラー図版満載の美しい本だ。ここに集められたマッチラヴェルは20世紀中頃に制作されたものらしいが、正式な年月日をはっきりさせることは無理なので、デザインの中に読み取れる言語を根拠に、生産国のみを指摘しているのは賢いやり方だ。ドイツ製が多いが、それが西か東かはドイツ語を丁寧に読んでみるしかない。チェコスロヴァキア製はチェコ語に限らず、スロヴァキア語ということもある。他にもロシア語やポーランド語、ブルガリア語などがアトランダムに登場し、言語に興味のある人間にはそれがかえって面白い。

　チェコスロヴァキアについては、専門の本もある。南陀楼綾繁編『チェコのマッチラベル』（ピエ・ブックス）は、まさにチェコとスロヴァキアのマッチラヴェルのみを集めたものだ。チェコ語による副題が *Český filumenistický design* となっており、おかげでマッチラヴェル収集はチェコ語で filumenie（フィルメニエ）ということを知った。この本は日本語の分かるチェコ人の協力を得て作られており、図版のキャプションにはかなり正確な和訳が添えられている。もちろん図版も豊富だ。

第2章　チェコ語の隙間、スロヴァキア語の行間

マッチラヴェルと切手の違いは、その文字情報量だろう。切手に比べて一周りも二周りも大きいマッチラヴェルは、スローガンやキャッチフレーズをたくさんの文字を使って載せることができる。言語に注目するなら、俄然マッチラヴェルなのである。

わたしが例の古道具屋 v で買ったものを取り上げながら、「マッチラヴェルのチェコ語文法」を解説してみよう。なお表記は読みやすさを考えて、大文字小文字を合わせたものにした。

Škoda「シュコダ」

Škoda はチェコスロヴァキアの有名な自動車メーカー。下に 1859 - 1959 つまり 100 周年記念である。ただし 1859 年当時のシュコダはプルゼンの機械・鋳造工場で、後に二輪車工場と合併して現在に至る。あまりチェコ語を読んでいる気がしないかもしれないが、Š が「シュ」と読めるのはチェコ語の知識である。

Pohodlně rychle ČSA「快適で速く チェコスロヴァキア航空」

ČSA（チェーエスアー）は Českoslovenké aerolinie（チェスコスロヴェンスケー アエろリニエ）の略で、複数形である。そういえば British airways も複数だった。pohodlně（ポホドルニェ）「快適な」も rychle（リフレ）「速く」も副詞である。

Růže vhodný dárek「薔薇はふさわしい贈り物」

růže（るージェ）が「薔薇」で vhodný dárek（ヴホドニー ダーれク）が「ふさわしい贈り物」だから、動詞なしでただ並べたように見える。これで主語と述語の関係になっているところがポイント。

Sýr zdravý doplněk každého jídla
「チーズは毎回のお食事のヘルシーなサイドメニュー」

これも主語と述語の関係だが、každého jídla（カジュデーホ イードラ）「毎回の食事」が生

格で「〜の」を表し、zdravý doplněk「健康な補充物」を修飾している。チーズ sýr の推進運動でもあったのか。

150 let Mariánských Lázní
「マリアーンスケー・ラーズニェ 150 年」

日本では「マリエンバード」というドイツ名のほうが有名かもしれないが、lázeň「温泉」という女性名詞は「温泉地」という意味としては Mariánské Lázně のように複数形になることが多い。Mariánských Lázní はその生格形。150 let は「スト・パデサート・レト」と読む。

こうして見ると「マッチラヴェルのチェコ語文法」では「〜の」という意味の生格が多いように見える。それ以外の格はどうか。

Čistotou a pořádkem ke zdraví「清潔と整頓で健康へ」

čistotou も pořádkem も造格で手段を表す。zdraví は辞書の見出しと同じ形だが前置詞 k (ここでは後に子音がたくさん続くので ke)「〜へ」の後なので与格である。マッチラヴェルだけでもなかなかヴァラエティーに富んだ形があるようだ。

Mytí rukou před jídlem chrání před nemocemi
「食事前の手洗いは病気から守ってくれる」

これは完全な文なのだが、その形 1 つ 1 つを見ていくと、けっこう難しい。mytí は「洗うこと」だが、それを修飾する rukou「手」は複数生格であることをチェックするのが第一関門。前置詞 před「〜のときの前に」は造格を取るので jídlem「食事」は造格になっている。chrání は動詞 chránit「守る」の現在単数 3 人称形。再び登場する před が造格を取ることは確認済みだが、nemocemi「病気」は複数造格なので「いろいろな病気から」ということになる。この

第 2 章　チェコ語の隙間、スロヴァキア語の行間　　123

場合の před が「〜から、〜に対して」の意味になるのは、訳からもお分かりだろう。

　小さなマッチラヴェルから、これだけ説明することができる。それを喜んでいるのだから、コレクターには外国語学習者がさぞや奇妙に見えることだろう。

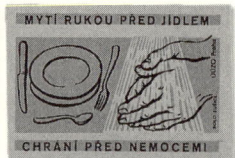

チェコのマッチラヴェル。印刷は素朴だがデザインは一流。

レコードをジャケ買い！

　外国でCDショップに行くとき、地元の音楽事情を知らないと寂しい。面出しだったり、平積みにされていたりするアーチストたちが、果たして売出し中の新人なのか、それともベテラン中のベテランなのか、見ただけではなかなか分からない。事前に知識を仕入れておく必要がある。

　チェコのポップ・ミュージック界で最大の有名人といえば、カレル・ゴット Karel Gott に間違いない。伸びやかなテノールを朗々と響かせるゴットは、1960年代から活躍する歌謡界の大物である。その伸びやかな声は日本の超有名演歌歌手を思い出させるので、わが家では「チェコのサブちゃん」と呼んでいる。実際、ゴットの歌は演歌に近いと思う。

　とはいえ、それ以外となるとよく分からない。しかも現在のポップスは好みではない。目指すは1960〜70年代、まだ社会主義だった頃の流行歌を知りたい。どうすればいいか。

　こういうときは初心者らしく、時代別に集めたアンソロジーを買い求める。『チェコ・ポップス伝説』 *Legendy českého popu* は60、70、80年代それぞれを代表するポップスが、3枚のCDに20曲ずつ収録されているお得なパック。こういうものを聞きながら、お勉強をはじめる。

　すべての年代にわたって収録されているのは、カレル・ゴットである。さすがポップスの帝王だ。それと並んで多く収録されているのが、オリンピック Olympic というチェコ・ロック界を代表するバンドだった。その歌詞には反体制のメッセージが込められているというが、コミックバンドにしか思えない。確かなのはガチャガチ

ャとにぎやかすぎて、わたしの好みではないということだ。

　年代ごとの特徴として、60〜70年代は西側のカヴァー曲が多いのに対し、80年代以降はシンセサイザー風の楽器がガチャガチャと響く曲が増えてくる。わたしには60〜70年代が向いているようだ。ちなみに同じ傾向はユーゴスラヴィアにもあり、ベオグラードで手に入れた懐メロCDでも、どこかで聞いたような曲がセルビア語で歌われている（第3章「カヴァー曲の60年代」を参照）。

　外国語学習者にとってカヴァー曲はなかなか面白い。「赤い河の谷間」は小学校の音楽の時間にも歌った記憶があるが、そのチェコ語タイトルは「赤い川」Červená řeka で、そのまんまである。また他にも「やさしく歌って」Killing me softly with his song といわれてピンとこない人でも、ネスカフェのCMソングといえばわたしと同世代は分かるだろう。このチェコ語タイトルは「2枚の小さな羽根がここにはない」Dvě malá křídla tu nejsou となる。

　この2曲を歌っているヘレナ・ヴォンドラーチュコヴァー Helena Vondráčková もまた、現役で活躍を続ける大物女性歌手である。彼女のヒット曲「甘い錯覚」Sladké mámení は映画のテーマ曲にもなった。また「ヘイ・ジュード」のチェコ語版で有名なマルタ・クビショヴァー Marta Kubišová や、ヴァーツラフ・ネツカーシュ Václav Neckář と組んで歌っていた時期もあったという。

　ネツカーシュは戦後チェコ男性アイドルの元祖といっていいだろう。甘いマスクに甘い声、何から何までスイートな彼が、オシャレな帽子をちょっと斜めに被る姿は、現代日本が大量生産するタレントたちとすこしも変わらない。映画も、イジー・メンツェル監督の『厳重に監視された列車』Ostře sledované vlaky や、『つながれたヒバリ』Skřivánci na niti に出演している。ただしアイドル映画ではなく、とくに後者は1969年当時、検閲によって公開禁止となったことで有名だ。

チェコ人の男性は一般に声が高い印象があるが、中でもネツカーシュはとくに高音である。さらにちょっと鼻にかかったような声を出す。アイドルの王道だ。社会主義国はお固くて、娯楽なんてなかったと勘違いしている人は、彼の曲を聴くといい。芸能界はイデオロギーを超越している。

　女性アイドルはどうか。70年代らしいのはハナ・ザゴロヴァー Hana Zagorová だろうか。フランスギャル風のオシャレでかわいい声を出す。他にもハナ・ヘゲロヴァー Hana Hegerová、ナヂャ・ウルバーンコヴァー Naďa Urbánková、エヴァ・ピラロヴァー Eva Pilarová などが活躍している。わたしのお気に入りはマリエ・ロットロヴァー Marie Rottrová で、彼女の「わたしの歌はどうして響くの」*Čím zvoní píseň má* は、いかにも 70 年代らしいというか、はじめて聴いたときから不思議と懐かしい。

　80 年代に入ると、男性デュオのスタニスラフ・フロゼク＆ペトル・コトヴァルド Stanislav Hlozek a Petr Kotvald あたりは 70 年代に近いムードだが、イヴェタ・バルトショヴァー Iveta Baltošová（彼女は 2014 年に非業の死を遂げる）となるとやはり時代の違いを感じる。

　それにしても便利な時代だ。日本ではほぼ知られていない歌手の紹介をしても、興味のある人はインターネットで探してお聞きくださいといえる。こちらは歌手名や曲名のチェコ語を正確に表記するよう努めるだけである。場合によっては、通販で CD を買うこともできる。もちろん、現地ではさらに簡単に入手できる。

　だが考えてみれば、70 年代はレコードが主流だ。そういえば古本屋の店先にはときどき、捨て値で古いシングルレコードが売られていたっけ。いったい、どんなものがあるんだろうか。試しに漁ってみようかな。

　ということで、プラハで古本屋を回り、古いシングルレコードをいくつか買ってきた。ジャケットのゴット、ネツカーシュ、ザゴロ

ヴァーはみんな若い。他にもよく分からないけど、デザインのシャレたものを選んで7〜8枚買ってみたのだが、全部で500円もしなかった。こんなものだって、いずれは消えてしまうんだろう。

とはいえ、これを聴こうというのではない。仕事場にはレコードプレイヤーがあるが、音楽はCDで聴くほうが便利だ。これらのレコードは、インテリアとして仕事場に飾ろう。そのために選んだのである。

「ジャケ買い」とはまさにこのことだ。

レコードのジャケット。左上から、
カレル・ゴット、ハナ・ザゴロヴァー、ヴァーツラフ・ネツカーシュ、ダンスミュージック。

個性的なクリスマスソング

　イギリスには Mother Goose あるいは Nursery Rhyme という童謡がたくさんある。個性的なうえに大人も親しめる歌が多く、しかも英語圏の常識である。世界に子どもの歌はたくさんあるが、これほど豊富なところは珍しいのではないか。

　これに匹敵するくらいに個性的だと心密かに考えているのが、チェコのクリスマスソングである。

　クリスマスが近づくと、世界中の至るところでクリスマスソングが流れる。だがそのほとんどがジングルベルか、あるいはワムの「ラスト・クリスマス」、マライヤ・キャリーの「恋人たちのクリスマス」、あとは賛美歌で、あまり代わり映えがしない。

　ところがチェコ共和国では12月になると、この国オリジナルのクリスマスソングがあちこちから聞こえてくる。

　もっとも有名な歌が「主キリストは生まれけり」である。

Narodil se Kristus Pán,　主キリストは生まれけり
veselme se,　喜び合わん
z růže kvítek vykvet nám,　我らの薔薇の花が咲きにけり
radujme se.　喜び合わん
Z života čistého,　清らかなる命から
z rodu královského,　王の一族から
nám, nám narodil se!　我らがために生まれけり

　これを歌うときは全員が立ち上がるものらしい。そういう場面を映画などで何回も見た。チェコ人といっしょに起立して歌えたら、さぞや気分がいいだろうな。

第2章　チェコ語の隙間、スロヴァキア語の行間

それにしても歌詞の訳は難しい。読者の中には veselme se と radujme se がどちらも「喜び合わん」と訳されていて不思議に思う方がいるかもしれない。そこでなんとか訳し分けようと 30 分ほど考えてみたのだが、結局どうにもならなかった。外国語と日本語はいつでも一対一対応というわけにはいかない。

さて、わたしが好きなクリスマスソングといえば、「共にベツレヘムへ行こう」である。

<ruby>Půjdem spolu do Betléma,<rt>プーイデム スポル ド ベトレーマ</rt></ruby> 共にベツレヘムへ行こう
<ruby>dujdaj dujdaj dujdaj da.<rt>ドゥイダイ ドゥイダイ ドゥイダイ ダ</rt></ruby> ああ、こりゃこりゃ
<ruby>Ježišku, panáčku,<rt>イェジシュク パナーチュク</rt></ruby> イエスちゃん、救い主
<ruby>já tě budu kolíbati,<rt>ヤー チェ ブドゥ コリーバティ</rt></ruby> ぼくが子守りをしてあげよう
<ruby>Ježišku, panáčku,<rt>イェジシュク パナーチュク</rt></ruby> イエスちゃん、救い主
<ruby>já tě budu kolíbat.<rt>ヤー チェ ブドゥ コリーバト</rt></ruby> ぼくが子守りをしてあげよう

やっぱり訳が難しい。しかもわたしが訳すとどうも軽薄になってしまう。だがこの歌は子どもたち（とくに少年の合唱団）が軽快に歌うのだから、これでいいのだと自分にいい聞かせる。1 行目の部分だけはつぎつぎと変わっていくが、残りは同じなので、「ドゥイダイ・ドゥイダイ・ドゥイダイ・ダ」以降を覚えておけばサマになる。

プラハでチェコ・オリジナルの歌ばかりを集めた『チェコのクリスマス』České Vánoce という CD を買った。これには珍しく付属の小冊子に全曲の歌詞が掲載されていて、重宝している。「きよしこの夜」（チェコ語では <ruby>Tichá noc, svatá noc<rt>チハー ノツ スヴァター ノツ</rt></ruby> と歌い出す）のような世界の定番もすこしはあるが、ほとんどがオリジナルのクリスマスソングなので、ここにある歌をすべてチェコ語で覚えれば、チェコ人並みかもしれない。

チェコのクリスマスソングはチェコ語で歌うのが原則である。ただし「神の御子は」だけは例外で、これは東欧カトリック圏ではラ

テン語で歌うことになっているようだ。

　　Adeste fideles laet triumphantes
　　venite venite in Bethlehm
　　Natum videte regem angelorum
　　Venite a doremus Venite a doremus
　　Venite a doremus dominus

　チェコでクリスマスを迎えると、ラテン語が勉強したくなる。せめて歌くらいは歌いたいと考えて、これだけは暗記した。

CD「チェコのクリスマス」の
付属小冊子。
挿絵はヨゼフ・ラダ。

バック・トゥ・ザ・DVD

　チェコはDVDが安い。日本でもすでに版権の切れた古い作品は安く入手できるが、チェコはその比ではない。papírová krabička（パピーロヴァー　クらビチュカ）というボール紙の簡易包装版なら、1枚数百円で買える。いっておくが海賊版ではない。ちゃんとした店で売られているものだ。

　外国作品の場合、チェコでは吹替えられていることが多い。吹替えか、それとも字幕かについては、どうも国ごとの伝統があるようだ。たとえばスロヴェニアでは字幕が主流で、吹替えは子ども向けの作品くらいしかない。ポーランドではナレーターが一人ですべてを語る活弁方式が多く、しかもやる気のない声で棒読みするのが伝統のようだ。チェコのDVDでは日本と同じように声優がそれぞれを演じる吹替えが一般的である。しかもオリジナル音声もつく。

　吹替えが主流とはいえ字幕もついている。耳の不自由な人向けのことが多い。さらに外国語による字幕さえついていることがある。

　つまりチェコのDVDは複数の音声と複数の字幕を選ぶことができ、しかもそれが安く手に入るのである。外国語学習教材として、これは理想的だ。

　これだけの条件が揃っているのだから、チェコのDVDを楽しまない手はない。チェコあるいはチェコスロヴァキアの作品に限らず、ハリウッドなどで制作された映画も、すこし古いものならずいぶん安い。中にはかつて日本語吹替えで観た懐かしい映画もある。

　ということで、日本でも有名な欧米作品をチェコ語音声およびチェコ語字幕であれこれ楽しんでいるのである。

　たとえばロバート・ゼメキス監督の『バック・トゥ・ザ・フューチャー』。大好きな作品で、これまでにもくり返し観てきた。その

チェコ語版である Návrat do budoucnosti を見つけたときは、もちろん躊躇することなくすぐに買った。タイトルを訳せば「未来への帰還」だから、そのまんまである。だがいつもそうとは限らない。映画のタイトルをどのようにつけるかは、どんな言語でも予測は不可能だ。チェコ以外の映画をチェコ語で楽しむためには、そのタイトルを調べておいたほうが無難である。

カミさんがアラン・J.パクラ監督『大統領の陰謀』を探したときには苦労した。英語のタイトルを事前に調べてこなかったので、DVD ショップに行っても探してもらえない。困っていたところ、古雑誌で偶然ダスティン・ホフマンの特集があり、それを立ち読みして All the President's Men であることが分かった。そこで再び DVD ショップに戻り、この英語タイトルを馴染みの店員さんに伝えたところ、彼女はすぐに持ってきてくれた。チェコ語タイトルは Všichni prezidentovi muži で、これも英語の直訳である。

原作本からオリジナルの英語タイトルが分かれば簡単だ。ルイス・サッカー原作の『穴』は Holes だから、本も映画もタイトルが Díry であるとか、アガサ・クリスティー『ナイル殺人事件』は Death on the Nile なので Smrt na Nilu だとか、すぐに類推がつく。スチーブン・キング原作『IT』は英語も当然 IT で、決して「アイ・ティー」ではなく代名詞である。これに対応するチェコ語が TO であることは、訳書を読んでいるからすぐに分かる。

基本的にはチェコ語タイトルは英語オリジナルをそのまま訳したものが多い。というか、日本がヘンに凝り過ぎなのではないか？

ということで、チェコ語の勉強と称して娯楽映画を観ている。ジョン・カーペンター監督『ザ・フォッグ』 Mlha はチェコ語で観ても怖かった。BBC ドラマ『紅はこべ』Červený bedrník ではリチャード・グラントがカッコよくチェコ語を話していた。そういうことがなんだか楽しいのだ。

わたしもカミさんも、文学者ではなく語学者なので、その国のオリジナル作品だけでなく、幅広いチェコ語に触れて語彙や表現を増やす必要がある、という論理が成り立つことを信じている。

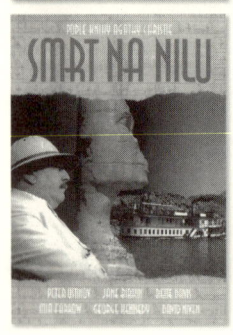

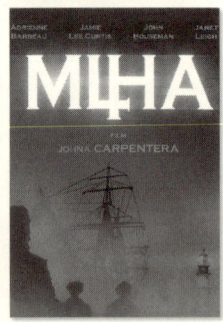

次にプラハへ行ったらまた新たなDVDを買おうと、今からタイトルをチェックして準備している。探したいのは『ザ・シンプソンズ』Simpsonovi と『チャーリーズ・エンジェル』Charlieho Andílci（しかもカミさんの指定でファラ・フォーセットが出演している初期のテレビ版）と『ゴッド・ファーザー』Kmotr（これは「名づけ親」の意味）だ。ここまで並べれば、どんな映画が好きかバレバレだが、それは個人の自由なのである。

英米映画のチェコ語吹替えDVD。
左上より、
「バック・トゥ・ザ・フューチャー」
「大統領の陰謀」
「ナイル殺人事件」「ザ・フォッグ」。

古雑誌の広告を追え

　プラハの宿のベッドに寝そべりながら、古雑誌のページを捲る。昼間に古本屋で気紛れに買い求めた Kalendář národní politiky na rok 1942、そのまま訳せば「国民政策カレンダー 1942 年版」といったところか。ただしカレンダーではなく、年1回発行のグラフ誌といった感じである。戦前のチェコはさまざまなグラフ誌が発行されていて、古書店でもけっこう目にするのだが、今日まで残っているのはきちんとした表紙のついた合本が多く、かなり重量がありそうだ。こういったバラ売りはむしろ珍しいかもしれない。

　注目したのは 1942 年という年号だ。この頃のチェコはすでにドイツ占領下。そういう時代の雑誌は、どんなふうに世相を反映しているのだろうか。

　だが期待に反して、中身はほぼすべてチェコ語だし、生々しい政治プロパガンダが載っているわけでもなかった。辛うじてアドルフ・ヒトラーの誕生日がカレンダーに挙がっているくらい。

　記事も全体的に政治とはあまり関係ない平和な内容。だが1つ1つが長くて丁寧に読むのは面倒である。短いのはときどき挿入される小話だが、背景も表現も不案内でほとんど笑えない。

　それよりも面白いのは、あちこちに掲載された広告のほうだ。ハガキからマッチラヴェルくらいの、いろんな大きさの広告が誌面の隙間を埋めている。キャッチコピーも短いので、あちこち拾い読みするにはちょうどいい。

　　Chřipka? Bolení hlavy? Neokratin!
　　　「インフルエンザ？　頭痛？　だったらネオクラチン！」

第2章　チェコ語の隙間、スロヴァキア語の行間　　135

……こういうのってほとんど変わらないんだな。

<small>チェスキー　シツィー　ストロイ　スヴェトヴェー　ウーロヴニェ　ネイレプシー　ダーレク</small>
Český šicí stroj světové úrovně　Nejlepší dárek

　　「チェコのミシンは世界レベル　最高の贈り物」

ミシンの質が高いのはいいけれど、プレゼントとはちょっと意外だ。新婚家庭向けだろうか。

<small>ヒギエニッケー　ポトシェビ　プロ　コイェンツェ　ヴァーツラフ　ハヴェル</small>
Hygienické potřeby pro kojence　Václav Havel

　　「乳児用衛生用品　ヴァーツラフ・ハヴェル」

一瞬ドキッとした。これはビロード革命を達成し大統領となった人物と同姓同名である。偶然の一致だが、ということはそれほど珍しい名前でもないのか。

広告には店舗の住所が書いてあった。地方都市も多少はあるが、なんといってもプラハが多い。よく知っている通り名もあちこちに見られる。この宿からもごく近いところもある。

これらの広告を出した店舗は、今どうなっているんだろう？

そこでわたしとカミさんは、数ある広告の中からプラハ中心部に近い5つの店舗を選んでその住所を書き出し、翌日訪ねてみることにした。

　　　　　　＊　　　　　＊　　　　　＊

出発はヴァーツラフ広場から。そこを中央郵便局に向かって曲がると、第1の目的地である Jindřišská 通りとなる。ふだんからよく歩いている地区だ。ここの23番地には武器店があったというのだが、そんな物騒な店があった記憶はない。興味がないから、目の前にあっても無視している可能性もある。だがやっぱりなくて、その建物は肉屋と本屋になっていた。

ヴァーツラフ広場に戻り、そこを隔てた Vodičikova 通りに向か

う。ここの26番地にある骨董店が広告を出している。プラハはアンティークの好きな街だから、ひょっとして残っているかもと期待が高まる。だが残念ながら、居酒屋に変わっていた。

そこでJungmanova通り経由でNa příkopě（ナ・プシーコピェ）を横切り、さらにPerlová（ペルロヴァー）を進むと第3の目的地Rytířská（リチーシスカー）通りにぶつかる。ここの27番地には生地店があるはずなのだが、こんな一等地にそんな地味なものがあるとは思えない。果たして、今ではハンガリー文化センターに変わっていた。それはそれで興味深く、入り口に貼ってあるポスターなどを眺める。

Rytířská通りをさらに進めばOvocní trh（オヴォツニー・トルフ）に行き当たる。毎日のように歩いているこのちょっとした広小路の11番地にRadio Vácha（ヴァーハ）という放送局があったら、絶対に気づいているはずだ。案の定、洋服屋と法律事務所になっていた。

こんな感じで、求める住所へは難なく行きつけるのだが、期待する店舗は1つとして見つからない。考えてみれば、雑誌に広告を載せて70年以上。今でも存在していたら、そのほうが奇跡だ。

だが、ここでふと気づく。

店舗は見つからなくても、その住所はちゃんとある。それどころか、古めかしい建物まで残っていることも珍しくない。外装に手を入れ、内装を直しながら、建物を大切に使う。それがプラハだ。

それと比べて東京はどうだろうか。70年前と同じところに店舗はおろか、その通りさえ残っているかどうか怪しい。日本では建物を壊すだけでなく、その地区全体をいとも簡単に造り変えてしまう。ごく最近では神田の淡路町が再開発され、わたしたちが通っていた店舗どころか、よく歩いていた道すら完全になくなってしまった。

これから数年後に、東京ではオリンピックが予定されている。これを境にまた大きく変化することだろう。歴史や伝統よりも経済効果を重視して、便利だが没個性の地区がつぎつぎと現れるに違いな

第2章　チェコ語の隙間、スロヴァキア語の行間　　137

い。そして多くの人がそれを進歩と受け止めている。止めることは誰にもできない。

わたしとカミさんはこれまでも、時間を見つけては東京を歩き回り、自分たちが育った23区内を隅々まで観察してきた。街の見方にはコツがある。何に注目すべきか。何を見落としてはいけないのか。そういうコツをすこしずつ身につけて、海外の変わりゆく街を歩くときに役立てようと考えていた。

ところが意外なことが分かってきた。プラハは表面的には変わっているように見えても、根本は変わらない。消えてしまいそうなのは、むしろ東京である。急ぐべきは故郷のほうだったのだ。

わたしたちにできるのは、歩くことだけ。これからも東京を歩いて、プラハを歩いて、また東京を歩いて、他の街も歩いて、すこしずつ経験を積んでいこう。それをしっかりと目に焼きつけて、歴史と社会を記憶にとどめておく。

さて、最後に残ったのはCeletná（ツェレトナー）通り24番地の楽器店である。火薬塔から旧市街広場に抜けるこの通りは、プラハ滞在中に歩かない日がないくらいよく知っている道だ。そこに楽器店なんてあったら絶対に気づいている。わたしたちはすでにあきらめ気分だった。

果たして、やっぱり何もなかった。古びた木製の門があって、その先は見えないのだが、店舗ではなさそうである。こうして古雑誌に広告を出していた5軒は、さすがのプラハといえども、すべて存在しないことが確認された。

帰ろうとして、ふと門に目をやると、そこにはコンサートや音楽関係のポスターが貼ってあった。しかもそれが何枚も何枚も、重ねるように貼られている。どうして音楽関係のポスターなのか。単なる偶然か。それとも、ここは今でも音楽と何か関係ある施設があるのか。

わたしとカミさんは、しばらくそのポスターを眺めていた。

ホテルの部屋で郷土料理

　某国の地方都市で語学研修を受けていたときのこと。宿題として郷土料理というテーマで作文を書いてくるようにいわれ、いったい何がいいかと考えていたら、隣の席に座っていたチェコ人のペトルくんが、ボソリとつぶやいた。
　「じゃあ、Vepřo - knedlo - zelo にしよう」
　えっ、それ何？
　「あれ、知らないかな。Vepřové maso s knedlíky a se zelím のことだけど、ふつうはこんなふうに短くしていうよ」
　ああ、それなら知っている。豚肉の煮込みに knedlík という小麦ダンゴと、zelí つまりザワークラウトを添えて出す有名なチェコ料理だ。knedlík は何にでもついてくるつけ合わせで、ドイツ語では Knödel という。蒸しパンのようだが実は茹でて作るらしい。味はとくになくて、料理のソースをつけて食べる。悪くはないがボリュームが多すぎて食べきれない。苦手な人もすくなくなく、チェコ人でさえみんなが好きかどうか。ペトルくんも「ふつうの knedlík はいいけど、ジャガイモを混ぜたやつは嫌い」というように、若い世代ではさらに微妙である。
　チェコ滞在中はいろんなチェコ料理を食べる。Vepřo - knedlo - zelo はもちろん、Vepřový řízek「ポークカツ」や Hovězí guláš「牛肉のグラーシュ」などは大好きだ。だがいくらおいしくても、毎日のように食べていると胃が疲れてくる。そこで昼はレストランでスープとメインを注文してちゃんと食べ、その代わり夜はデパートの食料品売り場で買い物をして、ホテルの部屋で食べるというパターンに落ち着いてくる。

第2章　チェコ語の隙間、スロヴァキア語の行間　139

プラハのデパートでは地下にスーパーマーケットのチェーン店が入っていることが多い。広く明るい店内にカートを押しながら夕食の材料を買う姿は、どこの国も同じである。

　お惣菜売り場もある。ただ日本に比べて種類がすくなく、しかも対面式の量り売りである。店員さんに交渉して欲しいものを必要な分量だけ注文するのは、かなりの語学力が要求されるし、そもそも面倒臭い。加えてその分量は deka = 10 グラム単位を使うことが多い。つまり 200 グラム買おうと思ったら dvacet deka と表現しなければならないのである。とっさに正しい数字がいえる自信がまるでない。だがガラスケースの中にチーズフライ smažený sýr やマッシュルームフライ smažené žampiony、あるいはハンバーグとメンチの中間くらいの肉ダンゴ karbanátky（焼いたものも揚げたものもある）が並んでいれば、是非とも買って帰りたい。こういうときは、普段は対面式の嫌いなカミさんにがんばってもらう。

　量り売りはフライや肉団子だけではない。サラダはパック売りもあれば対面式もあるが、種類が多いのは対面式のほうだ。ところがガラスケースの中にある商品名をいくら熱心に読んでも、よく分からない。たとえばイタリア・サラダ vlašský salát といえばジャガイモやニンジン、グリーンピースをマヨネーズで和えたものだが、こういうものは変種も多いから実際に食べてみるしかない。またサラダと並んでポマザーンカ pomazánka というスプレッドも種類が多い。このようなサラダやスプレッドは、チェコを代表する角形パン rohlík といっしょに食べるとおいしい。

　あとはチーズやハムを選んで買い物かごに入れる。ハムはチェコ名物の1つで、とくにプラハハム pražská šunka のような高級品は対面式コーナーで量り売りしてくれるが、ふつうはパック売りのもうすこしお手軽なものを選ぶ。ハンガリーサラミ uherský salám もいい。飲み物はビール pivo とワイン víno、国産スパークリング

ワイン Bohemia Sekt、さらにミネラルウォーター minerálka。これにヨーグルト jogurt と果物 ovoce があれば完璧。

　現地の人にしてみれば、ずいぶん高い買い物かもしれないが、レストランで食事するよりはずっと安い。それにホテルの部屋でテレビを見ながらくつろいで食べるのは気軽でいい。ただし、コップや皿は事前に確認しておき、ない場合には買っておかなければならない。かつては日本から割り箸や紙皿などを用意していった。

　最近ではアパルトマンに泊まっているので、台所があり、調味料や食器も揃っている。おかげで珍しい冷凍食品を温めたり、日本では見かけない野菜やキノコを炒めてみたりして、現代の家庭の味を探究する。

　これだって、れっきとしたチェコの郷土料理ではないか。

チェコ風モツ煮込みスープ。
電子レンジで3分チンするだけ。

小舟を編む

　三浦しをん『舟を編む』が評判となり、にわかに辞書ブームが到来した。雑誌などでは辞書の特集を組みたがる。わたしにも依頼が来ることがあるが、どうも気が乗らない。その理由が、先日テレビで放送された映画版を観て分かった。

　つまり、国語辞典と外国語辞典は違うのである。

　映画では辞書編纂の様子がなかなか魅力的に描かれていた。だがそれはわたしがすこしだけ触れてきたものとは大きく違っていて、比べてみると違和感ばかりが募る。

　まず外国語辞典では、頻度数辞典に基づいて語彙の選定をおこなう。他の辞典は参照するが、既存の辞典の見出し語を比べて選ぶことはない。

　また編集者が執筆することも考えられない。編集者自身がその外国語に通じていることもあるが、その能力は原則として校正のときに発揮されるもので、自らが「語釈」を書くことはない。

　なによりも新語を収録することに情熱を燃やさない。それよりも重要語を漏れなく収録することのほうが大切だ。さらには変化形や語法について、どのように記述していくかが勝負どころである。

　類書の多い英和辞典などはもしかしたら事情が違うかもしれない。それでも収録語彙の多さを誇るのは邪道だと信じている。そんなことを考えてしまうのは、こちらが最近、マイナー言語の辞書編纂を1人でコツコツやっているからかもしれない。

　わたしだけではない。カミさんはここ何年も、1人で『日本語＝チェコ語辞典』を作っている。とはいえ出版の予定はなく、出版社も決まっていないのだが、自分の勉強にもなるからと、PCにせっ

せと打ち込んでいるのである。

　ところで、わが家では朝食や夕食のときに外国の放送局によるニュース番組を観ている。日本のニュースは新聞で知ることができるが、チェコやスロヴェニアの情報はなかなか入らない。そこでインターネットを通じて現地の放送の録画を流しておくのだ。

　ニュース番組は長大なドラマである。しかも誰もが途中から参加するドラマだ。よって1回や2回くらい観たところで分かるはずがない。辛抱強く、1年くらい観続けていれば、やっと話が見えてくるといった感じだ。

　話が見えてくると、語彙や表現に注意を向ける余裕が出てくる。テレビ番組では、映像とともにことばの使い方が分かる点が有益である。さらに日本語との対応が頭の中で適切に結びつけば最高だ。

　たとえば2014年の春はEU議会の選挙があり、21議席を持つチェコでも、その話題が盛んに放送されていた。投票に向けて準備をする映像。公民館や学校らしきところを使うのはいずこも同じらしい。ドアに掲示される案内の貼り紙。

volební místnost
（ヴォレブニー　ミーストノスト）

　これが「投票所」を指すことは明らかだ。なるほど、こういうときはmísto（ミースト）ではなくmístnostを使うのか。こういうことを調べるのは意外と難しい。だがニュースを観ていれば意味も使い方も間違いなく分かるし、対応する日本語にも自信が持てる。

　カミさんが夕食の箸を置き、そばに置いたメモ用紙に書き込む。その場でメモしておかないと、絶対に忘れてしまう。外国語辞典でも、こういう作業がときには必要だ。その姿は『舟を編む』に登場する編集者に、すこしだけ似ている。

　こんな感じで、最近は夕食のときに中座してメモをすることが増えている。

洪水のニュースからは pytel s pískem「土嚢」をメモ。中に入れるものを s ＋造格で表すのがポイント。

　組閣のニュースからは kandidát na premiéra「首相候補」をメモ。こういうときは前置詞 na を使うのか。これは「候補」の項目で扱うことになる。

　紛争地帯のニュースからは neprůstřelná vesta「防弾チョッキ」をメモ。ファッションでは「ベスト」に取って代わられても、こういう場合は日本語でも「チョッキ」を使うのがふつうだ。やはり「チョッキ」という見出し語を立てるか。

　外国語辞典の中でも、日本語から外国語を引く辞典を作るのは本当に難しい。自分の選んだ訳語がそのまま見出しになってしまうのだ。かといって、国語辞典を参考にして選んだ語彙を字義どおりに訳すと、説明的になってしまう。だから2つの異なる言語間で納得のいく対応が閃いたら、忘れないうちにメモをする。これを積み重ねていくしかない。

　こんなふうにして、わが家では小舟が編まれている。

さまざまなチェコ語対訳辞典。
机はすぐにいっぱいとなる。

社会主義の言語だった頃

　チェコをはじめとする東欧については、「素朴でキッチュな小物の国」という不思議なイメージが広がりつつある。そのおかげでさらに「カワイイ」とか「オシャレ」という形容詞を冠して、雑誌の見出しになったりもする。

　とはいえ、この国はかつてスロヴァキアとともに「社会主義共和国」を形成していた時代があり、カワイイもの好きに人気の小物はほとんどがその頃の産物だということを忘れてはならない。

　日本では社会主義と共産主義との区別すら知らないのに、そういう体制の国をとにかく忌み嫌う人が多い。そのような傾向は現代のチェコ国民にも見られるが、歴史的事実を消し去ることは誰にもできない。

　社会体制は語学書にも反映する。チェコ語はそれほどメジャーな外国語というわけではないが、社会主義時代にもチェコでは外国人向けチェコ語教材が出版されていたし、さらに友好国で作られることもあった。そしてそういうものは、やっぱり「社会主義の言語としてのチェコ語」なのである。

　ここにあるチェコ語教科書は、1968年に東ドイツのベルリンで発行されたものだ。書名は『チェコ語』*Český jazyk* と簡潔明瞭で、その下にはドイツ語で *Lehrbuch der tschechischen Sprache*「チェコ語教科書」とある。ドイツ語で「チェコの」という形容詞を書き表すと、こんなにも長くなるのかといつも感心する。

　構成は語学書としてごくふつうである。文字と発音の解説からはじまって、簡単なあいさつ表現や基本的な文法特徴などが紹介され、20ページほど過ぎた辺りから本格的な学習がはじまる。全部で30

課あるのだが、前半はテキストとそれに対する質問、語彙のまとめなどが30課分続き、後半はそれぞれの課に対する文法説明および練習問題となる。

注目はそのテキストだ。社会主義国は語学書の中で自国の宣伝をおこなう。いや、社会主義国に限らず、現地の語学書は多かれすくなかれ「愛国的」なのである。第1課の一部を訳してみよう。

ČSSR（チェーエスエスエる） — 我らが隣人そして友人

チェコスロヴァキア社会主義共和国は美しく豊かな国である。チェコスロヴァキアは中央ヨーロッパに位置する。ČSSRの住民はチェコ人とスロヴァキア人である。チェコ人はボヘミアとモラヴィアに住んでいる。彼らはチェコ語を話す。スロヴァキア人はスロヴァキアに住んでいる。彼らはスロヴァキア語を話す。ČSSR国民は手先が器用で勤勉である。チェコ人とスロヴァキア人は我々とともに平和陣営にしっかりと立っている。

ČSSRはČeskoslovenská socialistická republika（チェスコスロヴェンスカー ソツィアリスティツカー れプブリカ）の略称である。全部いうと長いから、このような略語を使う。ソ連をCCCP（エスエスエスエーる）と表記するようなものだ。社会主義国は略語が多い。

こういうテキストを読んでいるとなんだか気恥ずかしいのだが、考えてみればソ連時代にロシア語を学んだ身としては、こんなテキストをたくさん読んできたのである。

一方、チェコ語についてはそういう経験がほとんどない。日本では千野栄一・千野ズデンカ『チェコ語の入門』（白水社）を使って学習したが、チェコで夏期短期セミナーに参加したのはビロード革命以降、つまり体制が変わった後だったので、そういうテキストに触れたことがほとんどない。Čest práci, soudruhu!（チェスト プラーツィ ソウドルフ）「労働に栄光あれ、同志よ！」のような文ともなれば、気恥ずかしさを超えて感

146

心してしまう。

　さらにもう1冊、今度はハンガリーのブダペストで1968年に出版されたチェコ語教科書を見てみよう。『チェコ語』*Cseh nyelvkönyv* は文字と発音の説明からはじまって、全55課を通じてチェコ語文法が詳しく記述されている。文法表も多く、たとえば副動詞の現在形と過去形は単数男性形、単数女性・中性形、複数形がきちんと表になっている。あまり使わないから、わたしも自信が持てない変化形だ。

　練習問題を通して文法を身につけることを目指しているので、まとまったテキストがはじめのうちは出てこない。バラバラな文がたくさん並んでいる。内容よりも形式を重視しているので、ときには To je prst.（ト イェ プルスト）「これは指です」およびその複数形 To jsou prsty.（ト ソウ プルスティ）「これらは指です」などという文があって、なんだかギョッとする。一体いつ使うのだろうか。

　社会主義的な価値観を想像させる文もある。Já nesu koš.（ヤー ネス コシュ）「わたしはかごを運ぶ」は、背負っていると考えてもいいのだろうが、労働を賛美するイメージを想起させる。続いて Vy také nesete koše?（ヴィ タケー ネセテ コシェ）はかごが複数になっているから「あなた方はかごを運びますか？」に違いない。1人でいくつものかごを運ぶのはタイヘンだもんね。

　さらに次。Udernice...（ウーデルニツェ）あれ？　この単語、知らない。カミさんに聞いても分からないという。そこでチェコ語＝英語辞典を引いてみれば shock-worker あるいは shock-brigade とあった。社会主義っぽい単語らしく、何となく想像できるのだがまだピンとこない。こういうときはチェコ語＝ロシア語辞典がいい。すると ударник（ウダールニク）「突撃作業班員」の複数女性形だと分かった。社会主義国はそういう組織がいろいろあって、みんな労働していたのである。ロシア語はどこかで見たことのある気がするが、チェコ語ではまったくはじめてだ。

では、その「突撃作業班員」は何を運ぶのだろうか。

Údernice nenesou nic. 「突撃作業班員たちは何も運ばない」
（ウーデルニツェ　ネネソウ　ニツ）

……手ぶらで突撃作業をするのがどのくらいタイヘンかは不明だが、すくなくとも未知の語彙は教えてくれた。

「カワイイ」わけでもなければ「オシャレ」でもない社会主義教科書からも、学ぶことはある。

東ドイツのチェコ語教科書（1968 年）。

分かる人にだけ微笑む名著
千野栄一・千野ズデンカ『チェコ語の入門』(白水社)

　いわずと知れた、日本初のチェコ語入門書。わたしもこれを使って勉強した。しかも著者自身から習った。

　それだけではない。これはのちの外国語入門書に大きな影響を与えている。

　たとえばその形式。全30課はすべて4ページで、1ページ目はテキスト本文、2ページ目は単語と訳、そして3～4ページ目は文法の説明と作文問題。これは白水社の「エクスプレス・シリーズ」に継承され、今ではごく一般的になっているが、当時は画期的だった。

　テキストはまとまった物語あるいは対話となっている。自分で入門書を執筆するようになってはじめて分かったのだが、テーマとなる文法事項を適切に盛り込んでテキストを書くのは非常に難しい。だが、おかげで「わたしは男の子です」とか「これはペンです」のような、いわゆる退屈な例文は出てこない。

　ただし、決してやさしい入門書ではない。

　なによりも1課あたりの新出単語が決してすくなくない。ただし頻度は考慮されているので、よく使われる単語が漏れることなく紹介されている。とはいえ、それだけで単語の重要度を判断することはできない。著者自身が「頻度だけで語彙を選定していたら、月の名称がうまく入れ込めなかった」と語っていたことを思い出す。

　文法にしてもそうだ。第1課では動詞の現在活用が、mluvit「話す」を基本として、3つの人称×2つの数で計6つの形がいきなり示される。第3課では男性名詞 doktor「医者、博士」の変化を、単数のみとはいえ7つの格すべてを一気に学習する。とくに名詞の変化については、すべての格を一度に紹介する入門書は、現在ではチェ

コ語はもちろん、ドイツ語でも減りつつある。

ということで、なかなか厳しいのである。

その代わり、これを着実に身につければ必ず上達する。だから文句をいわないで、ひたすら活用や変化を覚えた。チェコ語の授業からの帰り道は、mluvím, mluvíš, mluví, mluvíme, mluvíte, mluví と、「話す」の現在活用を唱えながら家に向かった。活用や変化の多い外国語を身につけるには、結局このような暗唱が欠かせない。
（ルビ：ムルヴィーム ムルヴィーシュ ムルヴィー ムルヴィーメ ムルヴィーテ ムルヴィー）

この学習法は万人向きではない。だが真実はここにある。

『チェコ語の入門』は1975年に出版され、2000年代初頭まで版を重ね続けた。現在ではすでに絶版だが、四半世紀以上も親しまれた入門書は稀である。

それなのに、21世紀のネット社会では、この本の正書法が古いとか、内容の一部が時代にそぐわないといった瑣末なことを取り上げて、価値がないと切り捨てる。このような態度では外国語は決して身につかない。海外旅行でどのくらい使えるかといった程度で語学書を判断するのは、あまりにも愚かなことである。

過去に真摯に向き合い、先駆者に敬意を払う。この気持ちさえあれば、『チェコ語の入門』は今でも多くのことを教えてくれる。

名著は分かる人にだけ微笑むものなのである。

重くても引くしかない
ČESKO-RUSKÝ SLOVNÍK ЧЕШСКО-РУССКИЙ СЛОВАРЬ

　大きくて重たい辞書はできれば引きたくない。

　ギリシアの諺に「大きな本は大きな悪である」というのがあるそうだが、まったく同感である。ふだんより小型でハンディーなものを愛用するわたしにとって、大型辞典は決して嬉しくない。

　だがわたしが学生だった1980年代に日本で入手できるチェコ語辞典は限られていた。日本語との対訳などあろうはずもない。英語だったら丸善や紀伊國屋書店でときどき見かけたが、わたしの欲しいのはロシア語との対訳だった。それがもっともしっくりくる。

　後にプラハへ出かけるようになれば、そんなものはいくらでも手に入った。だが当時、日本のロシア語専門書店で買い求めることができたのは『チェコ語＝ロシア語辞典』（全2巻）くらいしかなかったのである。

　発行はどちらも1973年。多巻本は発行時期がずれるのも珍しくないが、ありがたいことに同時発売となったようだ。チェコスロヴァキア科学アカデミー編で、モスクワのソヴィエト百科事典出版社とプラハの国立教育出版社の共同出版だった。収録語彙数は6万2千語、変化型は通し番号で表に整理され、すべて巻末にまとめられる。

　辞書は分厚いものだが、それにしても580＋864ページはつらい。不精して片一方だけを取り出して引いていると、必ず残りの一方も必要になる。引くときにあちこち指を挟んでおくと痛くなる。

　それでも、チェコ語を学びはじめてから20年以上が経過した今でも、相変わらずこの辞書を引き続けている。

　たとえばカミさんに意見を求められたとき。彼女はチェコで出版された国語辞典を中心に専門書をあれこれ引いては考えるのだが、

それでも納得がいかなかったり、あるいは適切な日本語訳が浮かばなかったりすると相談してくる。そのときわたしの判断基準は、この2巻本でどのように記述されているかによる。英語に比べて語義の対応する範囲が重なり、おかげで明確なときがある。さらに語結合もよく挙がっている。

　もう1つ、英語との対訳辞典に比べて見やすいのも利点だ。チェコ語と英語ではどちらもラテン文字なので、非常に読みにくい。似たような綴りが並んでいると、混乱しそうになる。それがロシア語だとそういうことがない。

　意外と使えるのが巻末の地名一覧と略語一覧だ。とくに社会主義時代の組織名などを調べるときは、これが役に立つ。辞書は現代社会にのみ対応していればいいというものではない。最新版だけを追い求めるのは愚かなことである。

　現在では『チェコ＝露大辞典』が1巻本としてまとまっている。まえがきによれば、これは2巻本などの成果を踏襲しながら、さらに語彙を補い、現代に対応できるよう改めたという。そのためすこし前の時代の語彙は見当たらない。通し番号による変化型も削除されている。なにかしっくりこない。結局、古い2巻本を今でも引いている。

　だからといって、引くのが面倒でなくなったわけではない。体力が衰えつつある現在、辞書はむしろ以前より重く感じるくらいだ。

　それでも手を伸ばす。ほんのすこしだけ手間をかければ、そこには答えが書いてある。ページを捲るだけで、いとも簡単に分かる。

　そう考えなければ、辞書なんて引くもんか。

日本語字幕あり

　批評家が選ぶ20世紀チェコ映画のランキングがあるという。1999年に54人の批評家がそれぞれベスト10を選び、1位が10ポイント、2位が9ポイントというようにしてベスト50を決めたという。その1位から5位は次のとおり。

　① *Markéta Lazarová*（František Vláčil, 1967）
　② *Obchod na korze*（Ján Kadár, Elmar Klos, 1965）
　③ *Všichni dobří rodáci*（Vojtěch Jasný, 1968）
　④ *Hoří, má panenko*（Miloš Forman, 1967）
　⑤ *Intimní osvětlení*（Ivan Passer, 1965）

　邦訳してくれなきゃ分からないぞ！　という声が聞こえてきそうだが、申し訳ないがほとんど知らないのでうまく訳せない。いくら1960年代に偏っているとはいえ、これはショックである。
　このうち②は『大通りの店』という邦題で日本でも公開され、わたしもテレビで観たことがある。だがそれほど感動しなかった。
　④の監督であるミロシュ・フォアマンは『アマデウス』や『カッコーの巣の上で』などで国際的に知られている。④は『火事だよ！カワイコちゃん』というセンスを疑いたくなるタイトルで公開された。だがわたしには『カッコーの巣の上で』のほうがずっと面白かった。
　「マイナー」な国の映画が日本で紹介されるとしたら、アメリカなどで映画賞を受賞した作品に限られるかもしれない。チェコ映画もそうなのだが、それでも日本では意外に紹介されている。

第2章　チェコ語の隙間、スロヴァキア語の行間

DVDを日本語字幕つきで鑑賞することだって可能だ。とくに充実しているのは、カレル・ゼマンやヤン・シュヴァンクマイエルのアニメーションだが、他にもヴェラ・ヒチロヴァー『ひなぎく』(1967年)などが入手しやすい。

　以前、拙著『外国語の水曜日』(現代書館)でヤン・スヴェラーク監督の『コーリャ 愛のプラハ』(1996年)を紹介した。アカデミー賞外国語映画賞のほか、第9回東京国際映画祭でグランプリを受賞したから、観ている人も多いだろう。

　そこで今回は『コーリャ』以外に日本語字幕で鑑賞できる作品として、DVD化された3作を監督別に選んでみよう。ちなみに、先ほどのベスト50にはどれもランクインしていない。

　まずはイジー・メンツェル Jiří Menzel である。『厳重に監視された列車』『英国王給仕に乾杯！』など数々のヒット作を手がけた彼の作品では、何といっても『スイート・スイート・ビレッジ』(*Vesničko má středisková*, 1985年)が好きだ。この作品には20世紀チェコ映画が凝縮されているといっていい。物語はチェコ地方都市の集団農場を舞台に展開されるノンビリとしたドラマなのだが、凄いのはその出演者だ。ルドルフ・フルシンスキー、ペトル・チェペク、リブシェ・シャフラーンコヴァー、ヨゼフ・ソムル、ズデニェク・スヴェラークなど、チェコの著名な俳優に加え、マリアン・ラブダ、ユーリウス・サティンスキーのようなスロヴァキアの俳優までが勢ぞろいしている。これを観ておけば、その後に出演する俳優のほとんどを知ることになる。

　オルドジフ・リプスキー Oldřich Lipský の作品からは『レモネード・ジョー』と並んで有名な『アデラ／ニック・カーター、プラハの対決』(*Adéla ještě nevečeřela*, 1977年)を挙げたい。世界を股にかけて活躍する私立探偵ニック・カーターが、プラハで事件を捜査するうちに意外な犯罪計画を暴くコメディーである。その展開は実

にバカバカしいのだが、この映画の人気は高く、チェコのギャグは すべてここからはじまるという指摘すらある。

　新しい作品ではヤン・フジェベイク Jan Hřebejk の『この素晴らしき世界』（*Musíme si pomáhat*, 2000 年）を挙げよう。舞台は第 2 次世界大戦中のチェコ。子どものいないヨゼフとマリエ夫婦のもとに、旧友のユダヤ青年ダヴィドが収容所から逃げてくる。2 人は彼を匿うことにするが、ナチスに心酔するホルストがその秘密を暴こうとする。極限状態の人間たちによる壮絶なドラマなのだが、その中に笑いを挟み込むチェコ人のセンスが好きだ。プラハをあえて避け、ブルノ中心に活躍するボレスラフ・ポリーフカの演技にも注目したい。

　残念なのは邦題である。『スイート・スイート・ビレッジ』は英題の *My Sweet Little Village* とも違うが、これなんかマシなほうで、『アデラ……』は原題どおりに「アデラはまだ夕食前」のほうがいいのではないか。「わたしたちは助け合わなければならない」では確かにタイトルにならないが、『この素晴らしき世界』ではルイ・アームストロングの歌と間違われること必至である。

　それでもこれだけさまざまな監督作品が日本語字幕つきで観られるのだから、チェコ映画は知名度が高いといっていい。

　では日本では紹介されていないチェコ映画はどうか。

　わたしはこれまで、プラハに出かけた際や通販サイトを利用するなどして、さまざまなチェコ映画の DVD を入手して観てきた。もっとも、どれが日本未公開なのかを正確に把握することは難しく、もしかしたら映画祭などではすでに日本語字幕つきで紹介されたことがあるかもしれない。

　それでも、日本でおそらく DVD 化されていないと思われるチェコ映画をいくつか紹介してみよう。もちろん、いずれもコメディー作品である。

第 2 章　チェコ語の隙間、スロヴァキア語の行間

戦前の上品な喜劇俳優
Kristian

　チェコでは第2次世界大戦前の古い映画の DVD が、すでに版権が切れているためか、びっくりするほど安い値段で売られている。試しにいくつか買い求め視聴したのだが、これがなかなか面白い。

　チェコスロヴァキアは戦前から映画を制作していた。もちろん言語はチェコ語である。コメディー映画もあった。笑いこそ、自分がよく分かる言語で楽しみたい。

　喜劇俳優もたくさんいた。もっとも有名なのはヴラスタ・ブリアン Vlasta Burian だろうか。細身で機敏に動き回り、歌も踊りもこなす彼は、喜劇王と呼ぶのにふさわしい。またふっくらしたフゴ・ハース Hugo Haas も多くの映画で主演している。戦後も活躍するフランチシェク・フィリポフスキー František Filipovský も戦前は若くて元気だ。

　昔は喜劇俳優がハンサムだった。脇役では見た目の可笑しさで芸をする者もいたが、主役級のブリアンもハースもそれなりに男前であり、そのうえで面白可笑しいことをするのである。

　男前に加えて、上品さが漂う、今ではどこの国にも見つからないような喜劇俳優がいた。オルドジフ・ノヴィー Oldřich Nový である。数多くの映画に主演しているが、中でも彼の魅力が際立っているのが『クリスチアン』（監督：マルチン・フリチ、1939 年）だ。

　高級クラブ「オリエント・バー」には、月に1回だけ謎の紳士クリスチアンが現れる。従業員たちには気前よくチップを配り、出会った女性には甘いことばをかけては誘惑するのだが、気がつけばいつの間にか消えている。ところが、あるときクリスチアンが狙った女性は、逆に彼の正体が旅行会社勤務のサラリーマン、アロイス・

ノヴァークであることをつきとめてしまう。彼はクリスチアンが自分の兄弟なのだと言い訳するのだが……。

伊達男クリスチアンを演じるノヴィーは本当にカッコいい。だがしがない勤め人アロイスとしてあたふたとする姿は、やはり喜劇俳優である。彼を翻弄する女性ズザナを演じるアヂナ・マンドロヴァー Adina Mandlová や妻役のナタシャ・ゴロヴァー Nataša Gollová など、当時の人気女優が脇を固める、なんとも豪華な映画である。

全体に品のよさが感じられるのは、ノヴィーの演技に加えて、当時のことば遣いだろう。あいさつ表現として使う Poklona.「お辞儀」や Rukulíbám.「お手にキスを」、物事を勧めるときに「どうぞ」という意味の Račte. や、さらに女性に対する呼びかけである milostivá「マダム」が、なんとも優雅な印象を与える。

もちろん、これらの表現は現代ではふさわしくないだろう。だが聞いたところによれば、チェコ語を専攻する日本人学生が年配の女性に向かって試しに Rukulíbám. といってみたところ、相手はそれを訂正することなく、むしろニッコリと微笑んだというのだ。

わたしもすでに若くない。すくなくとも外国語で若者ことばを使う必要はまったくない。むしろ戦前風の丁寧な表現を混ぜて、「礼儀正しい変な中年男」を目指すことにしたい。

つまり、目標はオルドジフ・ノヴィーなのである。

『クリスチアン』のDVDジャケット。
主演のオルドジフ・ノヴィーは
正統派二枚目である。

第2章 チェコ語の隙間、スロヴァキア語の行間　　157

チェコスロヴァキア版007
Konec Agenta W4C prostřednictvím psa Pana Foustky

　チェコ映画やその監督が日本でもけっこう紹介されていることはすでに述べたが、まったく知られていない監督の中にも、優れた人はもちろんいる。中でもわたしが大好きなのが、ヴァーツラフ・ヴォルリーチェク Václav Vorlíček 監督である。

　彼はコメディー映画を数多く手がけているが、そのストーリーがユニークというか、不条理というか、とにかく予測のつかない方向へどんどん進んで行き、最後に思わぬ結末となる。脳を移植して人間の中身が入れ替わる『ミスター、あなたは未亡人です！』(*Pane, vy jste vdova!* 1970年)、コスメ・サロンの若返り光線を浴びた2人の泥棒が子どもになってしまう『ほうれん草はいかがですか？』(*Což takhle dát si špenát* 1977年)、住み処を追い出されそうになったプラハのカッパたちがその責任者の命を狙う『いかにムラーチェク博士を沈めるか』(*Jak utopít dr. Mráčka*, 1974年) など、どれもとんでもなくブッ飛んだ展開なのだ。ことばにしても、ついて行くだけで大変なのだが、他の映画にはない魅力に溢れる。

　中でも気に入っているのが『スパイ W4C の最期』(1967年) だ。

　世界的に有名なスパイ W4C は、あるエージェントの依頼でプラハへと向かう。金星軍用計画のマイクロフィルムを手に入れるためなのだが、それはホテルのバーラウンジのテーブルに置かれた塩入れの中に隠されていた。この情報は世界中の諜報機関の注目の的となり、さまざまなスパイが送り込まれるのだが、そこにはフォウストカ氏の姿もあった。彼はある組織の会計係なのだが、他に人がいないということで、急遽スパイ活動をすることになってしまったのである。フォウストカ氏は愛犬パイダといっしょにホテルのバーラ

ウンジへと向かう。ここでW4Cは女スパイのアリスと接触することになっているのだが、実はこれがある組織が仕組んだ罠で、さらにアリスの身にも危険が迫ってくる。

　明らかに007などスパイ映画のパロディーである。だがそこは奇才ヴォルリーチェク監督の作品らしく、実にバカバカしい仕掛けで観客を爆笑させる。

　たとえばW4Cが出発前に渡されるハイテク目覚まし時計。催涙ガスを噴射し、録音ができ、盗聴には妨害電波を発し、さらには核爆弾にもなるこの恐ろしい機械は、さらにマイクロフィルムが隠された塩入れを判別でき、これが重要な役割を果たす。もちろん、いろんな機能が間抜けに作動するところが見所なのだが、サングラスの男が空港ロビーやバーカウンターで目覚まし時計を持ち歩く姿は、それだけで笑える。

　会計係のフォウストカ氏はやる気などまったくないのだが、仕事だから仕方がない。成功の暁には会計主任に昇進させてもらえるという上司のことばを信じて、愛犬パイダといっしょに奮闘する。このパイダが凄い。いくら映画の中に登場する賢い犬とはいえ、どうしてあんなに見事な演技ができるのかと感心してしまう。タイトルの副題が「フォウストカ氏の犬を介して」というのも伊達ではない。もしかしたら、パイダこそが主人公なのかもしれない。

　スパイものなので、裏切りやどんでん返しが多く、ストーリーを追いかけるのはなかなか難しい。それでも、ごくやさしいチェコ語で笑えるところがある。

　たとえばクレジット・タイトル後に画面全体に映る文字は「外国の知らない街にて」V cizím, neznámém městěとあるが、その背景にはエッフェル塔。場面変わって、W4Cが向かう先も「別の匿名の街にて」V jiném, nejmenovaném městěとあって、背景にはプラハ城である。誰でも分かる都市なのだが、曖昧にすることでス

パイ物語っぽくしたいようだ。とはいえ、敢えていわないようにするのは面倒で、そもそもW4Cに説明するエージェントさえ「プラハでは……」v Praze...といいかけては「さる匿名の街」v jednom nejmenovaném městěといい直す。バカバカしく笑える。

フォウストカ氏はいつも「ほらな、だから俺たちイヤだったんだよな」My jsme to neměli brát, vid'?とパイダにぼやくのだが、話は決して予測できない方向へと進んで行く。

考えてみれば、このエージェント名W4Cも、「ダブリュー・フォー・シー」つまり「ダブリュー・オー・セブン」のパロディーかもしれない。ところがみんなチェコ語風に「ヴェー・チュテじ・ツェー」と発音して、それを完全に無視しているところも、いかにもチェコのコメディーらしいのである。

ヴォルリーチェク監督作品のDVDは、英語字幕もついているものが多い。コメディーがお好きな方には自信を持って薦められる。

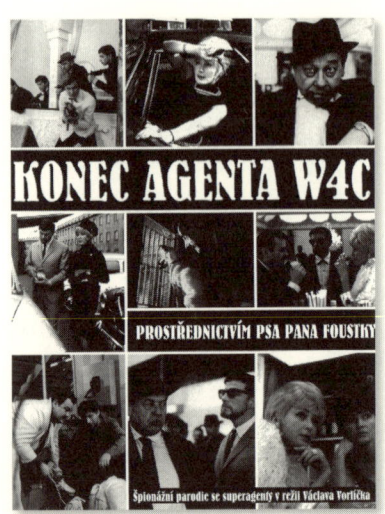

『スパイW4Cの最期』のDVDジャケット。
その奇想天外なストーリーは007もビックリ。

とにかくメチャクチャ
Trhák

　ある脚本家がチェコの農村を舞台にしたミュージカル作品を書き上げる。それが映画化されることになり、彼は喜び勇んで上京するのだが、映画監督がいい加減な男で、台本を台無しにしていく。

　ズデニェク・ポトスカルスキー Zdeněk Podskalský 監督により1980年に制作されたこの映画は、バランドフ映画撮影所でおこなわれる映画収録風景を中心に物語が進んでいく。つまり、完全な内輪ウケかつ暴露ネタである。だがそのバカバカしさは徹底していて、ここまで突き抜けるとすでに名作といっていい。

　この作品の特徴は、とにかく有名俳優が数多く出演することである。ズデニェク・スヴェラーク、ラジスラフ・スモリャク、ヨゼフ・アブルハーム、ペトル・チェペクなどは、日本でも紹介されたメンツェル監督の『スイート・スイート・ビレッジ』や『英国王給仕に乾杯！』などに登場する大物ばかり。ルドルフ・フルシンスキーまでほんの一瞬だけ登場するほどだ。

　だが当時のアイドル歌手ハナ・ザゴロヴァーが主役に近い位置にいたことは、最近観返すまで気づかなかった。時代の人気者を登用するのは、いつでもどこでも同じなのか。あるいは、それもまたパロディーなのか。

　そう、これは映画製作の壮大なパロディーなのである。

　とくにいいのがスモリャク演じる映画監督だ。脚本を完全に無視し、同音異義語を読み違え、勝手な場面を次々と加える。予算が足りなくなり、強面の会計係から大目玉を食らうと、設定を安易に変更し、低予算の安物セットを使い、さらには別の映画から一部を拝借する。撮影本番でもカチンコ係のお姉ちゃんのお尻を触ってニヤ

ついている。そういう役を、自らもたくさんの映画の監督をしてきたスモリャクが演じるのである。

　虚構と現実が微妙に入り乱れるこの映画には、あまりにもいろんな展開があって、秘められたポイントのすべてに気づくのは難しいかもしれない。そのおかげか、一部には明らかに社会主義リアリズムをパロディー化して笑っている場面もあるのに、当時の検閲をちゃっかり通過している。

　わたしが好きなのは、撮影に立ち会うスタッフが主人公たちの歌に合わせてバックコーラスを歌うところ。徹頭徹尾胡散臭いこの映画の中で、思わずこぼれ出た真実のような気がする。そういう点も監督は狙ったのか。

　タイトルのTrhák（トルハーク）には、英語でthriller, hit, smash, knockoutなどさまざまな意味がある。映画制作者なら誰もが狙う「大ヒット」だが、それが思わぬ方向にぶち壊されていく。

　わたしだったら『破れかぶれ』と訳したい。

『破れかぶれ』のDVDジャケット。
完全な内輪ウケなのに、こんなにも面白い。

集団農場の怒れる若者 '64
Starci na chmelu

　『スパイ W4C の最期』がチェコスロヴァキア版 007 なら、こちらは『ウエストサイド物語』である。ただし舞台が集団農場 J Z D ＝ Jednotné zemědělské družstvo というところが違う。
イェーゼーデー　　イェドノトネー　ゼムニェチェルスケー　ドるシュストヴォ

　集団農場では夏に学生ボランティアを雇う。ボランティアというのは現代風の表現であって、チェコ語では作業班 brigáda である。
ブリガーダ
社会主義国はこうやって無償の労働力を手に入れていた。ソ連ではジャガイモ掘りが定番だったが、さすがビールの国チェコスロヴァキア、こちらはホップ摘みだ。高校生たちが地元の学校に寝泊まりしながら、集団生活をする。

　だが主人公のフィリップはそういう生活に馴染めない。読書が好きで、マルクスやセネカを読んでいるインテリタイプが、こういう場所に適応するはずがない。そこで学校内に屋根裏部屋を見つけ、自分だけの空間を作ってしまう。

　一方、ちょっとお高くとまったハンカも、体育館に布団を敷いて寝るような生活が気に入らない。そこでフィリップといっしょに空き部屋で生活するようになる。フィリップはもともとハンカのことが好きで、大いに喜ぶ。だが同じくハンカを愛し、またフィリップと以前から折り合いが悪かったホンザは、これが甚だ面白くない。そこで JZD の議長にこのことを告発するメッセージを送るのだった。

　『ホップ畑のボランティアたち』（監督：ラジスラフ・リフマン、1964 年）はミュージカル映画である。冒頭からサングラスをかけた黒服の男 3 人が、エレキギター（ただしアンプには繋がっていない）をかき鳴らしながら歌い出す。彼らはこの映画の進行を補佐するシ

ンボリックな MC なのである。他にも歌やダンスの場面が多い。

　そもそもチェコ映画は急に歌い出すような場面が多く、馴染みがない人には違和感を与える。ときには気恥ずかしさすら感じる。だがこの映画ほど堂々とやれば、それはそれで認めたい。

　フィリップを演じるヴラジミール・プホルト Vladimír Pucholt は決してイケメンではないのだが、独特のムードがあって観客を惹きつける。ハンカに笑いかけるときの人のよさそうな表情がいい。それにしても、こういうインテリ青年がどうしてこんな女に恋するのか、よく分からない。

　これはチェコ初のミュージカル映画といわれるが、同じような音楽主体の映画は他にも同時期に制作されている。その年はわたしが生まれた 1964 年。しかもこの『ホップ畑のボランティアたち』は公開日がわたしの誕生日である。

　そう考えると、不思議な気がする。

『ホップ畑のボランティアたち』の
DVDジャケット。
チェコのミュージカル映画は
ここからはじまるといわれる。

温泉地で追いかけっこ
Vrchní, prchni

　ダリボル・ヴラーナはしがない書店員。それほど高給取りではないうえに、2回の離婚のため常に金欠状態である。ある日、クラス会に一張羅の燕尾服を着て出かけたところ、途中で寄ったレストランで給仕に間違われてしまった。以来似たようなことが二度、三度と続く。そこで試しにお勘定を促してみたら、なんと相手は何の疑いもなく支払ってくれるではないか。これに味をしめたヴラーナはだんだんと大胆になり、ついには変装までしてニセ給仕長「ファントム」になりすまし、あちこちのレストランで荒稼ぎをする。だが周囲も、彼にだんだんと疑いの目を向けはじめるのだった……。

　『給仕長、逃げろ！』（監督：ラジスラフ・スモリャク、1981年）はポトスカルスキー監督の『破れかぶれ』と俳優がかなり重なっているが、スモリャクはこちらでは監督に徹している。ズデニェク・スヴェラークは脚本に加え、ヴラーナの隣人役で登場もしている。

　ヴラーナを演じるヨゼフ・アブルハーム Josef Abrhám は、どんな作品でもモテモテの役ばかりである。とくにイケメンというわけではないが、なぜかカッコいい雰囲気がある。あるいは威厳だろうか。それが給仕長の風格に繋がり、こんな詐欺師になれるのかもしれない。

　この映画にはストーリー以外の見どころもある。たとえばわたしにとって懐かしい昔のプラハ。見知った通りも多いが、注目はヴラーナの勤める本屋さん。これは今でもカレル大学哲学部近くで営業する Fišer 書店に間違いない。内装はだいぶ違うが、大きなウィンドウのある外観は同じである。

　さらに注目は地方都市でのロケ。すでに国中で有名となったニセ

給仕長「ファントム」が、カルロヴィ・ヴァリとおぼしき温泉地で何十人もの給仕から追いかけられる場面は壮観である。いくら追い詰められそうになっても、巧みに身をかわすヴラーナ。はじめは気の弱かった男が、詐欺をくり返しながらどんどん厚かましくなっていく姿は、間違った自信がいかに恐ろしいかを伝える。

そういう緊張した場面の多い映画なのに、挿入歌「北風」*Severní vítr* は実にのんびりしていて、それが不思議と合っている。作曲家ヤロスラフ・ウフリーシュ Jaroslav Uhlíř もまた、スモリャク、スヴェラークと組んで数々のコメディー作品を世に送り出している。チェコ・コメディー映画のゴールデン・トリオといっていい。

チェコに限らずとも、ヨーロッパでレストランやカフェに入った人は、お勘定をしたくても給仕長がなかなか会計に来ないことを経験している。支払いを済ませて早く店を出たいから、相手の顔なんてロクに見ていない。そこがミソなのである。この映画を観れば、今後はレシートをちゃんと受け取っておこうという気になる。すくなくともわたしは、たとえ日本でもそうしている。

『給仕長、逃げろ!』のDVDジャケット。
怪しいニセ給仕長にご用心。

大学生は勉強しなきゃ

Jak svět přichází o básníky, Jak básníci přicházejí o iluze, Jak básníkům chutná život

　シチェパーン・シャフラーネクは詩作が得意な高校生。巧みなことばを即興で編み出す。音楽や映像が好きな親友のケンディーといっしょに、カエターン・ティルの古典を現代風に作り変えた舞台を上演することを思いついた。高校の枠を越え、町の人たちも巻き込みながらどんどん盛り上がり、ついにテレビ局が取材をしたいと申し込んでくる。

　『世界はいかに詩人を失うか』（監督：ドゥシャン・クライン、1982年）は、このシチェパーンを主人公とした青春シリーズの第1作である。続く『詩人たちはいかに幻想を失うか』（1984年）では進学した大学医学部での学生生活、さらに第3作『詩人たちはいかに人生を味わうか』（1987年）では新米の医者としての活躍が描かれる。1990年代にも続編が制作されているが、わたしは観ていない。第3作の最後にそれまでの全体をまとめる箇所があるので、わたしはこれを3部作と捉えている。

　毎回のテーマはシチェパーンの恋の行方だ。まるで寅さんのようだが、主演のパヴェル・クシーシュは四角い顔ではない。ひどく痩せて目が大きく、独特の雰囲気がある。とくにイケメンとは思えないのだが、これがなぜかモテる。その理由は、詩によって女性たちを惹きつけるからである。さすが詩の国チェコ。

　このシリーズは、わたしにとってチェコ映画ベスト1かもしれない。ストーリーや映像以外にも、好きな点がたくさんある。

　なにより、羨ましいくらいカッコいいセリフがあること。第3作でシチェパーンは城の庭で1人の男性に会う。実はシチェパーンの恋する音楽教師アレナの父親なのだが、彼はカンバスに向かって城

を描いている。覗いてみれば、その絵はなぜか季節違いの雪景色。不思議に思ったシチェパーンが尋ねると、父親はいう。

Já nejsem nikde organizován, takže můžu malovat co chci i jak chci.「わたしゃどこにも宮仕えしてないんでね。だから好きなものが好きなように描ける」

名優ルドルフ・フルシンスキーがのんびりと、しかも自信たっぷりにいうセリフが痺れる。わたしも大学を辞して以来、malovat「描く」をpsát「書く」に替えて、いつか使ってみたいと心密かにチャンスを窺っている。

もっとチェコ語が簡単なのは、第1作でシチェパーンとケンディーが養老院に老俳優を訪ねていく場面。はじめは保険局の係員かと警戒していたが、そうでないと分かるとこの老人は彼らを連れてビールを飲みに行く。注文するとき、自分に向かってJedno, dvě, tři...「1、2、3」、それから若い2人を指して...čtyři, pět「4、5」と数え、なんと5杯注文し、しかも自分の分はあっという間に飲んでしまうのだ。名優フランチシェク・フィリポフスキーはビールを実際にジョッキで一気に飲み干してみせる。わたしも最近ではこれを真似て、若い人と飲むときは、はじめからビールを多めに注文している。もっとも、一気には飲み干せないけど。

音楽もいい。それぞれテーマ曲があるのだが、1作目はヴィチェスラフ・ヴァヴラが「進めや進め」Pod', pod'、2作目はヴァーツラフ・ネツカーシュが「幻想の翼」Křídla iluzí、3作目はイヴェタ・バルトショヴァーとカレル・チェルノフが「その中に」V tom というように、超有名な歌手たちが起用されている。いずれも軽快でこの映画にぴったりだ。

この3作から、さらにいちばん好きな作品を選ぶとしたら、2作目の『詩人たちはいかに幻想を失うか』がいい。プラハのカレル大学医学部に進学したシチェパーンは、モラヴィア生まれのヴェノシ

ュやアフリカからの留学生ミレチェクらといっしょに寮生活を送るのだが、彼らは青春を謳歌しながらも、実によく勉強する。とくに解剖学が大変で、学生は骨の各部分の名称をすべてラテン語で覚えなければならない。本を読んだり、カードに書いたり、ときには薬学専攻の学生から怪しげな薬までもらって勉強に励むのだが、期末試験を落としたらどうしようという不安が常につきまとう。

　大学を舞台にした小説や映画は多いが、主人公がしっかり勉強する姿を描いた作品は限られる。そのせいか、大学生は勉強するものだという意識が世間では弱い。

　シチェパーンの医学部ほどではないけれど、わたしが通った外国語学部だってかなり忙しく、クラスメートは留年の不安を常に抱えながら必死に勉強していた。現在のようにどんな科目を選んでも卒業単位になる時代ではなく、多くの必修をこなさなければならなかったのである。だがそれ以外の方法で、何かを体系的に身につけることは決してできない。シチェパーンがラテン語をブツブツつぶやく姿が、わたしのロシア単語暗記に重なる。

　違いといえば、わたしはそれほどモテた覚えがないことか。

『世界はいかに詩人を失うか』の
DVDジャケット。
これに続く3部作がわたしにとって
チェコ映画ベスト1。

第2章　チェコ語の隙間、スロヴァキア語の行間　　169

最後のミュージカル・コメディー
Lotrando a Zubejda

　誰でも知っている物語を映像化するのは難しい。工夫を凝らし過ぎると原作の味わいを損なう。さりとて、あまりに正統派過ぎても面白みがない。制作者はこの間で迷うのだろう。

　1つでも難しいのだから、もし誰でも知っている物語を2つも選んでそれを組み合わせ、しかも原作の味わいを残せるとしたら、ほとんど奇跡ではないか。

　だとしたら、このテレビ映画『ロトランドとズベイダ』（監督：カレル・スミチェク、1996年）は奇跡である。

　原作はカレル・チャペックの有名な『長い長いお医者さんの話』から「山賊の話」と、「長い長いお医者さんの話」の中で語られるソリマンのお姫さまの物語が基盤となっている。

　山賊の父ロトランドは、息子ロトランドを修道院付属の寄宿学校に送り、金に物をいわせて教育を受けさせる。だが息子の在学中に羽振りのよかった父はすっかり落ちぶれてしまう。危篤の知らせを聞いて駆けつけた息子に、父は家業を継ぐことを望み、Nepracuj.「働くな」と遺言して亡くなる。学校に通ったおかげでお行儀のよくなった息子ロトランドは、それでも父の遺志を継いで山賊をやろうとするのだが、どうにもうまくいかない。

　一方、遠いソリマン国にはズベイダというお姫さまがいたが、彼女はいつでも気だるくつまらなそうにベッドに臥せっている。心配した父スルタンは娘を元気づけようと手を尽くすが、一向にうまくいかない。あるときチェコからきたアクセサリーの行商人が医者に診せることを勧める。その際、医者には名前のはじめにDr（つまりdoktor）がつくという情報を与える。これを頼りにスルタンの従

者アリが2人のお供を連れて、チェコまで医者を探す旅に出ることになる。

　チェコ人なら誰でも知っている2つの物語を、ズデニェク・スヴェラークがカレル・スミチェク監督と組んで1つのミュージカル・コメディー映画にまとめ上げた。その出来栄えは見事というしかない。スヴェラークはこの映画で脚本のみでなく、作詞も手がけ、さらにナレーションも担当している。

　歌がすばらしい。作曲は『給仕長、逃げろ！』と同じヤロスラフ・ウフリーシュで、スヴェラークやラジスラフ・スモリャクの映像には欠かせない作曲家だが、彼の曲はなぜか記憶に残りやすい。テンポがいいのか、気がつくと口ずさんでいる。

　その親しみやすさは、歌手によるものでないからかもしれない。ミュージカル作品なので俳優たちが歌うのは当然だが、出演者全員が歌う「完全ミュージカル」は珍しいのではないか。一部に吹替えもあるかもしれないが、原則として歌手ではない人々も、自分の声で歌う。それにぴったりの作詞と作曲なのである。

　チェコ語が分かると楽しいのが、医者と間違えられるきこりのエピソードである。「きこり」はチェコ語で drvoštěp といい、しかも登場するきこりの名字が Drnec さん。Dr が2つもつくからいいだろうと考えたアリは、自分の間違いに気づかない。

　全編チェコ語なのだが、ソリマン国の場面ではロトランドや木こりとスルタンたちは話が通じないことになっている。なにかまずいことがあると、アリは「医学用語」といって逃げる。こういう行き違いは、ヨーロッパのコメディーでしばしば見られる。

　つまりこの作品は、どこをとっても文句のつけようのない、おとぎ話をモチーフとしたチェコ伝統のミュージカル・コメディー映画なのである。

　ただこの『ロトランドとズベイダ』は、チェコ最後のミュージカ

ル・コメディー映画ではないか。つまり『ホップ畑のボランティア』ではじまったその系譜は、ここで終わっているように感じるのだ。

　もちろん21世紀になっても、チェコでは新しい作品が次々と制作されている。スヴェラークだって活躍を続けている。だがそれはすでに新しい段階であり、方向も質も違う。すくなくともわたしが親しんだミュージカル・コメディー映画ではなく、その伝統は『ロトランドとズベイダ』が制作された1996年で終わってしまったのである。

　それでもこのような伝統的ミュージカル・コメディー映画は、テレビでしばしば再放送されている。わたしと同じ感覚のチェコ人もまだいるようだ。

『ロトランドとズベイダ』のDVDジャケット。
原作はカレル・チャペックの
『長い長いお医者さんの話』。

外国語を本当に学ぶということは

　外国語を学びながら身につけるべきは、現地の人々の常識である。一部特権階級の文化や、専門家集団の特殊知識ではなく、そこで暮らしていれば自然に身につくようなこと。これを外国人として知るためには、多くの時間と努力が要求される。

　チェコについては便利なことに、その常識が1冊の本にまとまっている。アンドリュー・ロバーツ編『善王ヴァーツラフから善良なる兵士シュヴェイクまで』Roberts Andrew *From Good King Wenceslas to the Good Soldier Švejk*（ブダペスト／ニューヨーク、2005年）は副題に「チェコ民衆文化事典」*A Dictionary of Czech Popular Culture* とある。編纂者はまえがきで、中等教育を受けたチェコ人なら、たとえ詳細は曖昧でもほとんど分かる見出し語を選んだと説明している。つまり「チェコ人なら誰でも知っているけど、外国人はそうじゃないこと」というわけだ。まさにチェコ語学習者にとって必読ではないか。

　本書は英語で書かれている。見出し語は600ほどで、さらにさまざまな一覧表が挙がっている。それも小難しい統計ではなく、歌謡賞「黄金のナイチンゲール」Zlatý slavík の受賞回数ランキングとか、人気チェコビールの産地と創業年一覧表とか、さらには批評家が選ぶ20世紀チェコ映画のランキング（「日本語字幕あり」参照）など、眺めているだけでも楽しいものばかりだ。また社会主義政権時代の話題も豊富に取り上げられているので、そういう知識を補うこともできる。

　見出し語は英語あるいはチェコ語で挙がっている。まえがきには端から順番に読むことはないとあるが、そうやって読むのも興味深

い。どのくらい分かるか、自分の知識を整理することにもなる。

たとえばBの項目に挙がっている見出し語のうち、次のテーマについては、この『チェコ語の隙間』をここまで読んでいただければ分かるはずだ。

Bat'a, Burian, Barrandov, brigáda
(バチャ、ブリアン、バランドフ、ブリガーダ)

それ以外にも、チェコに親しんでいる人なら、次の見出し語だって分かるのではないか。

Babička, Becherovka, Beneš, Bílá hora, Brno
(バビチュカ、ベヘロフカ、ベネシュ、ビーラー ホラ、ブルノ)

順番に、ボジェナ・ニェムツォヴァーの著作の題名、薬草酒、第２代チェコスロヴァキア共和国大統領、チェコ史上有名な合戦の舞台、モラヴィアの中心都市である。

わたしはこの本がきっかけとなって新たな人名や組織名、歴史的事実を知ることになった。カミさんはすべてを日本語に翻訳してみて、おかげで勉強になったという。

たった1人の編纂者によってまとめられたものなので、本人も認めているように限界があり、記述には偏りも見られる。だがこのような性格の事典ならば、むしろそれが当然ではないか。このような事典がさらに編纂され、チェコ民衆文化を外国人にも紹介してくれる本が増えることを望む。

そんな事典があるだけで、チェコ語はすでに学習しやすい外国語といえるのだ。

この『チェコ語の隙間』はエッセイ集なので、事典のように系統的な記述ではない。それでも民衆文化事典のような役割が果たせればと願っている。読者にとって何かのキッカケになれば嬉しいなと考えながら、自らの限界も顧みずにあれこれ調べては話をまとめて

いるのである。

　外国語学習は、こういう小さな事実を積み重ねながら進めなければならない。検定試験のハイスコアを目指して、瞬間的に語学力を高めたところで、そんなものはすぐに失われる。

　だが文化の知識は後々まで残る。それが本物であるかぎり。

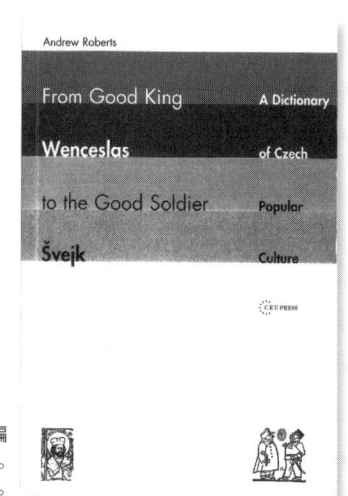

アンドリュー・ロバーツ編
『善王ヴァーツラフから善良なる兵士シュヴェイクまで』。
ここにはチェコの「常識」が詰まっている。

スロヴァキア語のアルファベット

A	a	短いア	M	m	エム
Á	á	長いアー	N	n	エヌ
Ä	ä	広いエ	Ň	ň	エニ
B	b	ベー	O	o	短いオ
C	c	ツェー	Ó	ó	長いオー
Č	č	チェー	Ô	ô	山形記号のついたオ
D	d	デー	P	p	ペー
Ď	ď	ヂェー	Q	q	クヴェー
Dz	dz	ヅェー	R	r	エる
Dž	dž	ジェー	Ŕ	ŕ	長いエる
E	e	短いエ	S	s	エス
É	é	長いエー	Š	š	エシ
F	f	エフ	T	t	テー
G	g	ゲー	Ť	ť	チェー
H	h	ハー	U	u	短いウ
Ch	ch	ハー	Ú	ú	長いウー
I	i	短いイ	V	v	ヴェー
Í	í	長いイー	W	w	二重のヴェー
J	j	イェー	X	x	イクス
K	k	カー	Y	y	イプシロン
L	l	エル	Ý	ý	長いイプシロン
Ĺ	ĺ	長いエル	Z	z	ゼー
Ľ	ľ	エリ	Ž	ž	ジェー

この表は長與進『スロヴァキア語文法』(大学書林)を参照しながら作成した。名称の一部は日本語に訳されて、たとえばWは「二重のヴェー」となっているが、実際はチェコ語のアルファベットにあった「ドヴォイテーヴェー」と同じこと。それにしても「´」のついた文字も挙げているので、チェコ語よりずいぶん多く感じる。

どっちに似ているのか

　某外国語大学で非常勤講師をしていた頃の話。言語学の授業では講義の後で毎回その日のテーマに沿った課題を書いてもらうことにしていた。あるとき「自分の専攻する言語について、外国語を専攻していない友だちに向けて説明しなさい」というテーマを出したのだが、そのとき面白いことに気づいた。

　チェコ語専攻の学生は「チェコ語はスロヴァキア語に似ているんだよ」というような説明を必ず入れる。それは間違いないし、わたし自身にとっても実感がある。

　ところが、である。ポーランド語専攻の学生もまた「ポーランド語にもっとも近いのはスロヴァキア語です」と書いてくるのだ。

　その一方で「チェコ語にもっとも近いのはポーランド語です」とか「ポーランド語にいちばん似ているのはチェコ語です」という表現は見当たらない。スロヴァキア語だけがモテモテなのである。

　言語同士が似ているというのは、何か科学的な判断ではなく、いってみれば個人の感覚の集積みたいなものだ。だからどう感じようが勝手なのだが、それでもちょっと考えてみたい。

　人はどういうときに2つの言語が似ていると感じるのか。

　ポイントの1つは語彙だろう。似たような単語がたくさんあれば、文法の語尾が多少違っていても、なんとなく近いと感じるのではないか。そう考えると、スロヴァキア語はどちらかといえばチェコ語のほうに似ている気がする。

　また音についても、アクセントの位置がポーランド語は後ろから2番目であるのに対し、チェコ語とスロヴァキア語は最初の音節にある。アクセントの位置が文全体のメロディーを作るとしたら、や

はりチェコ語のほうがスロヴァキア語に似て響くのではないか。

とはいえ、ポーランド語のほうに近い点がないわけではない。たとえば第1章で紹介した男性人間形（第1章「男性人間形vs非男性人間形」参照）。男性名詞の複数形では人間か、それとも人間以外かで区別があり、その語尾や、さらにはそれを修飾する形容詞類の語尾までが違ってくる。この現象はチェコ語にはないが、スロヴァキア語には存在するのである。

それでも全体的に見れば、スロヴァキア語にもっとも近いのはどちらかといえば、ポーランド語ではなくチェコ語に軍配が上がりそうだ。ポーランド語にもっとも近いのがスロヴァキア語であるのは確かかもしれないが、チェコ語との関係のほうがより密接だと考えるのが妥当ではないか。

そんな話をポーランド語専攻のフジくんにしたら、彼は寂しそうに笑ってこういった。

フジ「なんか、片想いみたいですね」

う〜ん、そういわれると何だか可哀想になってくる。そういうつもりじゃないんだけど。ところで、ポーランド語専攻の学生はスロヴァキア語に触れることがあるの？

フジ「いいえ、先生が授業中に近い言語だと紹介するだけで、実際にはスロヴァキア語はまったく知りません」

おやおや、それはよくないね。どのくらい似ているのか、それとも似ていないのか、自分で確かめてみなくちゃ。教科書を眺めてもいいし、映画を観てもいいけれど、せっかくだからスロヴァキア語に触れるチャンスを自分で作ってみたらどうだろうか。

そしてこれとまったく同じメッセージを、チェコ語専攻の学生にも伝えたいのである。

外国語のような、そうでないような

　『カルパテ城の謎』（*Tajemství hradu v Karpatech*, オルドジフ・リプスキー監督、1981 年）は、日本でも DVD 化されているチェコスロヴァキアのコメディー映画である。使用言語はチェコ語だが、地方が舞台になっているため、随所に方言が響く。

　映画にはこんな場面がある。主人公であるテレケ伯爵は、旅の途中で立ち寄った村で宿を取るのだが、そこの子どもが急に高熱を出し、両親が困っている。そこで伯爵がこういう。「外国の薬ならあるが、お役にたつかな」。

　もちろん宿の主人たちは大喜び。伯爵はおつきの執事に薬を出させる。「これがスロヴァキアの薬です」。

　これが笑いを誘うのは、ヨーロッパで薬といえばドイツあたりだというイメージを見事にはぐらかしているからだが、それだけではない。スロヴァキアという国が、チェコにとっては外国のような、外国でないような、微妙な位置にあるからだ。

　1993 年、チェコスロヴァキアは連邦を解消し、チェコとスロヴァキアの 2 つの国に分かれた。ということは、『カルパテ城の謎』が制作された時代は、チェコにとってスロヴァキアはまさに外国とはいえない関係だったのである。

　それはいいのだが「その際に《チェコスロヴァキア語》も同様にチェコ語とスロヴァキア語に分かれた」というのは完全な誤解である。言語に関してはいつの時代もチェコ語とスロヴァキア語だった。

　ただし 20 世紀初頭には、この 2 つの言語を統一しようとする運動が実はあった。しかしこれはうまくいかなかった。うまくいかないとはいえ、統一を目論むことができるというのは、チェコ語とス

ロヴァキア語が相当に近いことを示しているともいえる。

確かにチェコ語とスロヴァキア語はよく似ている。チェコ語しか知らないわたしでも、スロヴァキア語を聴いて理解できることはすでにあちこちで紹介した。ただし、反応はチェコ語より遅くなる。そもそもチェコ語ではなくてスロヴァキア語だと認識するのが、結構タイヘンなのだ。カミさんでさえ、戸惑っていることがある。

こういうとき、わたしは自分の覚えたスロヴァキア単語で、チェコ語と違うものが響かないかと、じっと耳を澄まし、それを頼りに判断することにしている。

たとえばスロヴァキア語の ako「〜のように」は、チェコ語だったら jako となる。ずいぶん微妙じゃんといわれそうだが、これが意外と響く。古いニュース映像でドプチェク第一書記が演説している場面を観たが、この ako が非常にはっきり聞こえた。

それから len「だけ」もよく響く。チェコ語では jen あるいは jenom となるが、短い単語のわりには不思議と目立つ。ほかにも naozaj「本当に」や keď「〜ならば」など、特徴的な語を求めて、じっと耳を澄ますのである。

文字ではどうか。スロヴァキア語にはチェコ語で使わない文字がいくつかあるが、中でも目立つのが ä である。ドイツ語では使うこの文字は、他のスラヴ諸語ではあまりお目にかからない。口を広く開けて発音する「エ」を示す。チェコ語の maso「肉」がスロヴァキア語では mäso となる。

また ô も特徴的だ。こちらは「ウォ」という感じの二重母音だという。チェコ語の kůň「馬」がスロヴァキア語では kôň となる。見た目はともかく、音としてはどちらも微妙だ。

ということで、チェコ語から学習をはじめてしまったわたしにとって、スロヴァキア語は相変わらず「別の外国語のような、そうでないような」微妙な位置を占めているのである。

840円の投資

　かつてソ連東欧の本は安かった。わたしの学生時代もそうだったが、それ以前はさらに安価だったという。それが魅力でロシア語の学習をはじめたという話すら聞いたことがある。

　ただしソ連はともかく、東欧の本がなかなか手に入らないのはいまも昔も変わらない。神保町の日ソ図書とナウカ書店は、基本的にはロシア語書籍が中心だった。それでもたまに違う地域の本が入荷することもあって、それも楽しみの1つだった。

　とくに語学書は、各国で外国人向けに作られたものが日本にも輸出されていたようで、比較的安定して入手することが可能だった。それでも見つけたときに買っておかないと後になって手に入らない点では、ソ連の本も東欧の本も変わらない。語学書も、たとえすぐに学習を開始する予定がなくても、さしあたり資料として買っておく。「資料」といえば聞こえはいいが、要するに「積読」となる。

　だからヨゼフ・ミストリーク『基礎スロヴァキア語』（Jozef Mistrík *Basic Slovak*, 1985年）が自分の蔵書にあることに気づいたのは、購入してから十年以上過ぎてからだった。

　拙著『羊皮紙に眠る文字たち』（現代書館）にも書いたが、現地でもなんとなく通じてしまうスロヴァキア語とはいえ、チェコ語とはやはり違いがあり、いつか勉強したいと思っていた。最近またスロヴァキア語に触れたくなって、何かないかと書棚を探したところ、すぐに見つかったのはかつてスロヴァキア東部のプレショウという町で買い求めた教科書だった。これはカラーイラストが満載で美しく楽しいのだが、かなりの大型本のため、持ち歩いたり、寝転がったりして読むことができない。

そこでさらに書棚の捜索を続けた結果、この『基礎スロヴァキア語』が「発見」されたのである。

サイズは四六判の丈をすこしだけ高くしたくらい。今どきの語学書は全体に大きいものが多いから、そういう意味ではすこし古いタイプかもしれない。それは中身も同様で、全160ページにはカラーどころかイラストすらなく、音声も当然のようについていない。全15課は文字と発音の説明からはじまり、本文テキスト、新出単語、文法説明、練習問題というオーソドックスな構成である。巻頭にはスロヴァキア語概説、巻末には変化表と語彙集と、こちらも至って伝統的だ。

とにかく順番に読みはじめる。スロヴァキアは面積が4万9千平方キロメートル、人口500万人などという当時の統計データを読みながら、海外ではアメリカ合衆国をはじめとして100万人が暮らすという指摘に感心する。

第1課の文字と発音と、それに続く第2課の本文テキストは、バラバラな語や文の羅列であまり面白くない。だが第3課あたりから対話テキストがはじまる。日本語に訳せば次のようになる。

A：Dobrý deň. Prepáčte, prosím, hľadám hlavnú stanicu.「こんにちは。すみません、中央駅を探しているのですが」
B：Hlavnú stanicu? Hlavná stanica je veľmi ďaleko. Nemáte auto?「中央駅ですか？ 中央駅はだいぶ遠いですよ。車はないんですか？」
A：Mám. Vidíte ten posledný dom? Tam mám voz.「あります。あそこの隅の家が見えますか。あそこにあるのが車です」

このくらいだと、チェコ語の知識でほとんど分かるのだが、1つだけ Prepáčte というのが分からない。そこで隣ページの新出単語を見れば、「すみません」ということだと分かった。そうそう、こ

ういう基本表現に限って違っているんだよな〜などと考えながら、ページを先に進める。

　こんな感じで眺めていたら、1週間くらいで読み切ってしまった。語学書を読むのを商売としているとはいえ、これほど早く読了することは滅多にない。自分でもビックリである。

　チェコ語を知っているという前提があるからかもしれない。実用的な会話ではなくてスロヴァキア語の全体像を摑むことを目指していたからかもしれない。あるいはこういう古めかしい語学書のほうが自分に合っているのかもしれない。いずれにせよ、わたしにとっては、これで充分だった。

　今どきの語学書は、豪華に色がたくさん使われていて、音声教材もついている。その代わりに大型で、本文テキストがあまりにも短くて、CDに吹き込まれている会話は猛スピードで、誰もせわしなく饒舌である。こういうのに慣れることによって、A2とかB1とかいったレヴェルが認定されるのだろう。

　どちらがいいとは判断したくない。語学書はいろんな種類があったほうがいいとだけいっておく。

　わたしの『基礎スロヴァキア語』には、手書きで値段が840円と書き込まれている。この値段だったから、学生時代のわたしにも手が届いた。

　本来、語学書は安価でなければならない。その点、『基礎スロヴァキア語』は理想的だった。今では本国があまり援助してくれないのか、語学書はどれもすっかり高くなってしまった。それでもわたしは、かつての恩義を忘れずに、地味な言語の入門書を応援することにしている。

びっくりしたニャー

　たとえばテレビでチェコのニュース番組を観る。隣国スロヴァキアの話題がしばしば登場し、さらにいろんなスロヴァキア人がインタヴューされる。スロヴァキア語を聴く機会も多い。当たり前のことだ。

　だが、あるときふと気づいた。

　チェコのテレビはスロヴァキア語に字幕をつけない。吹替えることもない。

　ニュースに限らず、テレビ番組全般に加え、映画などでもスロヴァキア語に対してはチェコ語字幕をつけたり、吹替えたりしているのを見たことがないのである。

　別の言語なのに字幕をつけないのは、聞けば理解できてしまうからではないか。だとしたら、これは驚くべきことだ。日本語の母語話者としては、想像すら難しい。

　だが何事にも例外はつき物。

　たとえば「長靴をはいたネコ」である。

　ペロー童話として有名なこの物語は、日本はもちろん、スラヴ圏でも広く知られている。わたしはこの作品が昔から好きで、自分が担当したラジオのロシア語講座上級編でも、長靴をはいた猫 Кот в сапогах とカラバ侯爵 Маркиз Карабас を登場させてスキットを作った。この物語はロシアでも有名で、ブルンベルグ姉妹の監督による同名のソヴィエト・アニメーションが1968年に制作されている。

　ソ連ばかりではない。日本でも東映が『長靴をはいた猫』を1969年に制作している。脚本は井上ひさし・山本護久の「ひょうたん島」コンビ。声優も石川進とか小池朝雄とか、当時の売れっ子

ばかりなのだ。この凄さが分からない世代には、若き日の宮崎駿氏もスタッフに加わっているといえば充分だろう。この作品は好評で、続編も制作されている。

実はこの作品にはロシア語による吹替え版がある。ロシアのDVDを売るネット通販のサイトで見つけたのだ。さっそく取り寄せたのだが、久しぶりに観た『長靴をはいた猫』は、たとえ言語は違っていても充分に懐かしかった。

またプラハのDVDショップでは、同じ日本作品のチェコ語版 *Kocour v botách* を見つけた。へえー、チェコ語もあるのか。有名な作品だから、受け入れやすいのだろうか。こちらも購入して、自宅で楽しく鑑賞した。

するとこのチェコ語版DVDには、スロヴァキア語版 *Kocúr v čižmách* も収録されていることに気がついた。

字幕がなくても分かってしまうチェコ語とスロヴァキア語。それでも子ども向けともなれば、いくら似ているとはいえ、両言語で対応できるようにしていることが多い。さりとて、子どもに字幕は難しい。そこで代わりに吹替えることになるのだろう。

ということで東映版『長靴をはいた猫』をロシア語、チェコ語、スロヴァキア語の順番で観たのである。わたしにとっては得意な言語の順で鑑賞したので、スロヴァキア語あたりは分からないことが多くても、ストーリーも分かっているから、充分に楽しめた。

どの言語の吹替えも、実によくできている。もとの声によく似せたものもある。しかし何よりも感心するのが歌だ。

東映版『長靴をはいた猫』はミュージカル・アニメ映画といってよいほどに、歌がたくさん挿入されている。それを１つ１つ、歌詞をきちんと訳し、それぞれの言語で歌っているのである。主題歌は「びっくりしたニャー」ではじまるのだが、これがどの言語でも見事にメロディーに乗って、何の違和感もなく歌われているのだ。子

ども向けだからといって手は抜かない。いや、子ども向けだからこそ手が抜けないのかもしれない。

　わたしが子どもの頃に日本語で楽しんだ作品を、今ではロシア語やチェコ語やスロヴァキア語で楽しんでいる子どもたちがいるのだ。それこそ、「びっくりしたニャー」である。

東映版『長靴をはいた猫』の
チェコ語・スロヴァキア語版DVDジャケット。

多言語な映画

　プラハの地下鉄「国民大通り」Národní třída 駅近くに、かつてスロヴァキア製品を扱う専門店があった。とはいえ、日本のアンテナショップと違って食品はほとんどなく、一部の民芸品を除けば書籍と CD がほとんどだった。こういう店は大好きで、モスクワのアルバート通りにあったウクライナ書店にも足繁く通ったが、この店も「スロヴァキア屋さん」と名づけて、プラハに行けば必ず寄るようにしていた。

　あるとき、店のガラスケースの中にスロヴァキア映画の DVD を見つけた。それまでは CD さえ稀で、カセットテープが主流だったスロヴァキア製品だったのに、時代は変わったものとしみじみ感じた。全部で 10 巻あり、字幕はスロヴァキア語に加えて英語もついている。理想的ではないか。これは買うしかない。

　だが、ここで気づいた。どうやって選べばいいか分からない。

　スロヴァキア映画について、わたしもカミさんも何の知識も持ち合わせていなかった。DVD のジャケットには解説がついているようだが、ガラスケースの中なので手にとって読めない。店の人にお薦めを尋ねようかとも考えたが、国を愛するスロヴァキア人は、どうせ全部がお薦めだと答えるのに決まっている。こうなったら勘に頼るしかない。ジャケットの写真を眺めて適当に 2 本を選んでみた。

　わたしが知っているスロヴァキア映画は、この 2 本以外にほとんどない。10 巻すべてを買えばよかったのだが、当時は DVD がまだ高価だったし、まとめて「大人買い」する勇気もなかった。今では後悔している。

　スロヴァキア映画について書くにあたり、この 2 本を改めて観る

ことにした。

　『アイ・ラブ、ユー・ラブ』（*Ja milujem, ty miluješ*, ドゥシャン・ハナーク監督、1980年）は、タイトルが規則動詞の現在活用練習みたいで可笑しいから買い求めた。予測どおり、これはラブストーリーだったが、主人公ピシュタは思い切りモテない鉄道員であることが意外だった。気はいいが恋愛にはまったく不向きの容姿と性格の彼は、気に入った女性に声をかけてもちっともうまくいかない。チェコから来たヴェラはピシュタの同僚と同棲していたが、その男が事故死したあと、ピシュタと急接近することになるものの、2人の気持ちはなかなか通じ合わない。チェコの演技派女優イヴァ・ヤンジュロヴァーが、ここでも生活に疲れた女を好演する。

　『アシスタント』（*Pomocník*, ゾロ・ザーホン監督、1981年）は、第2次世界大戦直後の南スロヴァキアが舞台。北から移住してきた肉職人のシュテファンはハンガリー人が退去した後の肉屋を行政から紹介してもらい、商売をはじめることにするのだが、そこには先代から居続ける助手のヴァレントがいた。助手は腕がよく、働き者ではあったが、何やら怪しい商売に手を出しているようで、利益は上がりながらもシュテファンは不安を感じている。故郷から呼び寄せた妻と娘もはじめのうちこそ素朴であったが、大金を手にすると容姿がどんどん派手になり、やがて様子が変わっていく。

　両方ともどちらかといえば暗い話で、物語も興味深くはあるがお薦めというほどではない。この2本だけでスロヴァキア映画を評価するわけにはいかないのだが、他にほとんど観ていないのだから仕方がない。そこで偏っているとは思いながらも、この2つに共通するものはないかと考えてみた。

　すると、意外なことに気づいた。

　2つの映画にはスロヴァキア語以外が響くシーンがある。

　『アイ・ラブ、ユー・ラブ』では、ヴェラがチェコ語をしゃべっ

ている。標準語とはすこし違うが、すくなくともスロヴァキア語ではなさそうだ。例によって人々はそれをものともせずに会話をしている。

『アシスタント』では助手ヴァレントが初対面のときにまくし立てるのがハンガリー語である。この部分には字幕がついていないが、シュテファンはある程度分かっているようだ。どうやらヴァレントはハンガリー語を使ったときの反応を見ながら、相手を値踏みしているらしい。

思い起こせば、これまでに観た数すくないスロヴァキア映画は、どれもスロヴァキア語のみということがなかった気がする。ということは、スロヴァキア映画は多言語世界なのか。だとしたらもっと詳しく知りたくなってきた。

残念ながら「スロヴァキア屋さん」はすでにない。どこかへ移転してしまったらしいのだが、それがどこか分からないので、DVDも買えない。後悔の念はますます募る。

やっぱり、スロヴァキアに出かけるしかないのだろうか。

スロヴァキア映画『アイ・ラブ、ユー・ラブ』（左）と
『アシスタント』（右）のDVDジャケット。

ワシは少佐じゃけん

　小説にせよ映画にせよ、物語には2種類あるように思われる。外国での評判や賞を意識した作品と、同国人のみを念頭に置いた作品である。外国語学習者としては後者が分かるようになりたいし、コメディーの場合はそっちのほうがだいたい面白いのだが、同時にことばも難しくなる。

　英語圏でわたしが傑作だと考えるのはイギリスBBCが制作したドラマ『アロー、アロー』'Allo 'Allo である。舞台は第2次世界大戦中のナチス・ドイツ占領下のフランス。カフェの主人であるルネはドイツ軍将校たちと折り合いをつけながら商売を続け、一方でレジスタンス運動にも協力しており、その狭間でさまざまな面倒が生じる。さらに口うるさい妻や姑、彼のことを愛する従業員ウェーイトレスなど、さまざまな人間関係が事態をさらに複雑にし、ルネの悩みは尽きない。

　このドラマで興味深いのは、その言語である。登場人物は全員が英語を話すのだが、フランス人役はフランス語っぽい英語、ドイツ人役はドイツ語っぽい英語を話す。これが聴き取りにくい。フランス語っぽい英語はhの音を省き、rを喉の奥で振わせるのだが、それだけで理解度が急降下する。情けないことに、もっとも難しいのはイギリス人役の英語で、こちらは容赦なく地口で会話を標準以上のスピードでまくし立てる。このような状況設定のため、お互いに英語を話しているのに通じないという場面すらある。

　とにかく複雑なのだが、わたしはこれ以上に面白いコメディーを知らない。全89話の超大作だが、字幕がないにもかかわらず根気よくDVDを見続けている。このような時代を背景にコメディーが

作れるのが、本当の言論の自由ではないか。

これに匹敵するドラマがチェコにもある。それが『黒い男爵たち』 *Černí baroni* なのだ。

こちらの舞台は第 2 次世界大戦後、共産党が政権を握ったチェコスロヴァキア下の軍組織「補助技術部隊」である。だがこの部隊は武器の所持が認められておらず、その実態は収容所といっていい。そこには思想的に問題のある人物を含め、宗教家や泥棒など、当局にとって好ましくない人物が集められている。さらにこれを監督する側も、多分に問題のある軍人たちで、彼らが毎回さまざまな騒動を引き起こすわけだ。

原作はミロスラフ・シュヴァンドリークによる同名の小説なのだが、2 回ほど映像化されたうち、入手できたのは 2004 年に放映された全 11 回のテレビ・ドラマ版である。有名な俳優ボレスラフ・ポリーフカがアル中気味の軍人ハマーチェクを好演している。

原作が兵士ケファリンを中心に描いているのに対し、テレビ版では部隊のトップであるハルシュカ少佐が主人公となる。この少佐は軍人としてはともかく、オツムのほうはあまりよろしくなく、どうやらいろいろあってこの部隊に送られてきたらしい。

このハルシュカ少佐は、標準チェコ語とはかけ離れたことばを話す。原作では次のように説明されている。「彼がどこの民族なのか、正確には誰も分からない。おそらくルシン人なのだろうが、アヴァール人という可能性もある。そのことばは、辛うじてスロヴァキア語を思わせるものを話している」。

この少佐には口癖がある。

　　Čo bolo, to bolo, terazky som majorom.
　　　　　　　　「過去は過去、今ではワシも少佐じゃけん」

怪しい似非方言を許していただきたいが、プラハから送られてき

た兵卒たちだったらこんなふうに感じるのではないかと想像しながら訳してみた。つまり彼は実質的な左遷であるにもかかわらず、少佐になれたことに満足しているほどのおバカなのである。このセリフをくり返すので、terazky「今」というあだ名がついている。

面白いのは Co bolo, to bolo. という表現だ。「あったことはあったこと」という意味で、同じような表現はチェコ語やロシア語にもある。ソヴィエト映画『ありきたりの奇跡』Обыкновенное чудо の中で挿入される歌にも Что было, то было, прошло.「過去は過去で過ぎ去った」というのがある。

ハルシュカ少佐は、この to をときどき省略して Čo bolo, bolo. という。音としては「チョボロボロ」となる。この「チョボロボロ」は、不思議なことにスロヴァキア映画でしばしば耳にする。すでに紹介した『アイ・ラブ、ユー・ラブ』でも『アシスタント』でも、この「チョボロボロ」が響くのだ。これは偶然なのか、それともスロヴァキア人はこの表現がとくにお気に入りなのか。

疑問はこれに留まらない。この物語は、小説にせよ映像にせよ、とにかくことばが難しい。少佐のセリフだけではない。外国語による軍隊用語や野卑な会話は、DVDにいくら字幕がついていてもさっぱり理解できない。物語の全体像も、わたしの語学力ではボンヤリとしか把握できていないかもしれないという不安が、常につきまとう。

不思議というか、やっぱりというか、この『黒い男爵たち』についてはチェコ語以外で情報を得ることが非常に難しい。原作の英訳なども探したのだが見つからない。DVDにも英語字幕などはない。やはり翻訳するのはかなり困難な作品なのだろうか。

それでも物語全体が醸し出す魅力には勝てない。イマイチ分からないながらも、くり返し観たり読んだりしたくなる。

その理解の程度は、たとえ「ボロボロ」であっても。

パットとマットはどこの人？

　チェコスロヴァキアはアニメーション制作の先進国であった。日本でも「アートアニメ」という分類でDVDショップにいくつか並んでいる。

　中でも10分足らずの短いアニメーションがすばらしい。チェコスロヴァキアテレビ（現チェコテレビ）の長寿番組 Večerníček ヴェチェるニーチェク から生まれたものが多い。わたしが好きな作品には2匹のウサギが活躍する「ボブとボベック」 *Bob a Bobek* や、魔法の受話器を手にした男の子と女の子の物語「マフとシェベストヴァー」 *Mach a Šebestová* など、たくさんある。だがことばがあるアニメーションが日本で紹介されることは稀で、それよりサイレントの作品のほうが人気のようだ。

　もっとも広く知られているのは「モグラ」 *Krtek* のシリーズだろう。一部ではドイツ製あるいはロシア製と誤解されているが、これはチェコの作品である。原作は絵本で、わたしは幼いころからその邦訳に親しんでいた。そのアニメーション版はテレビ放映されたことがあるし、DVDも販売されている。東京の雑貨店のような所では、このモグラやその仲間たちのぬいぐるみやカレンダーなどが売られている。ロシアのチェブラーシュカと同じくらい有名なのではないか。ただしセリフは Haló ハロー 「やあ」と Hele ヘレ 「ほら」、あとはウエーンウエーンと泣くくらいしかない。

　「モグラ」シリーズほどではないが、人形アニメーション「パットとマット」 *Pat a Mat* シリーズも日本でヴィデオ化、さらにDVD化されている。2人の男性パットとマットが、新しく物を作ったり、壊れた物を直したりしたいのだが、ちっともうまくいかず、

第2章　チェコ語の隙間、スロヴァキア語の行間

最後にはめちゃくちゃになってしまうというストーリー展開が多い。こちらは完全なサイレントで、セリフは一切なく、軽快な音楽と物が壊れる音だけが響く。

ずいぶん以前のことだが、この「パットとマット」のヴィデオが手に入ったので観ることにした。短い物語にはKoberec「カーペット」とかTapety「壁紙」といったタイトルがついている。どちらも1979年に制作されたのに、古さをちっとも感じさせない。さすがチェコスロヴァキアのアニメーションである。

ところが、3つ目の作品タイトルDielňa「作業場」が気になった。あれ、これってチェコ語じゃないよね。

そこでオープニングを丁寧に見てみれば、次のような文とともにはじまっていることに気づいた。

ČESKOSLOVENSKÁ TELEVÍZIA BRATISLAVA
　　　　　　　チェコスロヴァキアテレビ　ブラチスラヴァ
HLAVNÁ REDAKCIA VYSIELANIA　中央放送編成局が
PRE DETI A MLÁDEŽ　お子様と若い方向けに
UVÁDZA　提供いたします

つまりスロヴァキア語なのである。考えてみれば、チェコスロヴァキアのテレビ放送なのだから、スロヴァキアが制作しても何の不思議もない。チェコが作ったものと信じ込んでいたのは、KoberecとTapetyがたまたまチェコ語とスロヴァキア語で同じ綴りだったからに過ぎない。あるいはわたしの偏見かもしれない。

だがスタジオはプラハのバランドフ撮影所だという。変だな。そこで調べてみた。

この「パットとマット」は当初「これで決まり」A je toという名称だったことは知っていたが、そのパイロット版である第1作が作られたのが1976年だったことは初耳だった。これもヴィデオで

視聴したのだが、作品はいつものように皮肉たっぷりで、すでにパイロット版からスタイルができ上がっていたといっていい。実際この人形アニメーションは、大人も楽しめることを目指していたという。

　ところが時代が悪かった。当時のチェコスロヴァキアはいわゆるフサーク大統領の「正常化」の時代で、表現の自由が制限されていた。それにしても、赤い服を着たパットがソ連を、黄色い服のマットが中国をイメージさせ、その緊張状態を嗤うとはケシカランというのだから、その発想はどう考えても病的である。とにかく当局から目をつけられてしまったので、子ども番組の枠で、しかもスロヴァキアの放送局の協力を得るという形を取って、やっと放送ができたというのである。この作品は1985年までに29話が制作された。ビロード革命以降もさらに続いており、現在（2014年）も新作が発表されているという。

　丁寧に制作された作品はやはり残る。「パットとマット」は今でも世界中で放送されている。その中には1976〜85年の「正常化」の時代にスロヴァキアの協力で作られた作品も、当然含まれている。もしかしたら、スロヴァキアの放送局が制作したアニメーションの中で、もっとも有名なものなのかもしれない。それがサイレント・アニメーションというところが、なんとも複雑な気持ちになる。

　それにしてもパットとマットはチェコ人なのか、それともスロヴァキア人なのか。無口な彼らは何も語らない。

第一書記の外国語

　マスコミは国際情勢に広く目を配るべきだといいながら、注目する国と人物は狭く限定されているのが常である。東欧の政治家なんて、日本では名前が挙がることすら稀だ。

　それでも1968年8月の「プラハの春」事件は世界的に注目されたし、当時の共産党第一書記アレクサンデル・ドプチェクの名前は広く知られていたのではないか。

　共産党政権のチェコスロヴァキアでは経済が停滞し、60年代半ばからは改革の必要に迫られるようになる。1968年1月には改革派のドプチェクが党第一書記に就任し、「人間の顔をした社会主義」を目指して改革が進められた。いわゆる「プラハの春」である。だがその急速な自由化にソ連・東欧の共産党指導部は危機感を抱き、ついに8月20日深夜からワルシャワ条約機構5カ国軍（ソ連、東ドイツ、ポーランド、ハンガリー、ブルガリア）がチェコスロヴァキアに侵攻した。その後はフサーク大統領による「正常化」の時代となり、言論の自由は大幅に制限された。真の自由化は1989年のビロード革命まで待たなければならなかった。

　『希望は死なず―ドプチェク自伝』（講談社）を読んだ。政治家の回想記などふつうだったら興味ないのだが、チェコやスロヴァキアとつき合っている以上、68年のことは避けて通れず、正確に知る必要がある。本書はジャーナリストがインタヴューしたものに丁寧な推敲を重ねたうえで、英語で出版された。なおドプチェク自身はこの本の制作の途中で交通事故により死亡している。

　ドプチェクはスロヴァキア人である。母語はスロヴァキア語だ。だが彼の言語環境はなかなか興味深い。子どもの頃はロシア革命を

支持する両親とともに、開拓事業団としてキルギスで過ごしている。つまりかなり早い時期からロシア語と接しているのである。後に政治家となってからは、モスクワにあるソ連共産党中央委員会の政治大学に留学もしているが、それ以前から充分なロシア語運用能力があったようだ。

だから68年にソ連と対立することになったときも、クレムリンではブレジネフとロシア語でやり合っているのである。単なるロシア嫌いでなかったことは確認しておきたい。むしろロシアに期待していたからこそ、裏切られて失望したのではないか。

自伝では軍事進攻に至るまでのさまざまな出来事が詳細に語られている。当事者のいうことだから、すべてを鵜呑みにすることはできないけれど、やはり貴重な証言だろう。

そしてわたしはそこでも、ドプチェクと外国語という意外な接点に注目する。

決定的な軍事侵攻に至る以前、ドプチェクはソ連以外の東側ブロックの指導者たちと意見交換をし、できればチェコスロヴァキアの立場を理解してもらいたいと考えた。先方から会見の誘いがあれば積極的にこれを受け入れる。実際にはすべてブレジネフからの指示だったようなのだが、ドプチェクは他国の支持に期待していた。

68年2月にポーランドのゴムルカ第一書記と北モラヴィアで会見した。そのときの様子をドプチェクは以下のように回想している。

　食事のあと、ゴムルカは、ふたりで散歩することを提案した。わたしたちは外套を着て、近くのサッカー・スタジアムのまわりを一時間ほど歩いた。わたしはポーランド語を理解できたし、ゴムルカもロシア語を話せたため、通訳なしでも言葉に困ることはなかった。(238ページ)

わたしは感心した。やはりスロヴァキア人のドプチェクにはポーランド語が理解できるのだろうか。いくら男性人間形が共通しているからといって、これはやっぱり凄い。もちろんロシア語の知識に支えられていたことも忘れてはならない。

他にも、ハンガリーのカダール第一書記とも通訳を介さずに非公式で会見しているが、こちらは何語だったか記述されていない。とにかく、母語以外を巧く使って外交をおこなっているのである。

ふと、日本の歴代首相で非公式な会見を外国語でおこなった人物は何人いるのかと思った。

ドプチェクは教養のある、高潔な人物であった。外国語も駆使して懸命に仕事を続けた。政治は言語だけではないらしいが、それでも彼は、ことばを尽くそうと努力したのである。

ことば以外に何もできないわたしには、想像もできない世界である。

1968年8月24日付号外に掲載されたドプチェク第一書記の写真。

コラム2. ソルブ語

　ソルブ語を取り巻く環境は、この数年で大きく変わったようだ。
　1990年代半ばにドイツ・ザクセン州のバウツェンを訪れたときの話は、拙著『羊皮紙に眠る文字たち』(現代書館)ですでに書いた。シュプレー川沿いに住むスラヴ系民族ソルブ人は、周りをドイツ語の「海」に囲まれて、いまや風前の灯だと紹介したのである。
　ところが21世紀に入ってから、ソルブ語擁護運動が非常に活発になってきている。予算の捻出は大変だろうが、ことばを学ぶ環境を整備しようと努力していることが伝わってくる。この言語は上ソルブ語と下ソルブ語の2つの標準文章語があるので、さらに大変なのだが、さしあたり上ソルブ語を中心に、さりとて下ソルブ語も無視することなく、普及活動が進められているのである。
　教材も立派になった。『ソルブ語を話します』(*Reču serbsce Budyšin*, 2005年)は2巻本のソルブ語入門書である。教師が教えることが前提かもしれないが、付属CDで音声も聴けるし、語彙はドイツ語で説明されているので1人で勉強することも不可能ではない。2色刷りでイラスト満載、こんなソルブ語学書はちょっと前まで考えられなかった。
　聞くところによれば、日本ではソルブ語研究者が増えているという。ゲルマニスト、つまりドイツ語の研究者でソルブに注目する人が、専門的に取り組んでいるらしい。社会言語学的な視点からの研究が多いようだ。
　ソルブ研究にドイツ語は欠かせない。大切な研究はほとんどがドイツ語でおこなわれてきたので、当然である。
　だが、ソルブ研究には別の視点も考えられる。
　カミさんはここ数年、プラハで発行される「チェコ＝ソルブ通報」

Česko-lužický věstník という月刊情報誌を購読している。毎号8ページくらいの薄いパンフレットだが、チェコ共和国のソルブ関係のイベント情報や書評、ゆかりの地の探訪記、さらにはソルブ語とチェコ語による詩の紹介などが掲載され、けっこう多様な情報を得ることができる。ただし言語はほとんどがチェコ語である。

チェコでは19世紀に言語学者ドブロフスキーがプラハのカレル橋近くでソルブ語セミナーを開いて以来、ソルブ研究には伝統がある。ドイツとは一味違ったアプローチもあるのだ。

ちなみに『ソルブ語辞典』（大学書林、2003年）の著者、三谷惠子さんはスラヴ語学者だが、ドイツ語もよくできる人である。この辞典には巻末に詳細なソルブ語文法がまとめられている。スラヴ諸語を学んだことのある人が読めば、いろいろ興味深いことだろう。

考えてみれば、わたしが興味あるのはスラヴ語学としてのソルブ語である。社会的な位置づけや危機言語としての対応ではなく、語彙や文法がどうなっているか知りたいのだ。

とはいえ、ドイツ語がたいして読めないので研究は無理である。だから自分のできる言語を通して、この言語をやじ馬的に眺めるしかない。それでも充分に面白い。

プラハ・カレル橋近くで開かれた
ソルブ語セミナーを記念する絵はがき。

第 3 章
「ユーゴスラヴィア」の言語はいくつか？

ザグレブはネクタイ店が多い（「ネクタイといえば」参照）

スロヴェニア語のアルファベット

A	a	ア	M	m	エム
B	b	ベ	N	n	エヌ
C	c	ツェ	O	o	オ
Č	č	チェ	P	p	ペ
D	d	デ	R	r	エる
E	e	エ	S	s	エス
F	f	エフ	Š	š	エシュ
G	g	ゲ	T	t	テ
H	h	ハ	U	u	ウ
I	i	イ	V	v	ヴェ
J	j	イェ	Z	z	ゼ
K	k	カ	Ž	ž	ジェ
L	l	エル			

　q, w, x, y は使わない。そうはいっても数学では x や y も使うはず。ということは、スロヴェニア人は x と y を日本人同様に新しい文字として覚えるのか。それとも英語を先に習うのか。スロヴェニア人に尋ねてみたいものである。

お天気おじさん

　「スロヴェニア」のことをスロヴェニア語で Slovenija（スロヴェーニヤ）という。これをキーワードにインターネットで検索すれば、自宅でスロヴェニアのテレビ放送を楽しむこともできる。RTV Slovenija（エるテヴェー）「スロヴェニアラジオ・テレビ局」のホームページにアクセスすれば、ニュースをはじめいろいろな番組が見られるのだ。しかも無料である。

　最近、朝はこの放送局の Dnevnik（ドネーウニク）というニュース番組のヴィデオを1日遅れで流している。といっても、画面に集中しているわけではなく、コーヒーを飲み、日本の新聞を読みながら、ときどき顔を上げるくらい。ときには接続の調子が悪くて、途中で止まったり、音声と画面がズレたりしてしまうのだが、それでも BGM としてスロヴェニア語が流れるのは悪くない。

　ニュースのあとは天気予報だ。「天気」はスロヴェニア語で vreme（ヴれーメ）といい、他のスラヴ諸語から類推すると「時間」のことかと錯覚しそうになるので、気をつけなければならない。いつも観るのは前日22時の天気。時差を考えれば、これが最新情報である。

　この天気予報で、わたしとカミさんが登場を楽しみにしている予報士がいる。

　アンドレイ・ペチェンコ Andrej Pečenko 氏はスロヴェニアの気象協会のような機関に所属する職員らしい。見た目はまったくふつうのおじさんで、年齢は40〜50代、黒ぶちの厚いメガネをかけ、髪の毛は残りすくなく、ふっくらとした地味な男性である。

　だが、彼のスロヴェニア語がすばらしいのだ。

　はじめは決まって、Še enkrat, dober večer.（シェ エーンクらト ドーベる ヴェチェーる）「もう一度こんばんは」と、かすかに微笑んで両腕を軽く広げながらあいさつする。お

第3章　「ユーゴスラヴィア」の言語はいくつか？　　203

そらく、19時の天気予報にも出演していたのだろう。たったこれだけのセリフなのに、すでに響きが心地よい。

彼の特徴は長い母音をふわりと伸ばすことである。Dober večer は「ドーベる・ヴェチェーる」なのだが、この音引きのところが軽やかに伸びて耳にやさしい。こんな感じで、朝は Dobro jutro「おはようございます」、昼は Dober dan.「こんにちは」とあいさつするのだろうか。

スロヴェニア語のアクセントは、強弱のほかに長短によっても区別される。それが組み合わさって、あの独特のメロディーが生まれるのだ。このペチェンコさんのスロヴェニア語は、それが見事に美しいのである。

天気予報なので語彙は限られている。毎回出てくるのは「晴」「曇り」「雨」「風」「気温」「朝のうち」「夕方から」といった定番なので、自然と慣れる。いくつかのフレーズは完璧に書き取れる自信すらある。最後は決まって Pa lahko noč.「ではおやすみなさい」。

考えてみれば、スロヴェニア語の1日のあいさつは、アクセントがどれも長く強い。ペチェンコさんの特徴が活かされる。

どうしてペチェンコさんのスロヴェニア語は分かりやすいのか。カミさんが指摘する。

「スロヴェニアラジオ・テレビ局」の入り口。散歩していたら、宿の近くで偶然見つけた。

「もしかして、方言なのかもしれないよ」

それで思い出した。以前、ヨーロッパの語学研修で出会ったアメリカ人男性は、非常に分かりやすい英語を話した。本人によれば、これは自分の持っている方言のためで、これを活かして外国人相手の英語教師をしたこともあるという。

不思議なことだが、外国人に分かりやすい方言というものが存在するらしい。だとしたら、ペチェンコさんには是非ともスロヴェニア語教師になってほしい。そんなことを考えながら、今日も彼の登場を期待しつつ *vreme* を再生するのである。

マーリボルのイヌ

　スロヴェニア語で使うラテン文字は、スラヴ諸語の中でもっとも単純なのではないか。付属記号がつくのは č と š と ž の3つだけ。q と w と x と y は使わない。全部で 25 種類。英語よりすくない。

　ワープロソフトを使うときも、チェコ語にすればあらゆる文字が打てる。わざわざスロヴェニア語にする必要がない。実際、わたしもカミさんもチェコ語フォントで打っている。メールなどでは上につく小さな v さえ無視することも珍しくないらしいが、それでも充分に理解できるという。

　とはいえ、他の付属記号もある。辞書や教科書などでは母音字の上にアクセント記号がつく。しかも3種類。やれやれ。

　たとえば e だったら é と è と ê があり、それぞれ違う音になる。é はエとイの中間のような音を長く強く発音する。è はあごを下げてエを短く強く、ê はあごを下げてエを長く強く発音するという。

　標準的なスロヴェニア語を話そうと思ったら、これを区別しなければならない。厄介な話である。しかもスロヴェニア語の新聞や雑誌には、こういう記号がつかないのが普通なのだから、アクセントについてすべてが頭に入っていなければ、音読は不可能なのだ。いろんな母音があるのに、それを5つの文字だけで書き表そうというのだから、どうしても無理がある。

　しかも侮れない。

　ある年、スロヴェニア語冬期セミナーに参加していたときのこと。全クラス合同の遠足で、当地の銘菓 potica を食べに行った。この i はアクセント記号を使えば í と表し、長く強くはっきり発音するので、「ポティーツァ」となる。

おいしい焼き菓子を前に、通常のクラスを越えて、みんなのおしゃべりが盛り上がる。わたしも覚えたてのスロヴェニア語を駆使して、あれこれがんばって話してみた。

　イヌの話題になった。イヌはスロヴェニア語で pes という。チェコ語でも同じだから、すぐに覚えられる。アクセント記号をつけると pès なので、あごを下げて短く強く「ペス」のはず。わたしは自信を持って発音していた。

　ところが、そばにいた別のクラスの先生がやさしくいった。

　「このときの è は、曖昧なアの感じで発音するのよ」

　実は è には２種類あり、pès の場合には国際音声字母 IPA の ə と発音されるので、「プァス」のような発音が標準的なのだ。

　「でもね、ペスのように発音する地域もあるわよ。たとえばマーリボルとか」

　マーリボルはスロヴェニア第２の都市。方言の豊富なスロヴェニア語は、音についても地域によっていろんな変種がある。だから「ペス」でもあながち間違いではない。

　そっか。だったらマーリボルに行けばいいんですね。

　こういったら、その先生は心の底から笑ってくれた。

焼き菓子ポティーツァがデザインされた
スロヴェニアの切手。

そして、誰も迷わなくなった

　すでに述べたが、スロヴェニア語のアルファベットのうち付属記号がつく文字はč, š, žの3種類しかない。このすべてがチェコ語でも使われるので、コンピュータで入力するときにはチェコ語キーボードにすれば用が足りる。それだけでなく、スロヴァキア語やクロアチア語キーボードでも、スロヴェニア語は充分に打てる。

　たとえラテン文字を使用していても、スラヴ諸語を表記するアルファベットにはそれぞれに特徴的な文字がある。チェコ語はů、スロヴァキア語はä、クロアチア語はđなどがそうだ。逆にいえばůがあったらチェコ語、äがあったらスロヴァキア語、đがあったらクロアチア語ということになる。確認しておくが、スラヴ諸語に限った話である。

　一方、スロヴェニア語にはそういう特徴的な文字がないことになる。何か文字の書かれた断片を見て、それが何語なのかを推測するとき、チェコ語などのようにはいかないのだ。

　それではどうするか。

　わたしはそういうとき、in という語を探すようにしている。

　in は英語だったら「〜の中」という意味の前置詞である。英語に限らずドイツ語でもイタリア語でも、in は「〜の中」だ。よく使われるものなので、探すのも簡単だ。

　実はスロヴェニア語にも in がある。ただし「〜の中」ではない。そもそも前置詞ではなく、「そして」という意味の接続詞だ。とはいえ「そして」もやっぱりよく使われるから、スロヴェニア語のテキストから簡単に見つかる。

　面白いことに、この in は他のスラヴ諸語で見当たらない。絶対

にないとまではいい切れず、何かの変化形ならあり得るかもしれないが、すくなくとも「そして」ほどに使われる単語としてはない。

クロアチア語で「そして」はiである。nがない。

チェコ語とスロヴァキア語で「そして」はa。母音が違う。iという語もあるのだが、こちらは「～も」という意味になり、微妙にずれている。いずれにせよ、inはやっぱりない。

ということで、なにやらスラヴ系言語で書かれた文があって、スロヴェニア語らしいけど、いまいち自信が持てないときには、このinを探すことにしている。ある程度まとまった量の文なら「そして」は必ずどこかにあるはずだ。不思議なことに、スロヴェニア語だという確信が持てると、心の迷いがなくなるためか、文章そのものが理解できるようになる。

inの含まれたスロヴェニア語の文を1つ。英語と1語1語が対応しているから、意味はすぐに分かるだろう。

Vesel	*Božič*	*in*	*srečno*	*novo*	*leto*
Marry	*Christmas*	*and*	*Happy*	*New*	*Year*

スロヴェニア語のクリスマスカード。

第3章 「ユーゴスラヴィア」の言語はいくつか?　209

愛の国スロヴェニア

　スロヴェニアは長らくユーゴスラヴィアの一部で、歴史を遡ればハプスブルク帝国の辺境だった時代もあるのだが、独立したことは1991年まで1度もなかった。千年前に自立した国があったと主張する意見もあるが、すくなくとも近代国家としては新しい国ということになる。

　近代国家として独立すると、新たなものが必要になる。たとえば貨幣。独立直後から、スロヴェニア共和国はトーラルという通貨を使っていたのだが、現在ではユーロになってしまった。

　たとえユーロであっても、切手は発行する。これも近代国家には欠かせない。

　スロヴェニアでは「love切手」と称するものが、毎年のように発行されている。

　どうしてスロヴェニアがloveなのか、お分かりだろうか。

　実は国名Slovenija（スロヴェーニヤ）の中に、loveが含まれているのである。切手では活字のその部分だけを太くして、Slovenijaと表したりする。

　Slovenijaはスロヴェニア語表記である。英語ではSloveniaとなるが、こちらにもやっぱりloveが含まれる。どうでもいいのだが、一部の人はこれが嬉しいようだ。よく分からない。愛知県や愛媛県の人々だったら共鳴できるのだろうか。

　さて、「スロヴェニアの」という形容詞は英語の場合、SloveneとSlovenianの2種類がある。loveはともかく、こちらが知りたいのはその使い分け方なのだが、いまだによく分からない。とにかく、書名などを調べるときは両方で検索することが肝心だ。

　ではスロヴェニア語で「スロヴェニアの」という形容詞はどうな

るかというと、こちらは slovenski のみである。さらに「スロヴェニア人」は男性が Slovenec で女性が Slovenka、「スロヴェニア語」は slovenščina となる。いくら派生語を挙げても、love は常について回る。

　一方、チェコ語やスロヴァキア語にも Slovensko というそっくりの語があるのだが、こちらは「スロヴァキア」のことである。形容詞 slovenský も「スロヴァキアの」という意味だ。それじゃチェコ語やスロヴァキア語で「スロヴェニア」「スロヴェニアの」はどうなるのかといえば、それぞれ Slovinsko と slovinský なのである。

　だいぶ頭が混乱してきたことだろう。わたしも書きながらクラクラしてきたので、これ以上は止めておく。とはいえ多言語に触れるということは、このような混沌とした世界とつき合うことなのだ。

　不思議なことに、チェコ語やスロヴァキア語の Slovensko や slovenský については、love が含まれていることを利用したデザインを見たことがない。

　愛はスロヴェニアの専売特許なのか？

スロヴェニアの「love 切手」。

教科書がなかった

　外国語を学ぼうと思ったらどうするか。まずは教科書を手に入れる。それがふつうだろう。わたしだってそうしてきた。

　では、教科書がない場合はどうすればいいのか。

　かつてスロヴェニア語の入門書は入手が困難だった。わたしがいろいろなスラヴ諸語を学びはじめた80年代は、スロヴェニアはまだユーゴスラヴィアの一部だった時代である。セルビア・クロアチア語の教材だって決して多くはなかったが、スロヴェニア語はさらに珍しかった気がする。

　旧社会主義スラヴ諸国は、その首都の言語（モスクワ＝ロシア語、ワルシャワ＝ポーランド語、プラハ＝チェコ語、ベオグラード＝セルビア（・クロアチア）語、ソフィア＝ブルガリア語）については外国人向けの教材も提供していたが、それ以外となるとほとんどなかった。例外はウクライナ語とスロヴァキア語で、この2言語はそれなりに教材も充実していたように感じるが、それでもロシア語やチェコ語に比べれば限られていた。

　そのような状況で、わたしがはじめて手に取ったスロヴェニア語の入門書は『スロヴェニア語を話そう』（Andoljšek E., Jevšenak L., Korošec T. *Povejmo slovensko*, 1988年）だった。東京のロシア語書籍専門店の書棚に並んでいるのを偶然見つけたのである。当時のわたしは、slovensko（スロヴェンスコ）といえばスロヴァキア語だと思っていたが、ページをめくり、出版地がリュブリャーナであることから、これがスロヴェニア語だと辛うじて分かった。

　未知の言語の入門書ほどワクワクするものはない。これを勉強すればスロヴェニア語が分かるようになるのだ。なんとすばらしいこ

とかと、夢は膨らむ。

　第1課は Srečanje からはじまっていた。おそらく「出会い」のことだろう。あまりかわいくないイラストがあり、会話がはじまる。

> Novakova：O, Alenka! Kaj pa ti tu?
> Petričeva：Zdaj smo v Ljubljani.

　はじめの O, Alenka! は「まあ、アレンカ！」というような意味に違いない。アレンカは名前のはず。呼びかけの格はないのかな。まあいいや、次。Kaj pa ti tu? あれ、短い語が並んでやさしそうなのに、イマイチ分からない。その次の zdaj も知らない。これは解説を読まなきゃ。

　ところがである。ページをいくら捲っても、解説が見つからないのだ。会話の後には練習問題が豊富にあるのだが、それが終わると第2課がはじまってしまう。巻末には格変化表や活用表らしきものはあるけれど、解説はやっぱりないし、さらには練習問題の解答もない。これじゃ勉強できないじゃないか。

　奥付に小さな文字で「本書はわたしたちの言語を学びたいユーゴスラヴィア諸民族およびその他の民族の方に向けられて作られております」とある。どこかの講習会で使うらしいが、すくなくともアジアの東のはずれの大学生が独学することは、まったく想定していないようだ。

　ところで、わたしが某大学のロシア語学科に在籍していたとき、教員スタッフの中にヤネズ・ミヘルチッチ先生がいらした。彼はまさにスロヴェニア人で、わたしは非常にお世話になった。

　このミヘルチッチ先生からあるとき、スロヴェニア語の夏期短期セミナーに参加しないかと誘われた。面白そうなのだが、まったく知らないスロヴェニア語の世界にいきなり飛び込んで大丈夫だろう

か。ところがいつもは慎重な先生にしては珍しく「黒田くんはセルビア・クロアチア語を知っているから、なんとかなるでしょう」という楽観的なご意見。そして見せてくれた教材が『外国人のためのスロヴェニア語』(Jug-Kranjec H. *Slovenščina za tujce*, 1989 年) だった。

これは先ほどの『スロヴェニア語を話そう』に比べるともうすこし本格的な教科書で、本文テキストも長く、文法解説や変化表も詳しい。巻末にはスロヴェニア語＝ドイツ語＝英語＝イタリア語対応の語彙集と、各課の練習問題の解答。だが解説はすべてスロヴェニア語のみで、テキストの対訳もない。いったい、スロヴェニア語は外国語で解説された入門書がないのだろうか。

ミヘルチッチ先生「かつてはドイツ語やイタリア語で書かれたものもあったけど」

いや、それじゃ困りますよ。たとえば英語で書かれたものはありませんか。

ミヘルチッチ先生「残念ながら見たことがない」

結局、わたしはその夏期短期セミナーには参加しなかった。別に教材が不安だったからではなく、ロシア語通訳の仕事で忙しかったのである。のちに聞いた話によれば、その年の夏にスロヴェニアはユーゴスラヴィア連邦からの脱退を巡りユーゴ軍から爆撃を受け、セミナー参加者も一時避難したりで大騒ぎだったらしい。1991 年のことである。

それからスロヴェニアはあっという間に独立を果たし、国も安定を取り戻した。その数年後にカミさんとリュブリャーナを訪れるのだが、現地の書店で思わぬ教材を発見する。

『スロヴェニア語 独習コース』 *Slovenščina — Slovene. A Self-Study Course*

カセットテープが 12 巻もついた豪華セット。決して安くはなかったが、カミさんはこれを購入し、自宅でせっせとスロヴェニア語

の勉強をはじめたことは、別のところで書いたので省略する。それにしても、この教材はいつ出来たのだろうか。独立してから出版されたのかと、気になって奥付を確認したところ、1983年と書いてある。つまりは以前から存在したのだ。ユーゴスラヴィアは首都の言語以外の教材も作っていたのに、日本には入ってこなかったらしい。

独立後は新しいスロヴェニア語教材がどんどん登場する。有名なTeach YourselfシリーズやRoutledgeのColloquialシリーズにも加わったので、日本の洋書店でも簡単に手に入るようになった。

そして2001年には、日本で『スロヴェニア語入門』（大学書林）が出版される。著者はカミさんである。あのSlovenščina ― Slovene. A Self-Study Courseからはじまった学習が、こんな形でまとまったわけだ。

ふと思うことがある。あのときわたしがスロヴェニア語の夏期短期セミナーに参加していたら、この『スロヴェニア語入門』はわたしが書いていたのではないか。

だが歴史に「もし」は禁物。教材のない不安から遠ざかってしまったスロヴェニア語は、カミさんの書いた入門書を読んで勉強する立場になってしまったのである。

『スロヴェニア語 独習コース』のテキスト。
日本では見たことがなかった。

魚座は両数

スロヴェニア語の特徴といえば、何といっても両数(りょうすう)だろう。

両数は双数(そうすう)ということもあるが、文法上の数の概念である。英語を学習すると、1つは単数で、2つ以上は複数だと習う。これに対して、スロヴェニア語には2つだけを表す両数があるのだ。なんでわざわざそういうカテゴリーを設けるのか、人はペアだとなんとなく安心するのか。それは分からないが、整理すれば1＝単数、2＝両数、3以上＝複数ということになる。

両数の概念は古い時代のスラヴ諸語にあった。古代スラヴ語や中世ロシア語の文法変化表を見れば、そこには必ず両数も挙がっているので、現代語より変化語尾の種類が多い。つまりは面倒臭い。だがこんなことを感じるのは、遠いアジアの東でまったく違うタイプの言語を話している日本人ばかりではない。スラヴの人々もやっぱり面倒臭かったようで、時代が下るに連れて徐々に複数で代用されるようになってしまう。

にもかかわらず、それを保ち続けた言語もある。スラヴ系ではソルブ語とスロヴェニア語が有名だ。とくにスロヴェニア語は言語人口200万人もいて、その標準語で両数が保たれているのである。「スラヴの両数拠点」といってもいい。

ここで具体例。動詞 delati（デーラティ）「働く、する」の現在人称変化は次のようになる。

	単数	両数	複数
1	delam（デーラム）	delava（デーラヴァ）	delamo（デーラモ）
2	delaš（デーラシュ）	delata（デーラタ）	delate（デーラテ）
3	dela（デーラ）	delata（デーラタ）	delajo（デーラヨ）

ヨーロッパの言語を学ぶと、フランス語でもドイツ語でもロシア語でも、こんな感じの現在人称変化を覚える。だがほとんどの言語が3つの人称×2つの数（単数と複数）＝6通りの語尾なのに対しスロヴェニア語では3つの人称×3つの数（単数と両数と複数）＝9通りの語尾を覚えなければならない。5割増しである。

　しかしよく見てほしい。両数では2人称と3人称が同形である。delatiに限らず、スロヴェニア語の動詞は不規則な変化をするものも含めて、両数2人称と3人称が同じとなる。つまりは9通りではなく8通りなのだ。

　それでも負担が軽減された気があまりしない。両数のある言語なんて、一部の文法マニアくらいしか惹きつけないのかもしれない。

　両数があると何かいいことあるのかな？

　カミさん「魚座がはっきりする」

　星座のうち、魚座の魚は常に2匹である。嘘だと思うなら調べてみてほしい。どんな図案を見ても必ずそうなっている。ちなみにカミさん自身が魚座生まれである。

　スロヴェニア語で魚座はribi（リービ）という。この形は両数だから、スロヴェニア人は魚座の図案を書くとき間違えない。単数形はriba（リーバ）、複数形はribe（リーベ）で、語尾のおかげで違いもはっきりする。

　ちなみに双子座はスロヴェニア語でdvojčka（ドヴォーイチュカ）といい、こちらも当然ながら両数形である。ただし辞書の見出し語ではdvojček（ドヴォーイチェク）のように単数が挙がっており、これは双子のうちの一方のことである。

　だったら天秤座はどうだろうか。お皿が左右についているからこれも両数かなと期待したのだが、答えはtehtnica（テーフトニツァ）で単数だった。

　ということで、黄道十二宮のうちスロヴェニア語では魚座と双子座で両数となっている。

　両数を使うものが2つ、つまり両数ある。

ローイゼ・アダーミチ

　スロヴェニアに関する本で、日本語で読めるものは非常に限られている。最近でこそ旅行ガイドブックなどでクロアチアとともに取り上げられることも増えてはきたが、すこし遡るとまず見つからない。とくにユーゴスラヴィアの一部だった頃は、その中に埋もれてしまうために、なかなか気づきにくいのだ。

　というわけで、1930年代のスロヴェニアについて書かれたルポがせっかく日本語で読めるのに、あまり知られていないのが残念だ。

　ルイス・アダミック（スロヴェニア語を基に表記すればローイゼ・アダーミチ Lojze Adamič）はアメリカのエスニック文学の先駆者といわれる。14歳でアメリカに単身で移民し、職を転々とした後に作家となった。彼の作品のうち『わが祖国ユーゴスラヴィアの人々』（田原正三訳、PMC出版）は1990年に邦訳が出ている。

　この本は作家としてアメリカで有名になったアダミックが、グッゲンハイム財団の助成金を受けてヨーロッパを訪問する際、19年ぶりに故郷を訪れたときの記録である。当初はちょっと立ち寄るだけのつもりだったが、久しぶりに会う親兄弟をはじめ知人友人から大歓迎を受け、戸惑いながらも予定以上の時間を過ごし、さらにはユーゴスラヴィア全体を旅行してまわった印象を書きとめたものだ。その視線は愛情に溢れているが、同時にたいへん冷静で、複雑な政治状況にあったこの国の実態を、鋭く描いている。

　だが単に鋭いだけでなく、読んでいて面白い。この作品が1934年にアメリカで出版されると、1カ月で5万部を売り尽くしたというのも納得である。そのベストセラーのうちの第1章、全体の3分の1ほどがスロヴェニアに当てられている。ユーゴスラヴィアと題

した書籍のほとんどがセルビアやクロアチアが中心であることを考えると、これは特異な存在といえる。

　面白可笑しく描かれているのは、素朴な田舎の人々の大歓迎ぶりである。アメリカで成功し、ローイゼがアメリカ人妻とともに故郷へ凱旋する。彼らの一挙手一投足に注目する村人たちに、すこし戸惑いながらもこれを受け入れ、さらには親戚の婚礼や葬儀にまでつき合うのである。

　わたしがとくに気に入っているのは、ご馳走攻めにあう場面だ。とくに母親は「私が十九年間ものあいだ、家で食べなかった分の量を何とか一度気に食べさせたがっているように」みえるほどの勢いで料理を作る。それを見た妻は「母親って、世界中どこへ行っても同じなのね！」という。こういう経験はわたしにもある。ただしうちの母親は台所に立つのが得意ではないので、そういうことはないが（むしろいっしょに飲みたがるほうだ）、通訳などでロシアの地方都市に行くと、現地のおばさんたちから山のような料理を勧められる。そしてそんなに食べきれないわたしを見て、彼女たちは「どうして食べないの？　だからそんなに痩せているのよ！」と、いまでは信じられないような小言をいわれたものだ。

　ただしアダミックは素朴な人を手放しで称賛するようなことはしない。1930年代のスロヴェニアは、大恐慌のアメリカ以上の不況に加え、隣国イタリアのムッソリーニ政権に強い危機感を抱いていた。人々が陽気で気さくという印象は表面的なものにすぎず、歌や笑いの背景には、多くの不安や不満があることも指摘する。実際、この本は当時のユーゴスラヴィアで発禁扱いとなっている。

　邦訳は滑らかで、一部の地名表記などに奇妙なものもあるが、それが全体の価値を下げることはない。なお、本書には「カルニオーラ」という地名がしばしば登場する。本来はスロヴェニア西部を指すが、ここではスロヴェニアと同義で扱っている。

ヨーロッパの縮図

　スロヴェニア共和国のラジオ・テレビ局である RTV Slovenija がネットで配信する放送については、すでに触れた。ニュースや天気予報もいいのだが、地方番組もなかなか面白い。

　たとえばコーペルはイタリアに近い南西の町。ここではイタリア語が少数言語として認められている。ここで制作される番組はイタリア語。ニュースの他、娯楽番組の種類がとくに多い。ということで、意外かもしれないがスロヴェニアでイタリア語放送が楽しめるのである。

　またコローシュカ地方は、ドイツ語名ケルンテンといい、オーストリアと国境を接する。オーストリアの放送局 ORF と共同制作する地方番組「こんにちは、コローシュカ」も、RTV Slovenija にアップされている。番組のアナウンサーはスロヴェニア語とドイツ語を目まぐるしく使い分ける。どちらが話されているか、よく耳を澄まさないと一瞬では分からない。ドイツ語になるとスロヴェニア語字幕がつくのだが、その字幕もまた凄い勢いで消えていく。

　いろんな番組がある中で、どの番組がどの言語による放送なのかは、番組タイトルから想像するしかない。

　一覧表の中に *Hidak* というのを見つけた。何語だろう？　スラッシュの後には *Mostovi* とあり、これはスロヴェニア語で「橋」を意味する語の複数形である。語幹 most が ov によって拡大される代表例なのだが、それはこの際重要ではない。いったい何の番組なのか、さっそくリアルプレイヤーで再生してみる。

　なんとこれはハンガリー語の情報番組だった。東部のプレクムーリエ地方はハンガリー語地域で、これも少数言語として認められて

いる。番組は全編にわたりハンガリー語で、スロヴェニア語の字幕がつく。意味がまったく分からないのに、ハンガリー語の響きが不思議と心地よく楽しい。

反対に、「スロヴェニアの流れ星」*Slovenski utrinki* というハンガリーテレビ提供の番組は、スロヴェニア語放送にハンガリー語字幕がつく。この番組のスロヴェニア語はいくぶんゆっくりしていて、分かりやすく話しているように感じられる。おかげでわたしにもタメになる。

他にも *Slovenian magazine* という番組はスロヴェニア語版とイタリア語版の他に、英語版まである「パラレル番組」である。ラジオ放送まで含めれば、さらに広がる。ということで、スロヴェニアの放送は意外な多言語世界なのである。

考えてみれば、スロヴェニア語はスラヴ系、イタリア語はロマンス系、ドイツ語はゲルマン系、それにハンガリー語はウラル系の言語である。なんともバランスがいい。

多言語こそがヨーロッパ。スロヴェニアは間違いなくその縮図なのである。

スロヴェニアとイタリアの国境にあるプレート。今では遮るものがなにもない。

ホームドラマもときにはいい
To so gadi

　スロヴェニア映画について何も知らなかった頃は、首都リュブリャーナのヴィデオ店で国産映画がいろいろ売られているのを見つけても、何を買ったらいいのかさっぱり分からなかった。仕方がないのでジャケットのみを頼りに3本ほど買ってみたところ、そのうち1本がとくによかった。この作品はスロヴェニア人にも評判がいいらしく、のちにDVD化もされたので、今では字幕を選びながらくり返し観られるようになった。それが『悪ガキども』（ヨージェ・ベウツ監督、1977年）だ。

　シリアスな作品の多いスロヴェニア映画の中で、これは珍しくコメディーである。しかもストーリーは単純で分かりやすい。

　シュティーベ家は、バス運転手の父親と5人の息子でアパート暮らしをしている。母親がいない代わりに家族全員の面倒を見ているのは家政婦のローズィだ。懸命に働く彼女に対して、5人の息子はつまらないイタズラばかりしている。怒った彼女はそのたびに家を出ていこうとするが、なんだかんだで結局は戻ってくるのをくり返していた。ところがある日、お決まりの家出中のローズィと入れ替わるように若い女性がやって来た。これは新しい家政婦が雇われ、自分はお払い箱なのに違いないと思い込んだローズィは、2度と戻らない決意をする。ところがこの若い女性はローズィの姪のメーリだったのだ……。

　旧ユーゴ時代の作品だが、この手のドタバタは世界中どこにでもある下町人情喜劇といっていい。ただし細かいところに注目すれば、そこにはその言語文化圏独自の素朴な笑いがあり、それがなんだか楽しくて、くり返し観てしまう。

5人の息子たちは、上は社会人からいちばん下は小学生と歳も離れているのだが、どいつもこいつもしょうもないイタズラをくり返す。そのターゲットはローズィばかりではない。同じアパートの住人の家の前に薪を積み上げ、酔っ払って帰って来たその家の主人を入れなくする。あるおばさんの自転車の空気を抜いたり、さらには屋根の上に括りつけたりする。大人の体力で子どものような悪ふざけを本気でやるのだからタチが悪い。タイトルの To so gadi（トソガーディ）は近隣の住民が「悪ガキどもめが！」といって憤りながら罵るセリフからきている。怒るのも無理はない。

　物語はメーリを中心に、お父さんの同僚である堅物のバス運転手トーニまでが加わって、さらに混乱を極めるのだが、最後には愛をもって終わるという、ビックリするほどありがちな結末である。それでもこういうホームドラマもときにはいい。

　彼らが暮らすアパートはロの字形の建物で、その中心となる中庭でさまざまなことが起こる。お互いにプライバシーなどないトイレ共同の2階建て長屋は、コメディーの舞台としてふさわしい。セキ

『悪ガキども』のDVDジャケット。
安心して観られるホームドラマ。

第3章　「ユーゴスラヴィア」の言語はいくつか？　　223

ュリティーがしっかりしたスタイリッシュなマンションでは、こういう物語が描けない。

　それにしてもこの長閑な環境は、いったいどこの田舎を舞台にしているのかと注意深く観れば、なんと首都リュブリャーナではないか。その証拠に、ときどき見慣れた都心の風景も出てくる。70年代のリュブリャーナにはこんな所があったのかと、別の意味でもビックリしながら、さらに面白いものが見つからないかと期待する。おかげで何回観ても飽きない。

終わりのない列車の旅
Ekspres, ekspres

　ekspres(エクスプレース)とは「急行列車」のことで、英語だったら express である。スロヴェニア語では x が使われないことが再び思い出される。

　『エクスプレス、エクスプレス』(イーゴル・シュテルク監督、1996年) は、わたしにとってスロヴェニア映画ナンバー1だ。

　ジャンルが難しい。コメディーというにしては微妙だ。だが笑えるところはたくさんある。くり返し観ていると、以前には気がつかなかった場面の面白さが分かり、新たに笑ったりする。

　具体的なストーリーがあるわけではない。冒頭は主人公の青年がミシンに向かってせっせとズボンを縫っている。でき上がったそのズボンを穿き、荷物を持って駅に向かうのだが、家の外にはズボン形に切り取られた黒い半旗がある。彼の父親が亡くなったからなのだが、これがなんとなくチトー大統領の死をイメージさせる。

　青年は列車のコンパートメントで1人の女性に出会う。彼女と行動を共にしたり、あるいは一時的に別れたりしながら、物語は進んでいく。

　周囲では些細な出来事が次々と起きる。検札から逃れるためにひたすら列車内を逃げ回る無賃乗車の紳士。目を離した隙に籠から逃げ出してしまった鳥を追いかける男性。そして列車が立ち往生したとき、突如としてはじまる乗務員対抗サッカーの試合と、乗り合わせた楽団員によるコンサート。こんな感じで、ときには列車を降りて駅で夜を明かしたりしながら、幻想的ともいえる不思議な世界が展開されていく。

　こういうタイプの映画は、深読みをしてその解釈を披露したい方もいるだろうが、わたしはそういう見方をしたくない。ただ楽しい

のである。そして何回観ても飽きない。それで充分ではないか。

この映画は非常に静かである。セリフはスロヴェニア語だが、それをすべて書き出しても、このページ1枚に収まってしまうのではないかと思われるくらいすくない。

すこしだけセリフを紹介しよう。車掌が検札に来る場面である。

車掌：Karto, prosim.（カールト プロースィム）「切符を拝見します」
青年：Nimam.（ニーマム）「ありません」
車掌：Kaj? Kako nimaš?（カーイ カコー ニーマシュ）「何ですって？ 何でないんですか？」
肩をすくめる青年。
車掌：Kam pa greš?（カーム パ グレーシュ）「じゃあどこへ行くんですか？」
青年：Naprej.（ナプれーイ）「先です」
車掌：Kako naprej? Kam naprej?（カコー ナプれーイ カーム ナプれーイ）「先って何ですか？ 先ってどこへですか？」
青年：Do naslednje postaje.（ド ナスレードニェ ポスターイェ）「次の駅です」

『エクスプレス、エクスプレス』のDVDジャケット。
列車の旅は永遠に続く。

だが青年は次の駅で降りない。駅を通過するたびに乗り越し料金を払いながら、旅を続ける。小さなスロヴェニアでそんなに長いこと列車に乗っていたら国外に出てしまいそうだが、なぜかそうはならない。気がつけば、彼の持っているお金が旧ユーゴのディナール札から、スロヴェニアのトーラル札（当時）に変わっている。このような空間も時間も超越した世界で、静かな笑いが展開する。

　静かな空間には、耳の聞こえない人たちが登場する。その描き方がとてもいい。決して哀れむわけではなく、もちろん差別するわけではなく、人々の中に溶けあいながら、いつでも対等に行動している。そして彼らもまた、観客を気持ちの良い笑いへと誘う。この映画のもう1つの見どころである。

クロアチア語のアルファベット

A	a	ア	L	l	エル
B	b	ベ	Lj	lj	エリ
C	c	ツェ	M	m	エム
Č	č	チェ	N	n	エヌ
Ć	ć	チェ	Nj	nj	エニ
D	d	デ	O	o	オ
Dž	dž	ジェ	P	p	ペ
Đ	đ	ジェ	R	r	エる
E	e	エ	S	s	エス
F	f	エフ	Š	š	エシュ
G	g	ゲ	T	t	テ
H	h	ハ	U	u	ウ
I	i	イ	V	v	ヴェ
J	j	イェ	Z	z	ゼ
K	k	カ	Ž	ž	ジェ

　クロアチア語に特徴的な文字はĐ, đだろう。カナでは「ジェ」となっているが、Dž, dž も「ジェ」だし、Ž, ž も「ジェ」だから困ってしまう。やっぱり実際に聞くしかない。

　ちなみに Đ, đ はベトナム語でも使う。こちらはいったいどんな音なのか。興味のある方は田原洋樹『ベトナム語のしくみ《新版》』（白水社）をご覧ください。

ガイダンスから方言の話

　大学2年生のとき、東京都内の外国語講習会でセルビア・クロアチア語を受講した。そのとき使った教科書は『外国人のためのセルビア・クロアチア語』Babić S. *Serbo-Croat for Foreigners* だった。英語で説明された教科書で外国語を学ぶのは、このときがはじめてである。1969年にベオグラードで出版されたこの教材は、講習会が開かれた1984年にはすでに入手が難しくなっており、授業ではコピーが配られた。わたしはそのコピーをノートに1枚1枚貼りつけて、大切に学習した。

　教科書は文字と発音の学習をはじめる前に、Introduction として導入部分が1ページ半ほどある。ここには旧ユーゴ時代のセルビア・クロアチア語の位置が見事に説明されている。以下に訳出する。

　　ユーゴスラヴィアには3つの言語があります。つまりセルビア・クロアチア語、スロヴェニア語、マケドニア語です。これらはスラヴ系の言語です。セルビア・クロアチア語はユーゴスラヴィア全土で広く話されていますが、例外はスロヴェニア語が話されているスロヴェニアと、マケドニア語が話されているマケドニアです。セルビア・クロアチア語が使われている地域では、形の上での差はほとんどありません。国内の違う地域の人がお互いに理解し合えるという事実から、何よりもはっきりと窺えます。地域ごとに僅かながら話し方の違いがありますが、それは世界中のどの地域とも共通することです。このような違いをもとに、わたしたちは言語の方言を区別します。セルビア・クロアチア語には3つの方言があります。シュト方言とカイ方言とチャ方言です。

シュト、カイ、チャは「何」を意味する単語の3つの形です。いちばん多いのはシュト方言を使う人々で、これは19世紀の標準語にも採用されており、セルビアの文献学者にして改革者であるヴーク・ステファノヴィチ・カラジッチによるところが大きいです。クロアチアでは、クロアチア語の改革者であるリュデヴィト・ガイがカラジッチのシュト方言を採用し、1836年に標準語としています。しかしシュト方言にはさらに3つの変種があるのです。それは同じ語をどのように発音するかで3つの方法があり、たとえば次のようになります。

  lep cvet「美しい花」
  lijep cvijet（同）
  lip cvit（同）

この違いは古代スラヴ語のヤッチという音に現れます。ヤッチはある語では長いままなのに、別の場合には短くなっています。「エー」に代わって「イェ」と発音するわけです。「エー」と発音するのがエ方言で、主にユーゴスラヴィアの東部、北東部および南東部で使われます。南西部の人々が話すのはイェ方言で、ボスニアの西部やダルマチアやスラヴォニアの一部はイ方言となります。

このうち標準方言はエ方言とイェ方言です。

セルビア・クロアチア語の発音には大した違いはありません。読むのも書くのもとても簡潔明瞭です。1文字が1音に対応しています。セルビア・クロアチア語は世界でも有数の読み書きがやさしい言語なのです。

セルビア・クロアチア語を学習する者は、レッスンをはじめる前にこのような方言の違いを理解する必要がある。勉強をはじめる前

にこんな言語学的なことをチェックしなければならない言語は、珍しいのではないか。しかもそのちょっとした違い、ささやかな違いが、後に非常に大きくなってしまうのである。当時は想像もつかなかったけど。

　セルビア・クロアチア語の講習会は日本人の先生に加え、セルビア人の先生がペアを組んで教えるという贅沢なものだった。でも先生がセルビア人なので、どちらかというとセルビアヴァージョンを学んだのだと思う。

　それが後に、クロアチアでさまざまな影響を及ぼす。

『外国人のためのセルビア・クロアチア語』。
　ずっと後になってやっと入手できた。

第3章　「ユーゴスラヴィア」の言語はいくつか？

ザグレブのクリスマス

　わたしがクロアチアの首都ザグレブをはじめて訪れたのは1980年代、大学生の頃だった。とてもよい印象を持ち、また行ってみたかったのだが、90年代に入ると旧ユーゴスラヴィアは紛争が続き、呑気な観光などできなくなってしまった。

　2003年12月、スロヴェニアを訪れるついでに、クロアチアへも足を伸ばすことにした。わたしは18年ぶり、カミさんははじめてである。まずはリュブリャーナで数日を過ごし、荷物の一部はホテルに預け、必要最小限度のものを持って3泊4日の予定でザグレブを目指す。列車 vlak〈ヴラク〉で2〜3時間という近さだ。

　どんなに近くても、ことばの異なる国は街中を歩くだけで気分が違う。ここ数日間でスロヴェニア語に慣れた目には、クロアチア語が新鮮に映る。ちょうどクリスマスの時期で、街はとても静かだった。

　ホテルにチェックインして、部屋に荷物を運んだら、さっそく街へ出かけたい。限られている時間をなるべく有意義に過ごすのだ。

　まずは両替である。大学時代に訪れたときはクロアチアもスロヴェニアも同じ国だったから、通貨も当然ながら同じディナールだった。国が分かれたあとはスロヴェニアがトーラル（当時）、クロアチアはクーナという単位を使っていた。

　まずはホテルで尋ねる。アメリカドルあるいは日本円、どちらでもいいからクーナに両替したいと伝えたのだが、フロント係の答えは意外なものだった。

「お金がありません」

　何をいっているのか分からない。どういうことですか？

「ですから、フロントにクーナ札がないのです」

東欧圏を旅行していると、こういう不思議なことがときどき起こる。そんなバカなと憤っても、ないものはない。押し問答してもはじまらないのだ。別にフロント係だって、意地悪をしているわけではない。われわれにこんなアドヴァイスをくれる。

「駅 kolodvor に行ってみたらいかがでしょうか。あそこなら、クリスマス休暇中も両替所が開いているはずです」

　ホテルを選ぶときは、常にロケーションを重視している。部屋が多少狭くても、中心地や駅のそばのほうが何かと便利だからだ。今回は駅の近く、おかげでこういうときは非常に助かる。

　……だが、駅の両替所はすべて閉まっていた。

　カトリック圏にとって、クリスマスは確かに一大イベントである。それにしても、国の機能をすべて停止しなくてもいいではないか。現に駅には外国から次々と列車が入る。彼らは両替できなくてどうするのだろうか。

　人の心配をしている場合ではない。街中であちこち両替所を必死に探すのだが、すべて閉まっている。ときどき ATM も見かけるが、従業員もろくにいない所で何かトラブルが、たとえば入れたカードが出てこなかった場合を考えると、恐ろしくて挿入する気にはとてもなれない。

　とにかく結論からいえば、クリスマス休暇が終わるまで、2日間も両替できなかった。これではパン kruh にもありつけない。

　だがそこは文明社会である。現金がなければクレジットカードを使えばいい。場所は限られるが、大きなホテルなどでは問題がないはずだ。こうして、クリスマスの2日間は、カードの使えそうなホテルのレストランを選んで食事をしていた。イェラチッチ広場近くの高級ホテルで、ごくふつうのパスタを食べながら、お金のない不安さを噛みしめていた。

　ちなみに、もう1つ不安があった。ことばである。

わたしはかつて「セルビア・クロアチア語」を学んだのだが、どちらかといえばセルビアヴァージョンを中心に、セルビア人の先生から習った。だからクロアチアヴァージョンは、いつまで経ってもなんとなく不安なのである。

　ここまでに挙げた語のうち、vlak「列車」はセルビア語で voz（ヴォーズ）だし、kolodvor「駅」は stanica（スタニツァ）、kruh「パン」は hleb（フレブ）である。授業では確かに両方の単語を学習した。だがなんだかしっくりこない。そのうえ予想外の金欠状態である。食事1つを取っても、なんとも落ち着かないのだ。

　「人はパンのみにて生くる者にあらず」とはいうのだが……。

クロアチアの 100 クーナ札。
あのとき、
これが何枚かあれば……。

川の流れのように

　クロアチアは海辺の美しさで有名な国である。ヨーロッパでは昔から人気の保養地だが、日本の旅行会社も最近になって世界遺産ドゥブロヴニクをはじめ、スプリット、トロギール、シベニクなどを周遊するツアーを企画している。ヨーロッパへのパック旅行としては、すでに定番といっていいのかもしれない。

　ところがわたしとカミさんは、海にあまり興味がない。といって山に興味があるわけでもない。東京出身の2人はヨーロッパに行っても、基本的には首都や大都市で過ごすのが好きだ。ついでだが世界遺産については、たとえ首都にあってもまったく興味がない。

　ということで、どこの国でも地方都市についてはほとんど知らない。クロアチアにしてもそうだ。その例外がリエカ Rijeka である。

　リエカはクロアチア北西にある港湾都市である。先住者はイリュリア人とケルト人だというが、後にオーストリア、ハンガリー、イタリア、ユーゴスラヴィアなどがその覇権を争い、支配者も目まぐるしく変わっていく。第1次世界大戦後に、イタリアの詩人ダンヌンツィオが義勇軍を率いて占領したことは有名である。

　リエカのイタリア名はフィウメ Fiume という。伊和辞典を引けばすぐに分かるが、fiume（フィウメ）とは「川」という意味である。確かに市内には川が流れているが、それをそのまま都市名とするのはなんだか不思議な感じがする。

　一方リエカはどうかといえば、rijeka（リエカ）もやはり「川」なのだ。つまり同じ意味の単語を都市名とし、イタリア語ではフィウメ、クロアチア語ではリエカなのである。1つの都市が複数の名称を持つことは珍しくないが、これは意味を基準に名称を分ける典型例かもし

れない。

「川」は基本語彙である。わたしがセルビア・クロアチア語を習ったときにも、もちろん出てきた。

ただしわたしが習ったのは reka〔レーカ〕だった。

辞書には両方が載っていて、reka はセルビアヴァージョン、rijeka はクロアチアヴァージョンとされる。これがセルビア語とクロアチア語の主だった違いの1つなのだ。

歴史的にはいろいろ説明がつく。古代スラヴ語まで遡れる1つの母音が、セルビア語では「エー」、クロアチア語では「イェ」となったのである（アクセントの種類については省略）。

だが実際に運用するときは、歴史的な音韻変化を思い出している暇はなく、すぐに反応しなければならない。そして、それこそが難しいのである。

たとえばクロアチアでスーパーマーケットに入ると、わたしの頭の中では mleko〔ムレーコ〕「牛乳」なのに、パッケージには mlijeko〔ムリィエコ〕と表記されている。見れば思い出すが、咄嗟に変えることは難しい。

話すときはなおさら微妙だ。「どうもありがとう」にしても、無意識のうちに Hvala lepo.〔フヴァーラ レーポ〕といっているに違いない。クロアチア風に Hvala lijepo.〔フヴァーラ リィエポ〕といえる自信がまるでない。

相手がどこまで気にするかは不明だが、たいして出来もしない外国語だからこそ、こういう微妙なところに悩んでしまうのである。

落ち葉は何月?

　セルビア語とクロアチア語の違いが顕著な例としては、月の名称が挙げられることが多い。
　セルビア語ではラテン系名称が起源である。

1月　januar　　　2月　februar　　　3月　mart
　　　ヤヌアール　　　　　　フェブルアール　　　　　　マルト
4月　april　　　　5月　maj　　　　　6月　juni
　　　アプリール　　　　　　マーイ　　　　　　　　　　ユーニ
7月　juli　　　　 8月　avgust　　　 9月　septembar
　　　ユーリ　　　　　　　　アヴグスト　　　　　　　　セプテーンバる
10月　oktobar　　11月　novembar　　12月　decembar
　　　オクトーバる　　　　　ノヴェーンバる　　　　　　デツェーンバる

　英語を知っていれば覚えやすい。6月にはjun、7月にはjul、8月にはaugustというヴァリエーションもあるが、そのくらいはどうってことない。そのうえ付属記号が一切ないので、表記するのも簡単だ。ちなみにすべて男性名詞である。
　ところがクロアチア語となるとそうはいかない。

1月　siječanj　　　2月　veljača　　　3月　ožujak
　　　スィイェチャニ　　　　　ヴェリャチャ　　　　　　オジュヤク
4月　travanj　　　5月　svibanj　　　6月　lipanj
　　　トらーヴァニ　　　　　スヴィーバニ　　　　　　リーパニ
7月　srpanj　　　 8月　kolovoz　　　9月　rujan
　　　スるパニ　　　　　　　コロヴォズ　　　　　　　るーヤン
10月　listopad　　11月　studeni　　　12月　prosinac
　　　リストパード　　　　　ストゥデニー　　　　　　プロスィナツ

　これでは何か記憶のヒントになる要素もないので、覚悟を決めて暗記するしかない。čやžにも慣れるようにがんばろう。ちなみに2月だけが女性名詞で、残りは男性名詞である。
　スラヴ諸語はセルビア語のようにラテン系名称を用いるグループ

第3章　「ユーゴスラヴィア」の言語はいくつか?　237

と、クロアチア語のようにスラヴ系名称を用いるグループに分かれる。ラテン系名称グループには、他にロシア語、スロヴァキア語、スロヴェニア語、ブルガリア語、マケドニア語が入る。一方スラヴ系名称グループは、ウクライナ語、ベラルーシ語、ポーランド語、チェコ語などがそうだ。もっともベラルーシ語やポーランド語では、一部にラテン系名称が混じる。

覚えやすいのはラテン系名称だが、それだって英語を学んだときに苦労したおかげで楽ができるのである。ということはスラヴ系名称だって、1度覚えれば応用が利くのではないかと期待される。

ところがそうはいかない。もちろん似ているものもある。だがそれぞれお互い微妙に違っていて、むしろ混乱しそうになるのだ。中でもクロアチア語はとくに外れている。

listopadは先ほどの表にもあるが「10月」のことである。これはlist「葉」＋ o（つなぎの母音）＋ pad「落下」から出来ている。つまりは落葉月ということで、いかにも秋らしい。

同じlistopadはポーランド語やチェコ語の月の名称にもある。ウクライナ語やベラルーシ語はキリル文字で書き表すが、ほとんど同じ音である。

ただし、その意味はすべて「11月」なのだ！

どうしてこのようなズレが生じてしまったのだろうか。落葉の時期が違うのかな。だとしたら、南に位置するクロアチアのほうが後で葉が落ちそうな気がするのだが。調べてみればいいのだが、それよりもクロアチア語の月の名称があまりにも覚えられなくて、気落ちしてしまう。

そのうえ腑に落ちない。

霧の向こうのチェコビール

　どこに行ってもビールを飲んでいるが、銘柄にそれほどウルサイわけではなく、そもそも知識だってさほどない。だからチェコやスロヴェニアならいいが、慣れない国のスーパーマーケットでビールを選ぶのは至極難しい。

　ザグレブのスーパーマーケットでもそうだった。いろんな種類がある中で、正確に理解できるのは値段くらい。缶を手に取って解説を読むのだが、ラガーとかピルスナーとか書いてあるらしいが、はっきりいってよく分からない。とはいえ、適当に買ってもそれほどひどいビールに当たらないのが、東欧のいいところ。

　だがそのビールは、ラヴェルだけでおいしさを確信した。STARO ČEŠKO、つまり「いにしえのチェコ（ビール）」というのである。へえ、そんなものがあるのか。知らなかった。さっそく買い求め、ホテルの部屋で飲んでみたところ、やっぱりおいしい。

　いったいどこで作っているのか。ラヴェルを改めて詳しく読めばDARUVARSKA PIVOVARAと書いてある。pivovaraはビール醸造所で、その前の部分が地名を示す形容詞なのだろう。調べてみれば、そこはダルヴァル Daruvar という町だった。

　ところがこのダルヴァルを調べるのがこれまた簡単でない。よほどマイナーな町なのか、旅行ガイドブックはおろか、その他の手元の資料でもなかなか見つからない。霧のヴェールに包まれている。

　そのヴェールを語学力で切り開こう。町のホームページはクロアチア語だけなので、辞書を片手に読み解いていくことにした。

　ダルヴァルはクロアチア西部に位置する小さな町である。その歴史は紀元前4世紀にまで遡ることができるという。現在では温泉施

設があり、「ダルヴァル・リースリング」という白ワインと「スタロ・チェシュコ」のビールが有名であるという。すばらしいではないか。

さらにこのダルヴァルには、チェコ系の移民が数多く住んでいることが分かった。なるほど、これでビールの銘柄も納得だ。さまざまなチェコ人協会のほかに、コメンスキー小学校というチェコ人学校もあるらしい。他にもチェコに関係する施設があるに違いない。

そこである年、クロアチア滞在の際にダルヴァルまで足を伸ばしてみることにした。ザグレブからバスを乗り継いで、時間はどのくらいかかったか、とにかく昼前には現地にたどり着いた。

ダルヴァルは観光地ではないので、一見するとふつうの地方都市にしか見えない。だが注意してみれば、そこかしこにチェコ語の表記があることに気づく。兵士シュヴェイクのイラストが描かれた呑み屋、チェコ語幼稚園、そして何よりもダルヴァル・ビール醸造所……。

う〜む、だいぶ以前のことなので、記憶が怪しい。ではそのときに撮影した写真を眺めながら思い出してみるか。

ところが、である。旅先の写真はポケット式の簡単なアルバムに入れておくのですぐに見つかるのだが、アルバムを開いてみると、不思議なことにダルヴァル関係の写真だけが消えているではないか。数枚分のポケットが空っぽになっているのだ。

エッセイを書いていると、出版社から写真を求められることが多い。そのたびにバラバラと渡してしまうので、すこしずつ散逸してしまうことがないわけではない。それにしてもクロアチアのチェコ系住民については、これまで書いたこともないから、誰かに渡したとも考えられない。なのに手元に残っているのは、スタロ・チェシュコのラヴェルと王冠だけ。こうして、ダルヴァルは再び霧のヴェールに包まれてしまった。

ただあのビールの味だけが、かすかな苦みとともにわたしの舌に残っている。

ネクタイといえば

　2000年代も半ばを過ぎたあたりから、日本でもクロアチアの旅行ガイドブックが増えてきた。

　旅行ガイドブックは出かける予定がなくても読んでいて楽しい。豊富な写真を眺めながら、かつて訪れた地域を思い出すこともできる。最近のガイドブックは名所旧跡だけでなくさまざまな情報が盛り込まれているので、手元に置いておくとちょっとした資料にもなる。さらには新しい知識を増やすこともある。

　たとえば、クロアチアはネクタイの国だという。

　どのガイドブックにも「クロアチアは知る人ぞ知るネクタイ発祥の地」というような見出しがあちこちに見られる。

　一説によれば、フランス王ルイ14世が首に布を巻いたクロアチア出身の兵士を見て、その布のことをクロアチア人という意味の「クラヴァット」と呼んで、それがネクタイの語源だという。

　確かにフランス語ではネクタイのことをcravate(クラヴァット)という。ただ、本当にそうなのか、こういうのは確認が難しいので、どの本で調べても「一説によれば」となっている。たとえ「一説」であっても、クロアチア人にはこれが嬉しいようだ。

　ところが、である。この「知る人ぞ知る」ネクタイ発祥の地について、わたしは最近までまったく知らなかったのである。

　クロアチアをはじめて訪れた1985年、ザグレブの街でネクタイ屋さんを見た記憶はない。当時でも多少は旅行ガイドブックがあって、出かける前にはもちろん読んだのだが、それでもまったく覚えていない。そもそも社会主義体制のクロアチアでは、どんなネクタイを生産していたのだろうか。

だが、わたしを個人的に知っている人はこういうだろう。

　ふだんからネクタイをしないから、気づかないんじゃないの？

　確かに今のわたしは滅多にネクタイをしない。授業だけではなく、結婚式には基本的に出席しないし、公式の場にも縁がない。たまに葬儀の際に締めるくらいである。

　だが20代の頃は、これでもほぼ毎日のようにネクタイを締めていた。そうしないと生徒と区別がつかなかったからだ。また、通訳などではきちんとした格好をしなければならないこともあった。

　そのため海外に出かけるときには、チャンスがあればネクタイ売り場に足を運んだ。外国のネクタイは派手なものが多く、たとえば旧ソ連のデパートあたりだと安いのはありがたいが、これを東京で締めるのはなあという気持ちになってしまう。いま、洋服ダンスの引き出しを探したら、旧レニングラードで買ったネクタイが出てきた。ベージュの地で、よく見ると大小さまざまな星が描かれている。おそらくもっとも地味なものを選んだのだろう。それなりに気に入って、何回か締めた記憶がある。

　人間には時期というものがあるのか、わたしの「ネクタイ期」は終わってしまったようだ。そのため「ネクタイ発祥の地」に行っても、まったく無縁なのである。クロアチアでネクタイ屋を見つけても、その店を写真に収めることはあっても、店内に入ってみようという気にならない。

　ところが、あるクロアチアの旅行ガイドブックには、ネクタイについてこんなことが書いてあった。「古代文字やクロアチア王朝時代の飾り文様をモチーフにしたものが人気」

　ん？　これってもしかしたら、グラゴール文字のことではないか。

　しまった、だとしたらネクタイ屋に行ってみればよかった。

　ネクタイはともかく、グラゴール文字や、さらには古代スラヴ語には、いまも昔も非常に興味がある。

コラム3. 古代スラヴ語とグラゴール文字

　古代スラヴ語はどうしてこんなに魅力的なのだろうか。

　インターネットで欧米の古書店に簡単に注文できるようになって、気がついてみると古代スラヴ語関係の稀覯書（といっても値段は高くない）ばかりを探している。

　範囲の限られているところがいいのかもしれない。

　古代スラヴ語は9世紀にキリスト教の東方の典礼様式を広めるために作られた。その文献も11世紀までに限定される。その分量は決して多くない。20世紀の後半になって『シナイ詩篇』の後半部が出てきたが、そのあとは大きな発見もない。すべてを「征服」できる達成感が期待できる。

　ごく限られた文献群が徹底的に研究されているのも魅力だ。

　19世紀末よりさまざまな角度から考察がなされてきた。論文に使われる言語も幅広い。ドイツ語、フランス語、ロシア語、チェコ語、ブルガリア語、クロアチア語あたりが読めないようでは、先行研究を押さえることすらできない。こんなにたくさんの言語に触れることができるなんて、考えただけでワクワクする。

　内容はアプラコス（福音書の典礼用抜粋集）や詩篇などの宗教書ばかりなので、読んでとくに面白いわけではない。古代ギリシア語やラテン語とはここが決定的に違う。もっとも、そのおかげで言語の形態や統語に集中することができる。それすら嬉しい。

　古代スラヴ語は書きことばであって話しことばではない。ただし、現在では話者がいないという意味ではない。書きことばとして生まれた言語なのである。タイムマシンが発明されて、当時のスラヴの地域に行ったところで、古代スラヴ語は誰も話していない。

　今やわが家の古代スラヴ語関係書は、必要なものがほぼ揃いそう

な勢いである。いつの日かすべてに目を通すのだと心に誓う。

だが全部揃いそうになると、新しい文献がまたどこかで発見されないかな、と夢見るようになる。

古代スラヴ語の文献の中には、ごみ箱から見つかったようなクシャクシャな紙切れもある。パリンプセストという、一度削られてその上に書かれてしまったものを無理して解読することもある。

ないのだったら、いっそ自分で作ってしまいたい。

いやいや、それはいけない。でも贋作を作りたくなるほど魅力的であることは、気持ちとしては理解できる。

＊　　　　＊　　　　＊

古代スラヴ語の魅力のうち、大きな部分を占めているのがその文字である。

古代スラヴ語は基本的に2種類の文字で書き表されている。1つはキリル文字で、これは現代でもロシア語やブルガリア語で使われているから目にしたことのある人も多いだろう。もう1つがグラゴール文字だ。

グラゴール文字はキリル文字にも、ましてやラテン文字にも似ていない、独特な形をしている。残念ながらグラゴール文字はキリル文字ほど広まらなかったが、マケドニアやチェコ、クロアチアの修道院などでしばらくは生き長らえた。中でもクロアチアではアドリア海沿岸のカトリック教会によって数世紀に渡り使われ続ける。カトリック教会がラテン文字ではなくてグラゴール文字を選んだことも興味深いが、詳しくは拙著『羊皮紙に眠る文字たち』（現代書館）を参照されたい。

クロアチアのグラゴール文字は、古代スラヴ語時代に比べ、いくぶん角張っている。13世紀から16世紀にかけて栄え、印刷物も出版されている。その後はだんだんと使われなくなっていくが、19世紀半ばまで使われていたという。

現代のクロアチア語がグラゴール文字で書かれることはない。だがザグレブの街を歩いていると、グラゴール文字グッズにときどき気づく。

　ザグレブのイェラチッチ広場からイリツァ通り沿いに進むと、Maraというグラゴール文字製品を専門に売るブティックがある。結構いいお値段がついており、しかも洋服はサイズが合いそうにないので、わたしとカミさんはここで壁掛けを１枚買った。

　他にもなぜか書店でグラゴール文字Ｔシャツが売られていて、これは今でもときどき着る。大学で言語学の講義をするとき、文字論のときはそれにちなんでこのＴシャツを着るのだが、その意図に気づく学生は必ずいる。つぎはネクタイも買ってみようか。

　古代スラヴ語が閉じた世界であるのに対して、クロアチアのグラゴール文字は未来に向かって開かれている。そういうグッズを買うのも、クロアチア訪問の楽しみの１つなのである。

グラゴール文字製品を売る
ザグレブのブティック。

イストラ半島事典

　インターネットで検索すれば何でも簡単に調べられる時代なのに、大型の事典が好きである。それも多巻本の百科事典ではなく、一冊の分厚い専門事典がいい。言語学事典や歴史事典など、必要があって手に入れるものが多いが、中には完全に趣味としかいいようのないものもある。『イストラ半島事典』*Istarska enciklopedija*（ザグレブ、2005年）もその1つだ。

　イストラ半島はアドリア海に面したクロアチア北西部の半島である。その歴史はローマ時代まで遡るが、ドイツ、ヴェネツィア、オーストリア・ハンガリーの支配を受け、一時はナポレオンによりイリリア諸州として統治されていた時期もある。歴史が交差する地域なのだ。現在ではイタリア領であるトリエステを除けば、大部分がクロアチアで、北部がスロヴェニアとなる。

　事典は950ページを超える大部なもので全ページがカラー印刷。美しい写真が満載なのだが、その代わりやたらと重く、片手で持つのはちょっと厳しい。もちろん場所もとる。イストラ半島なんて、訪ねたこともなければ研究する気持ちもない。それでも事典を眺めているだけで、なんだか楽しい気分になる。

　事典は引くものかもしれないが、はじめから順番にページを捲っていくと意外な発見がある。最初の項目はAachenski mir 812だ。これは「アーヘンの和約」のことだろう。はるか昔に世界史で習ったことにここで出会うとは思わなかった。いや、待てよ。オーストリア継承戦争の講和は18世紀だったから、そうじゃなくてこちらはカール大帝のほうだ。いずれにせよ、世界史の舞台であることに変わりはない。

あちこちに挿入された写真は、紺碧のアドリア海に臨む構図が多い。スラヴは雪に埋もれる寒い地域と考えるのは偏見であることが分かる。

　わたしの目を引くのはグラゴール文字の写本だ。Bartol Krbavac「バルトル・クルバヴァツ」の項目には彼の作であるベラム祈禱書の図版が、brevijar「聖務日禱書」の項目にはドラグチ聖務日禱書の図版がそれぞれ美しい。glagoljaštvo「グラゴール文字作品」の項目に挙がっている地図によれば、イストラ半島にはグラゴール文字碑文がたくさん存在するという。なるほど、これは詳しく調べなければならない。他にも現代語の方言分布図もあり、こうなってくると趣味とばかりもいっていられない。

　その他の項目では、写真つきの人物に目が行くのだが、知っている人はほとんどいない。政治家や聖職者、学者に加え、パルチザン活動家が多いのはさすがに旧ユーゴスラヴィアである。チトー大統領がBrozの項目に挙がっているのは、ヨシプ・ブロズ・チトーが正式な名前だから。おや、明らかにビートルズを真似たようなロックグループKameleoni「カメレオニ」というのが挙がっている。どうやらメンバーが現在はスロヴェニア領であるコーペル出身らしい。それだけの理由で見出し語になるとは、なんとも徹底している。

　巻末には16ページを費やしてイストラ半島の地名と、そこから派生する住民名や形容詞形などが紹介される。世界遺産に登録された聖堂で有名なPoreč（ポレーチュ）では、その住民が男性ではPorečan（ポレチャーン）で、女性ではPorečanka（ポレチャーンカ）、さらに形容詞形はporečki（ポレーチュキ）となる。

　とにかくイストラ半島とすこしでも関係があれば、網羅的に拾っているのである。それこそが事典の正しい態度であり、だからこそ野次馬的な読者までが、自分でも気づかぬうちにその世界にどっぷりと浸かってしまうのである。

第3章　「ユーゴスラヴィア」の言語はいくつか？　　247

クルク島のスラヴ研究

　ドイツの古書店から『クルク島古代スラヴ・アカデミー年報』という古い雑誌が2冊届いた。インターネット上で見つけるまで、その存在すら知らなかったものである。

　クルク島はクロアチア西南部クヴァルネル湾岸地方の島だが、今では本土と橋で結ばれている。この島がスラヴ研究にとって大切なのは、古くは11世紀から碑文が伝わる、グラゴール文字文化の中心の1つであったからだ。

　キリルとメトディーが作ったグラゴール文字は、キリル文字に押されて勢力を失うが、一部の地域ではその後も伝えられていく。その1つがクロアチアで、19世紀半ばまで使われ続けた。1864年にグラゴール文字による最後のテキストが書かれたのも、やはりこのクルク島である。

　さっそく雑誌を覗いてみたい。ところが1913年に第1号、14年に第2号が出たこの雑誌は、ページの開かれた形跡がなく、ペーパーナイフで切り開かなければならない。90年以上を経て、はじめてページが開く。

　雑誌にはまず会員規則があり、どうやら1903年に創設されたらしい。その後に続く会員名簿には、多くの聖職者と並んでスラヴィストの名前も散見する。名誉会員の中にはクロアチアのスラヴ学者ヴァトロスラヴ・ヤギッチの名前があった。

　さらに会議録、それから論文と続く。グラゴール文字文献に関するものが多い。「クルク島とグラゴール文字文学」「スロヴェニア人のもとでのグラゴール文字」など、面白そうなテーマが並ぶ。中にはよく分からない、聞いたこともないようなテーマもある。ゆっく

り読んでみたい。

　巻末にはこのアカデミーの出版物の目録があり、20冊以上の書名が並んでいる。この中には今でも手に入るものがあるのだろうか。

　それにしてもこの雑誌は、そしてこのアカデミーはその後どうなったのだろう。雑誌は続けて出たのだろうか。第2号の発行年は、すぐ近くのサラエヴォで世界を揺るがす大事件の起きた年。その後、ヨーロッパは大戦へと向かうのだ。これ以上は活動できなかった可能性もある。

　こうしてクロアチアへの興味はますます広がっていく。

　しかし日本語で読める資料はほとんどない。ガイドブックにあるのはドゥブロヴニクなどの世界遺産や観光名所ばかり。クルク島に関する記述はゼロである。

　わたしが興味のあるところは、日本からいつも遠い。

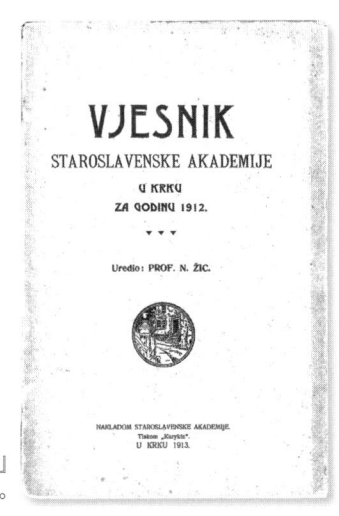

『クルク島古代スラヴ・アカデミー年報』第1号。

第3章　「ユーゴスラヴィア」の言語はいくつか？　　249

クロアチア版「目黒のさんま」

　イカが好きではない。幼い頃、母親が忙しくて夕食後にも出かけるときには、なぜかイカとピーマンの炒め物と決まっていた。それがまたあわてて作るものだから、皮もロクに剝いていない。以来、イカはトラウマだった。

　イカはダメだが、タコは好きである。似たようなものじゃんと思われる２つの食品でも、人によってはそこに明確な境界線を引く。カリフラワーは好きだけど、ブロッコリーは嫌いだという人もいれば、ヒラメはダメだけど、カレイは大丈夫という人もいる。好き嫌いの世界は奥が深い。

　だが好き嫌いは、ある体験をキッカケに変わることもある。

　ある夏をザグレブで過ごしていたときのこと。午前中から暑い街中を歩くのに疲れ、お昼はどこか屋外にテーブルのある食堂で軽く食べたいなと考えていたら、ちょっとよさそうな店が旧市街の市場Dolac（ドラツ）にあった。

　ガイドブックではDolacが「青果市場」と訳されていることもあるが、野菜や果物に限らず、肉や魚、さらには衣料品や雑貨、土産物なども売っている。わたしはここでグラゴール文字がデザインされた栞を買った。食品を買う予定がなくても、市場を歩くのはいつでも楽しい。

　食事ができる所もある。立ち食い式のカフェテリアばかりではない。入り口のボードにその日のメニューが書かれている店があって、ものすごく興味を引かれたのだが、中を覗くと狭い店内は地元のおじさんたちでごった返している。こういう店は間違いなくおいしいのだが、カミさんを連れて入るのにはさすがに気が引ける。

その代わり、オープンテラスの明るい食堂に入ることにした。
　メニューを見る。数日間の滞在のおかげで、クロアチア語の料理名も多少は頭に入ってきた。いつものように肉料理にしようかと考えていたとき、目に飛び込んできたのが「イカのフリット」pržene lignje だった。
　そのとき、本当に不思議なのだが、なぜかそれを注文したくなった。比較的安いし、気軽に摘まめそうな気がする。タコがあればそっちがよかったが、それはなかった。それでも構わない。さらにいつものビールではなく、白ワインをグラスでほしい。旅行中はこういう突拍子もないことがときどき起こる。
　果たして注文品が運ばれてくれば、小ぶりの輪切りになったイカのフリットが皿の上に山盛りである。それにレモンをギュッと搾り、フォークで差して口へ運ぶ。それから白ワインを流し込む。暑さで食欲不振だったはずなのに、山盛りのフリットはどんどん減っていく。予想的中である。おいしかった。
　それ以来、イカがそれほど嫌いでもなくなり、日本でもときどき食べるようになった。ただし、あのザグレブの食堂で食べたフリットよりもおいしいイカにはいまだに出合っていない。イカはザグレブに限る。
　考えてみればザグレブは内陸の街であり、イカなんて獲れるはずがない。そんな所で食べたイカがよかったなんて、まさに「目黒のさんま」ではないか。笑われても仕方がない。
　とはいえ、食べ物の記憶は土地と結びつく。ザグレブでイカのフリットを食べたときは、いろんな意味において「殿様気分」で大満足だったのである。

外国語ツアーへようこそ!
三谷恵子『クロアチア語のしくみ』(白水社)

　近年、クロアチア旅行がこれだけポピュラーになったのに、クロアチア語に関する語学書は相変わらずすくない。だがないわけではない。それどころか、ジツハ、飛び切り面白いものがある。

　『クロアチア語のしくみ』は白水社刊「言葉のしくみシリーズ」の1冊である。このシリーズは変化表もなければ、文法用語もなるべく使わない。その代わり新書のように読み進められるようになっているのだ。

　このシリーズはわたし自身も書いているし、カミさんや友人たちもそれぞれ工夫しながら、自分の担当言語の世界を描いている。

　中でも、『クロアチア語のしくみ』は異色の1冊だ。

　この本はツアー仕立てになっている。謎の旅行会社 Bijela Voda（ビィエラ ヴォダ）（その意味は「白い」と「水」、ということは……）の添乗員が、クロアチア旅行に案内しながら、同時にクロアチア語も紹介していくという、「クロアチアをクロアチア語でめぐる」ツアーなのである。テンションの高い添乗員のほかにも、旅行社ザグレブ支局のニコラくんをはじめ、「ぶつぶつワイン」とか「文法ハマリマダム」とか、キャラの濃い面々は「ひょっこりひょうたん島」に登場しそうな感じがする。そういえば、この本も全体的にひょうたん島ムードで、ワイワイとにぎやかである。

　著者の三谷さんのことは、わたしが大学院生のときから知っている。当時、彼女は大学の助手で、難しい言語学の論文をバリバリ書いている偉大な先輩であった。そんな優秀な研究者が、ひょうたん島ムードのクロアチア語案内を書いたとは、はじめて読んだときは心底驚いた。

だが、本書をよく読んでみれば、そこには言語学者らしい視点に加え、クロアチア語を隅々まで知っている専門家の工夫があちこちに見える。
　たとえば基本の母音は2つの都市名ザグレブZagrebとドゥブロヴニクDubrovnikで紹介する。確かにここには5母音が無駄なく配置され、しかも子音には面倒な付属記号がついていない。そういうものは、荷造りに風景を借りながらkošulja「シャツ」やčarape「靴下」、あるいはčešalj「櫛」などを通してすこしずつ教える。なるほど、こうすれば難なく覚えられる。
　クロアチア語の文法は、他のスラヴ諸語と同様に日本人には少々馴染みにくいかもしれない。そこは例の添乗員が「ジツハ、ですね」と「ジツハ」をくり返しつつ、例外に配慮しながら一歩一歩教えてくれるのである。
　旅行ガイドブックには、たいてい現地の言語による簡単な会話表現などが紹介されているが、そんなものは役に立たない。文の組み立て方を知らなければ、外国語会話なんて丸暗記したあいさつ以外は使えない。すこしでも「しくみ」に迫ってこそ、現地の人と会話する可能性が生まれるのだ。
　著者自身もまえがきで書いている。

　クロアチア語に興味のある方のみならず、クロアチアという国に関心のある方、クロアチアに行ってみたい方、クロアチアに旅行してクロアチア語の響きにふれた方、そんな方にはもってこい、つまらない観光ガイドブック（おっと失礼）を手にするよりは、はるかに楽しく実益もある（！）本です。

　誇大広告ではない。読んでみればすぐに分かる。

ザグレブ派アニメーション

　クロアチアでは、すでに1920年代からアニメーションが制作されていたが、1956年ザグレブ・フィルム社に新たなスタジオが創設された。ここを拠点として作られたアート・アニメーションの一群を「ザグレブ派」という。

　わたしは幼い頃からアート・アニメーションが大好きで、中でも旧ソ連・東欧の作品はとくに気に入っていた。実はこの「ザグレブ派」の作品も、一部はかなり以前に観たことがある。

　それが最近、『ザグレブ・フィルム作品集』というDVDで18作品を鑑賞することができるようになった。嬉しいことだ。さらに越村勲『クロアティアのアニメーション』（彩流社）というザグレブ派アート・アニメーションを紹介する本も出版され、その付属DVDでは「ザグレブ・フィルム40年40分史」というドキュメントおよび4作品が観られる。つまり日本で出たDVDや本で、かなりのことが分かるのである。

　となれば、詳しいわけでもないわたしが無理して解説する必要はない。それよりも、自分が好きな作品について語ってみたい。

　ザグレブ派を代表するアニメーション監督といえばドゥシャン・ヴコティチ Dušan Vukotić である。わたしは彼の作品がとくに好きだ。有名なのは『代用品（エアザッツ）』 *Surogat* （1961）で、これは翌年、アメリカ以外の作品としてはじめてアカデミー賞を受賞している。海辺にやって来た男の持ち物は、浮き袋のように空気を入れればでき上がるものばかり。それどころか、人間までがエアザッツ（Ersatz は英語でもドイツ語でも「代用品」のこと）というお手軽さが、さまざまなドラマを生み出す。軽快なテンポの音楽も気持

ちのよい、完成度の高い作品である。

　だがわたしが「ザグレブ・フィルム作品集」に収められたヴコティチ作品からベスト3を選ぶとしたら、ちょっと違う。

　第3位は『銀行ギャング』（1958）だ。原題は「自動拳銃のためのコンサート」*Koncert za mašinsku pušku* で、ふだんは穏やかな金持ちの紳士が、実はギャングの親玉で、子分を使って銀行強盗させる話だ。その洗練されたデザインが50年代半ばとは信じられない。確認はできないが、遠い昔に観た記憶があるのはこの作品だったような気がする。そのカッコよさに衝撃を受けた。

　第2位には『ピッコロ』*Piccolo*（1959）を選びたい。2人の男性が隣人同士として仲よく暮らしていたのだが、1人が小さなハーモニカを買ったことから大喧嘩になってしまう。些細なキッカケがどんどんエスカレートしていく様子が凄い。

　ザグレブ派アニメーションは言語のないのが基本である。音楽と効果音だけでストーリーが展開していく。ただしこの『ピッコロ』では、2カ所で文が入る。

　　Kupujem malu usnu harmoniku „Piccolo".
　　　　　　　　　　　小さなハーモニカ「ピッコロ」買います。
　　Prodajem malu usnu harmoniku „Piccolo".
　　　　　　　　　　　小さなハーモニカ「ピッコロ」売ります。

　これと同じ内容の文が、英語、ドイツ語、ロシア語、フランス語で続く。これだけは言語で補いたかったようだ。

　さて、わたしが第1位に推したいのは『月世界の牛』*Krava na mjesecu*（1959）である。男の子に作りかけの工作を壊されてしまった小さな女の子が、ニセのロケットを作って仕返しをする物語である。登場人物の動きも、音楽も、展開も、何もかもが見事に計算された、すばらしい作品である。何度観ても楽しい。

この『月世界の牛』は完全なサイレント作品で、『ピッコロ』のように言語で補うことはない。ことばはオープニングのタイトルロールと、最後の「終」だけである。

　　スヴるシェータク
　　svršetak

　これが「終」という意味らしい。わたしはkraj（クらーイ）のほうは知っていたのだが、こちらははじめてだった。まあ日本語でも「終」のほかに「完」もあるから、不思議でもないか。単語が１つ増えたのはむしろ幸運だ。
　こんなふうにアート・アニメーションを楽しんでいても、サイレントにもかかわらず、どうしても言語が気になってしまう。

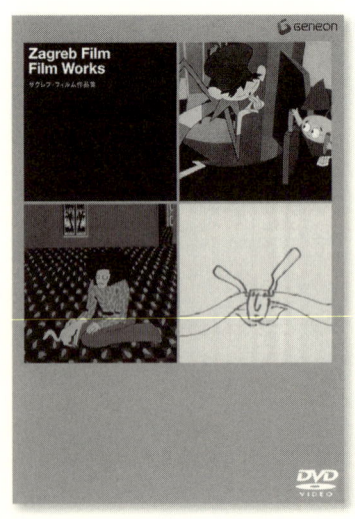

『ザグレブ・フィルム作品集』の
DVDジャケット。
日本でも入手できるのが嬉しい。

コラム 4. 文字の境界

　不思議なことに、多くの人がラテン文字はクロアチア語、キリル文字はセルビア語だと思い込んでいる。だがそれは違う。話はそれほど簡単ではない。

　確かにクロアチア語はラテン文字でしか表記しない。だがセルビア語はラテン文字とキリル文字の両方で書き表せる。こういう関係は理解しにくいらしく、いくら説明しても分かってもらえない。それに加えて、今では「ボスニア語」とか「ツルナゴーラ語」など、さまざまな言語が生まれているので、その実態を把握するのはひどく難しい。

　わたしが学んだセルビア・クロアチア語の教科書はラテン文字で書かれていた。外国人向け教材だから、世界中で広く用いられているラテン文字を使ったほうがいいと判断したのかもしれない。おかげで動詞の活用や名詞の格変化は、頭の中にラテン文字で刻みこまれている。

　だがこの教科書がキリル文字を無視していたわけではない。冒頭にはアルファベット表があり、そこには両方の文字による一覧が載っていた。本文でも数ページだけだがキリル文字によるテキストがあった。とはいえ大部分はラテン文字なのだから、印象は薄い。

　不幸な紛争の結果、旧ユーゴ内の一部地域は現在もキリル文字をセルビアの象徴として排除しているように見える。そういう感情が想像できないわけではない。それでもセルビア語はやっぱり2種類の文字で書き表せることには違いない。

　両方で表記できるとはいえ、その間に偏りはないのだろうか。1990年代の紛争後は、たとえばセルビアではキリル文字を使いたがるようになったとか、そういうことは考えられないのか。

そこでベオグラードの街中で注意深く観察してみたのだが、わたしが気づいた範囲では、どちらの文字も同じくらい使われているとしかいいようがなかった。
　多くの場合は2つの文字で併記してあるか、あるいはラテン文字だけで表記されている。ということは、キリル文字を知らなくてもロシアやブルガリアほどは困らないかもしれない。
　キリル文字が読めないと不便なのは、ベオグラード駅の案内である。貼り出されている時刻表はラテン文字だが、当日の運行状況はキリル文字による情報しかなかった。外国人観光客もたくさん来る場所だから、読めなければかなり不安だろう。肝心なところで思わぬ苦難が待っている。
　ではわたし自身はどうかといえば、まったく意識していない。
　ベオグラードの書店で本を眺めていたら、親切な書店員が話しかけてくれたのだが、その内容にはちょっと驚いた。
「その本はラテン文字版もありますよ」
　そういわれて手元の本を改めて見れば、キリル文字で書かれている。見るからに外国人であるわたしには、ラテン文字のほうが読みやすいだろうと気を遣ってくれたわけだ。そこでこちらも丁寧にお礼を述べ、どちらの文字でも困らないので大丈夫ですと答えた。
　本を買った後で喫茶店に入り、ふと振り返ってみた。
　今回この街で買ったさまざまな本は、どちらの文字で書かれていただろうか。
　ホテルのテレビで毎日見ているBBC制作の連続ドラマにつけられた字幕はどうだったろうか。
　食料品を買っているスーパーマーケットの表示はどうか。
　どれ1つとして思い出せない。どちらの文字が使われているか、まったく考えていないのである。
　だが、これはそれほど驚くことではないのかもしれない。日本で

もふだんから、ひらがなにカタカナ、さらには漢字まで使っているのだ。それをいちいち意識しているだろうか。

問題：本文中で使用されている表記はどちらでしょうか。
　　　①わかる　　②分かる

ベオグラードの両替所。
キリル文字とラテン文字の
両方による表記がある。

セルビア語のアルファベット

A	a	ア	H	н	エヌ
Б	б	ベ	Њ	њ	エニ
В	в	ヴェ	О	о	オ
Г	г	ゲ	П	п	ペ
Д	д	デ	Р	р	エる
Ђ	ђ	ジェ	С	с	エス
Е	e	エ	Т	т	テ
Ж	ж	ジェ	Ћ	ћ	チェ
З	з	ゼ	У	у	ウ
И	и	イ	Ф	ф	エフ
J	j	イェ	Х	х	ハ
К	к	カ	Ц	ц	ツェ
Л	л	エル	Ч	ч	チェ
Љ	љ	エリ	Џ	џ	ヂェ
М	м	エム	Ш	ш	エシュ

　ここからキリル文字の世界がはじまる。まずはセルビア語のアルファベット。ここにはロシア語にはない文字が6つあるのだが、お分かりだろうか。

セルビアの子どもは苦労する

　セルビア語はラテン文字でもキリル文字でも表せるが、だからといって侮ってはいけない。英語を知っていても、別の言語を書き表すラテン文字に慣れるまでには、それなりに時間がかかる。キリル文字にしても同じことで、ロシア語を知っているからといってすぐに読めるわけではない。

　セルビア語で使うキリル文字は全部で30文字。ロシア語が33文字なので、3文字分すくないことになる。だからといって、3つ減らせば済むという話ではない。

　ロシア語では使うけど、セルビア語では使わない文字は次の9文字である。

　　ё　й　щ　ъ　ы　ь　э　ю　я

ということは、セルビア語独特の文字が6つある計算になる。

　分かりやすいのはљとњだ。љはロシア語のл＋ь、њはн＋ьに見える。その示す音もљは口をイの形にしてlをいう「リュ」、њは口をやっぱりイの形にしてnをいう「ニュ」である。ラテン文字で表すと、љはlj、њはnjとなる。

　このjの文字、ロシア語では使わないがセルビア語ではキリル文字としてもしっかり使う。表す音はドイツ語と同じく短いイ。jaと組み合わせれば「ヤ」、jyは「ユ」となる。ロシア語のяやюは使わない。「ユーゴスラヴィア」はJугославијаとなり、ロシア語表記のЮгославияとは違う。

　残りの3文字はすべてオリジナルである。

　ђは口を横に開いて強く発音する「ジ」（ラテン文字：đ）

ћは日本語の「チ」に近い音（ラテン文字：ć）
　џは口を丸くして発音する「ジュ」（ラテン文字：dž）

　ということで、《セルビア語はロシア語に似ているから簡単でしょ》などという乱暴な発言は控えてほしい。中でもはじめて目にするђとћとџは、いったいどうやって書くのかさえ分からない。とくにђとћは似すぎている。ロシア語をはじめたばかりの頃に、шとщの区別が分からなくて不安だった気持ちが蘇る。

　復習：セルビア語オリジナルの文字はђ, j, љ, њ, ћ, џの6つである（ただし、このうちのいくつかはマケドニア語でも使う。詳しくは第5章「マケドニア語への旅」を参照）。

　さてキリル文字にも筆記体がある。これがまたセルビア語とロシア語とでは微妙に違っており、練習しなければならない。わたしはテキストをノートに書き写して、セルビア語の先生にチェックしてもらった。うまく書いたつもりが、けっこう訂正されてショックだった。

　ベオグラードで書店に入ったら、子ども用ペンマンシップが売ら

『書き方を覚えましょう……』の「キリル文字筆記体」（左）と「ラテン文字筆記体」（右）。

262

れていた。「書き方を覚えましょう……」Учим да пишем... は、そのテンテンの後に「キリル文字筆記体」писана слова ћирилице とある。新学期が間近に迫る８月だったおかげで、ちょうど欲しかったものが手に入りそうだ。

　ところが気がつけば、その隣にほとんど同じデザインで「書き方を覚えましょう……ラテン文字筆記体」Učim da pišem... pisana slova latinice というのがあった。当然ながら筆記体はラテン文字でも練習しなければならない。英語とほとんど同じだが、ｓの大文字は形がすこし違う。なるほど、これも買おう。

　だがその隣には「ラテン文字活字体」がある。なんと、活字体も練習するのか。それだけではない。さらに隣には「キリル文字活字体」もあって……。

　セルビアの子どもはタイヘンだ。

話すように書け

　わたしにとっての第2スラヴ言語、つまりロシア語の次に勉強したスラヴ系言語はセルビア・クロアチア語である。セルビア人の先生から習ったので、セルビア語といったほうがいいかもしれない。

　セルビア語は素直な言語である。とくに文字と発音の関係がすっきりしている。これは19世紀に正書法を定めたヴーク・ステファノヴィチ・カラジッチによるところが大きい。

　　Пиши као што говориш и читај како је написано.
　　　　　　話すように書き、書いてあるとおりに読め。

　これはセルビア語圏で有名な成句なのだが、このような原則は外国語初級者にとって非常にありがたい。

　もっとも、わたしがセルビア語を学んだときにはラテン文字を用いていた。上の成句をラテン文字で書けば、Piši kao što govoriš i čitaj kako je napisano. となり完全に一対一対応である。どちらで覚えても不都合はないが、ロシア語学習者の第2スラヴ言語としては混乱を避けるためラテン文字を使うほうがいいという考え方もある。

　いずれの文字にせよ、30文字を覚えたらさっそく単語を読んでみる。まだ不慣れなうちは文字の拾い読みになってしまうが、さしあたりはそれで大丈夫。本当はアクセントが4種類あって、短い下降調、長い下降調、短い上昇調、長い上昇調を区別しなければいけないのだが、はじめのうちは先生も大目に見てくれる。お手本となる発音を懸命に真似するのみだ。

　しかし書いてあるとおりに読むというのも、ときに不安になる。

たとえばロシア語では語末の最終有声子音字は無声化して読むのが原則だから、Петербургを日本語に転写するときは「ペテルブルク」かそれとも「ペテルブルグ」かということで悩む。だがセルビア語では心配いらない。首都Beogradは「ベオグラード」であり、dが語末で「ト」になることは決してない。

　だが、ときにはちょっと奇妙なことが起こる。

　たとえば「セルビア」という国名はSrbija（スルビヤ）となる。この単語はアクセントがr、つまり子音のところを短い上昇調で発音しなければならない。子音にアクセントがあるなんて！と一瞬驚くが、実際に発音してみれば、それほど難しくないことが分かる。

　一方、「セルビアの」という形容詞はsrpski（スルプスキ）で、こちらのアクセントは短い下降調である。だが、そのような微妙な違いは初歩ではそれほど重要ではない。地域によってはこの2種類のアクセントを区別しないところもあるくらいだ。

　それよりも、わたしが気になるのは3番目の文字である。明らかに関係の深い2つの単語なのに、Srbijaではbを書いて、srpskiではpを書く。もともとはbでも、それが形容詞となってskiという語尾がついたらpに変わってしまうのだ。語中の有声子音字の無声化はロシア語に限らず、チェコ語でもポーランド語でもある現象だ。だがそういうときは、bと書いてあってもpと発音することになっている。そこがセルビア語と違う。

　とはいえ、気をつけるのはこれくらい。例外が楽しみというマニアックな学習者には拍子抜けかもしれないが、とにかく文字と発音に早く慣れて、後は語彙を増やして文法を覚えていけば、とくにロシア語学習者なら上達が速い。

　第2スラヴ言語としてお薦めである。

煙は遠くでお願いします

　タバコが非常に苦手である。遠くで吸っていてもすぐに分かる。そばに煙が漂ってくると気分が悪くなる。

　他人の権利は尊重したいが、喫煙だけは本当に勘弁してほしい。この点では、世間が珍しくわたしを支援してくれる。だが、それは表面的なことにすぎない。世の中がタバコに対して厳しくなればなるほど、陰で吸う人が増えているのではないか。街でもちょっと裏道に入れば、必ず誰かが吸っている。統計上、喫煙者は減っていることになっているが、どうしても信じられない。人は追い詰められると嘘をつくものだ。

　そういう人にとって、セルビアはおそらく天国だろう。バルカン半島は全体にタバコに理解のある地域だが、中でもベオグラードは街中で誰もが吸っている。

　街中ならまだマシなほうだ。問題はレストランである。人が食事している横で、平気でスパスパやっている。別にマナー違反ではない。そもそもレストランの入り口にPUŠENJE「喫煙」という表示がある。それも必ずといっていい。おかげで人は安心して吸える。

　ヨーロッパでは多くの国で分煙が進んでいる。そこで念のため、禁煙席はないかと尋ねてみる。だが、ほとんどの場合はないという答えが返ってくる。そういわれると、そのレストランに入るのが躊躇われる。どうしたものかと悩んでいると、ウェイターは愛想よく、じゃあ煙から遠い席にしましょうと提案する。どうすればそんなことができるのかと、こちらが怪訝な顔をしていると、いっそ大きくNEPUŠENJE「禁煙」と書いた立て札でも立てましょうかと笑う。もちろん冗談だろう。あまり笑えない。案の定、しばらくすると喫

煙客がそばの席に座る。

　どうもタバコは社会主義国の数すくない娯楽だったのではないか。そういえばわたしにロシア語を教えてくれた在ソ連経験17年の先生も、実によくタバコを吸っていた。「ソヴィエトには大した娯楽もなくて、タバコくらいしか楽しみがなかったのですよ」とおっしゃっていた。なんとなく想像できる。ユーゴスラヴィアも変わらないのだろう。

　もう1つ、社会主義国の娯楽じゃないかと思えるのがアイスクリームだ。旧ソ連だろうが旧ユーゴだろうが、とにかく大人も子どもも実によくアイスクリームを食べる。

　タバコとアイスクリームが同等と考えれば、なにも目くじらを立てることもない。わたしだってアイスクリームなら多少は食べる。だが、アイスクリームからは煙が出ない。鼻炎気味の鼻を刺激することもなければ、商売道具である喉を痛めることもない。

　ということで、レストランではなるべく隅の席をお願いすることにしている。

　旧ユーゴの国歌は Tamo daleko, daleko od mora「そこは遠い、海から遠い」とはじまる。わたしが願うのは daleko od dima「煙から遠い」である。

スロヴェニアで見つけた禁煙の表示。
こういうものはセルビアで
あまり見ない気がするのだが……。

第3章　「ユーゴスラヴィア」の言語はいくつか？　267

モンテネグロは黒い山

　明らかにスラヴの地なのに、日本ではイタリア語で呼ばれる国がある。

　モンテネグロだ。

　モンテは「山」でネグロは「黒い」、イタリア語では形容詞が後ろに置かれるという典型的な例だ。

　だが、現地ではそうは呼ばない。ツルナゴーラという。ツルナが「黒い」でゴーラは「山」という意味。ロシア語をすこしかじったことがある人ならば「ああ、そうか」と納得するだろう。つまり Чёрная гора（チョールナヤ ガラー）というワケである。

　旧ユーゴスラヴィアを形成していた国々は20世紀末にはじめて独立したところもすくなくないが、このツルナゴーラは戦前にも一時独立していたことがあり、日本ともすでに国交があった。当時は「黒山国」と呼ばれていたという。

　昔は外国の地名も、その意味を取って日本名をつけることがあった。西アフリカのコートジヴォワール Côte d'Ivoire はかつて「象牙海岸」といった。ロシア極東にも「沿海州」があるが、ロシア語では Приморский край（プリモールスキー クラーイ）である。

　現在でも、たとえばプラハにあるスタロムニェスツケー・ナームニェスチーは、ガイドブックなどで「旧市街広場」と表記される。英語では Old Town Square だが、これを知っている日本人はむしろすくない。考えてみれば、チェコの地名を日本人が英語で覚えることもないのだから、むしろ当然である。

　だとしたらツルナゴーラをモンテネグロというのも不思議なのだが、おそらくは自らがそう名乗って国連などに登録しているのでは

ないか。自分たちの呼び方と、対外向けの名称を巧みに使い分けているのだ。日本だって英語の Japan で知られていることはいうまでもない。

そういう事情も分かるから、細かい名称に目くじらを立てたくはないのだが、旧ユーゴ関係でどうしてもイヤだった言語名がある。

《セルボ・クロアート語》である。

英語の Serbo-Croat を日本語に転写したものだが、なんとも気持ちが悪い。だったら《フレンチ語》とか《ジャーマン語》というのか。そもそも《イングリッシュ語》といわないではないかと、文句をいいたくなる。

そこで対案として「セルビア・クロアチア語」というのが、心ある研究者の間で使われていた。これなら許せる。

だが、そもそもそういう言語がなくなってしまった。今では心配することもほとんどない。

しかしごくたまに「モンテネグロはセルボ・クロアート語を話しているんですか」というような質問をする人がいる。

やめてほしい。

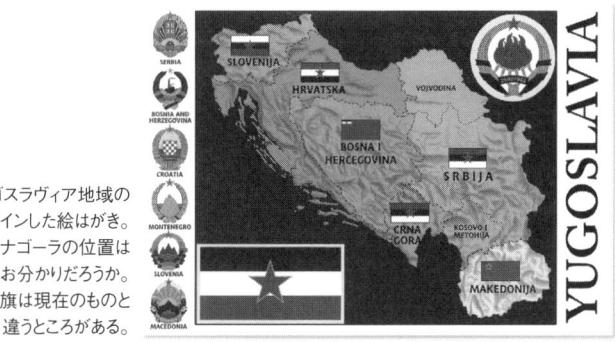

旧ユーゴスラヴィア地域の地図をデザインした絵はがき。ツルナゴーラの位置はお分かりだろうか。なお、国旗は現在のものと違うところがある。

第3章 「ユーゴスラヴィア」の言語はいくつか?　269

東京スラヴ図書館の表札

　日本の街を歩いていると、一戸建ての家にはたいてい立派な表札が掲げてあることに気づく。木製のもの、金属製のもの、名字だけのもの、家族全員の名前が書かれたものなど、実にさまざまだ。

　わたしのようにマンションに住んでいると、1階の郵便受けはともかく、各戸には表札がとくにない。入り口のインターフォンで呼び出さなければ入れないので、必要がないのだ。それでも玄関にちょっとした表札があると、カッコいいかなとも考える。

　とくに外国語だったら。

＊　　　　＊　　　　＊

　あるときプラハのデパートで、表札を作るコーナーを見つけた。といっても木製ではなく、金属製のプレートに文字を彫ってくれるのである。地金の色はゴールドかシルバー。サイズはさまざまで、文字のフォントも選べるらしい。尋ねてみれば、半日もあれば出来るという。それなら、短期滞在の旅行者でも大丈夫だ。

　問題は何を彫ってもらうかである。KURODAではチェコ語もローマ字も同じなので面白くない。そこで次のように注文してみた。

　　Slovanská knihovna v Tokiu　東京スラヴ図書館

　プラハには「スラヴ図書館」Slovanská knihovna（スロヴァンスカー クニホヴナ）がある。スラヴ書籍の多いわが家も、それに因んでみたわけだ。厚かましい名称で、注文するのがすこし躊躇われたのだが、係の男性は外国人の奇妙な注文に眉一つ動かすことなく、静かにでき上がり時刻を知らせてくれた。さすが、チェコ人である。でき上がったものには、帰国

してから裏にマグネットをつけ、マンションのドアに貼りつけた。

＊　　　　　＊　　　　　＊

チェコ語のささやかな表札は、それなりに気に入った。だが考えてみれば、Slovanská knihovna v Tokiu ではローマ字と違うのが á だけで、インパクトに欠ける。こういうときは、見慣れない文字のほうが面白い。

だからベオグラードを訪れたときには、表札屋がないものか、キョロキョロと探したのである。こういう店は郊外まで探しに行かなければならないのかと心配していたが、なんと国会議事堂のすぐ近くで見つけた。もしかしたら、国家機関で使うのと同じプレートが作れるかもしれない。

さっそく店内に入って、交渉する。カミさんのチェコ語と違い、わたしのセルビア語では細かい内容を説明するのに一苦労だ。さしあたり、1日もあればでき上がることを確認。地金の形、サイズ、色を選び、入れる文字を決める。ラテン文字とキリル文字から選べるといわれた。もちろんキリル文字だ。フォントの中には中世に使われたタイプがあって、これに決める。そういえば、プラハでは文字数によって値段が違っていた記憶がある。この点を確かめなければと思い、一生懸命伝えたのだが、係の男性は不思議そうな顔をして、そんなの関係ないという。一抹の不安が残ったものの、試しに КУРОДА（クロダ）と入れてもらうことにした。

その出来栄えはすばらしかった。

＊　　　　　＊　　　　　＊

気を良くしたわたしとカミさんは、数日後に再び同じ店を訪れた。作ってもらいたい表札はもちろん決まっている。

第3章　「ユーゴスラヴィア」の言語はいくつか？

СЛОВЕНСКА БИБЛИОТЕКА У ТОКИУ

東京スラヴ図書館

　係の男性はプラハのときと同様に、やはり眉一つ動かすことなく、こちらの希望を用紙に書き写している。こちらが「あの、綴りと文法は合っていますでしょうか」などという情けない質問をしても、大丈夫だと請け合ってくれた。文字が多くなった分、前回よりもサイズが大きくなったので、でき上がるのに時間がかかるかと思ったが、よほど大きくない限りは翌日にでき上がるという。

　こうして、ついにキリル文字による表札ができ上がった。その出来栄えにはわたしもカミさんもすっかり満足している。金色の地に黒いキリル文字。しかも中世風のフォント。日本ではちょっと作れない。

　だがこれをマンションのドアに貼るのは、なんだか躊躇われる。隣人が見たら、いったいなんと思うだろうか。マグネットで貼ってあるだけだから、盗まれてしまうかもしれない。そんなヤツがいるわけないのに、しょうもないことに不安を感じる。

　そこで、ドアの内側に貼ることにした。

　ということでわが家の表札は、客人の一部が帰るときに靴を履きながら眺めるだけという、まことに奇妙なものなのである。

「東京スラヴ図書館」の表札
セルビア語ヴァージョン。

インフレのディナール紙幣

　旧ユーゴスラヴィアをはじめて訪れたのは 1985 年のことだった。その頃はソ連に加えてユーゴに興味を持っており、人生初の海外旅行でもこの国を訪れたいと考えた。

　ことばも勉強していた。わたしが学んだのはセルビア・クロアチア語である。この言語を操りながら、ベオグラード、サラエヴォ、ザグレブを旅した。スロヴェニア語ができなかったので、リュブリャーナでもこの言語で通していたほどである。

　後にこの国は内戦で何年も混乱する。観光どころではなくなり、わたしも遠ざかってしまった。2000 年代に入ってから、クロアチアだけはリュブリャーナから列車で出かけるようになり、そういうときはわたしの時代遅れのセルビア・クロアチア語でその場をしのいでいた。

　2012 年、わたしはセルビア共和国の首都ベオグラードを再び訪れた。27 年ぶりである。だが昔の記憶はほとんど蘇らず、辛うじて鉄道駅でコーヒーを飲んでいるときに、そういえば昔ここに来たっけなと思い出したくらいだった。

　カレメグダン公園を訪れた。サヴァ川とドナウ川の合流地点を見下ろす要塞。暑い夏の日に木陰で休むと気持ちがいい。

　公園の入り口には屋台の土産物屋が並ぶ。日光を避ける庇すらなく、照りつける太陽の下にテーブルを置いて商品を並べただけの店もある。

　その中に旧ユーゴ紙幣を売っている店があった。物静かなおばあさんが観光客の相手をしている。わたしが話しかけると、これはインフレがひどかった頃の紙幣なのよと説明してくれた。

わたしの話すことばを誉めてくれたので、「これは昔覚えたセルビア・クロアチア語なんですよ」というと、おばあさんは「まあ、その言語名、懐かしいわねえ」と目を細めた。

　旧札10枚セットを1パック買い求め、ホテルの部屋で開けてみる。どの紙幣にも JUGOSLAVIJA および ЈУГОСЛАВИЈА のように2種類の文字で国名が入っている。これで「ユゴスラーヴィヤ」と読む。今では存在しない国だ。

　だがその紙幣は、1985年にその国を旅行したときにも使った記憶のないものばかり。千ディナール札からはじまって、五千ディナール札、五万ディナール札とどんどん数字が大きくなる。このセット中の最高額面は五千億ディナール札！　算用数字で500000000000と書いてあって、いくらなのか瞬時には判断できない。数字の下にはやはり2種類の文字で「五千億ディナール」を意味する表記が並ぶ。

　わたしの知らないユーゴスラヴィアの断片がここにあった。

旧ユーゴスラヴィアの
インフレ時代の
五千億ディナール札。
いったいどのくらいの価値が
あったのだろうか。

会話への根拠のない自信

　わたしにとってセルビア・クロアチア語は、イタリア語と並んで話すことにまったく抵抗のない言語である。実をいえば語彙はすくないし、文法の知識にもあやふやな所があるのだが、現地の人たちが喜んでくれるので、いい気になってしゃべってしまう。

　根拠もないのに自信があると、最後まで考えないで、とりあえずしゃべり出せる。それほど得意でない言語では、頭の中でしっかりと作文し、最終着地点を決めてから口を開く。ところがイタリア語でもセルビア・クロアチア語でも、話しながら考えることができるのだ。ことばに詰まると、相手が助け船を出してくれる可能性も高い。南欧は会話練習に理想的な環境なのかもしれない。

　どんな言語でも、現地に着いてすぐに話せるものではない。とくにいくつかの国を巡っていると、頭を切り替えるために時間がほしい。にもかかわらず、入国したばかりのクロアチアの地方都市でホテルに向かうバスに乗りながら、どこで降りたらいいかを運転手に尋ねることができたときは、よく単語が出るものだと自分でも感心した。

　ただし、実をいえばクロアチアはちょっと不安だ。くり返しになるがわたしの習ったセルビア・クロアチア語はどちらかというとセルビアヴァージョンで、先生もセルビア人だった。発音や語彙、一部の文法が微妙にセルビア寄りなのである。

　その点、セルビアでは根拠のない自信がさらに満々となる。

　ベオグラードにはスカダルリヤというレストランが集中する地区がある。値段は少々お高めだが、観光客というものはお金を落とす義務があると考えている。少々張り込んで、伝統的なセルビア料理

を食べる。

　わたしは悪食というか、ヘンなものを食べるのが好きだ。肉でも内臓とかホルモンがいい。肉食文化の伝統があるヨーロッパでは、日本であまりお目にかからないような肉の部位をおいしく料理してくれることがあり、そういうのは逃さないようにしている。

　たとえば牛の脳ミソ。人によっては気分が悪くなるかもしれないが、わたしはこういうのが好みなのだ。

　ウェイターが来た。さっそく注文しよう。だが、このような料理は品切れということがよくある。まずは確かめてみよう。

　　Imate li mozak (na žaru)?　脳ミソ（のソテー）はありますか。
　　（イマテ リ モザク ナ ジャール）

すると彼はこう答えた。

　　Ne, nemam.　いいえ、ありません。
　　（ネ ネーマム）

その直後、そばにいたカミさんも含めて、3人で爆笑してしまった。これだと、わたしがウェイターに向かって「あなたには脳ミソがありますか」と尋ね、それに対しウェイターが「いいえ、わたしには脳ミソがありません」と答えたように響くのだ。ポイントはウェイターのセリフの動詞が1人称単数形になっている点にある。ふつうは複数形で「わたくしどもにはありません」と答えるものなのに。もしかしてこの人、本当に脳ミソが……。こんなことで笑えるのも、ヘンな自信があるからである。自信があれば会話も弾む。

　ウェイターの名誉のためにつけ加えれば、食後の支払い明細は計算がきちんとしていた。脳ミソはちゃんとある（失礼！）。

　そういえば、Keš?と尋ねられた。「キャッシュ」すなわち現金払いなのかを確かめられたワケだ。はじめて聞いた単語だが、こうやって類推できるのも、自信のあるおかげだ。

朝食における未知との遭遇

　ベオグラードで宿泊したホテルの朝食は、バイキング方式ではなかった。テーブルには朝食用メニューがある。ウェートレスが注文を取りに来る前に、読んで理解しておかなければならない。

　hleb が「パン」であることはすでに知っていた。教科書にもあったうえ、クロアチア語では kruh とまったく違う単語になるので注意が必要な有名な例だ。oranž dus は「オレンジジュース」のことだろう。それにしても凄い綴りだな。食後には bela kafa「白いコーヒー＝ミルクコーヒー」を頼むとしよう。ただし注文するときには belu kafu のように、目的語の対格「〜を」の形に直すことを忘れてはいけない。

　問題はメインディッシュである。8種類の中から選べるようになっていた。そのうち、6種類はすぐに分かった。

　　šunka i sir　ハムとチーズ
　　jaja na oko　目玉焼き
　　jaja sa slaninom　ベーコンエッグ
　　jaja sa šunkom　ハムエッグ
　　omlet sa šunkom　ハムオムレツ
　　omlet sa sirom　チーズオムレツ

ほとんどが卵で、それを何と組み合わせるか、またどのような形にするかで決まるようだ。sa は英語なら with に当たる前置詞。その後は造格になるのだが、セルビア語の単数造格語尾はロシア語やチェコ語のように男性名詞か女性名詞かで異なることがなく、みんな om（あるいは em）なので簡単だ。

第3章　「ユーゴスラヴィア」の言語はいくつか？

ただし残りの2つが分からない。

　viršle

　kajgana

分からなければ頼んでみればいい。そんなにヘンなものは出てこないだろう。じゃあこの2つにしようかと考えていたところ、カミさんが突然に気づく。

「viršle_{ヴィルシュレ}ってドイツ語の Wurst つまりソーセージだよ！」

そうだ、それに違いない。そしてわたしたちは夫婦そろってソーセージが苦手である。旧ソ連で非常においしくないソーセージを食べさせられたことがトラウマなのかもしれない。とにかく却下。

残ったのは kajgana である。「カイガナ」と発音するのだろう。これがソーセージの種類だと困るのだが、2人で違うものを頼めば1つくらいダメなものが出てもなんとかなる。そこでこの kajgana と、あとは安全なベーコンエッグに決めて、格変化を頭の中で復習してからウェートレスに注文した。

一体何が出てくるのだろう。緊張して待っていたのだが、問題の kajgana はただの卵焼きで、とくに具もなかった。

帰国後にセルビア語＝英語辞典で調べたのだが、kajgana は scrambled eggs, buttered eggs とあった。その前後を見ても派生語などは見あたらない。例が1つだけあり、kao svetog Petra kajgana「聖ペテロの卵焼きのように」に対して、英訳は very expensive となっていた。

kajgana はそんなに高価なものなのだろうか。朝食の代金はホテル代に含まれていたので、真相はいまも謎のままである。

大混乱の中の笑い
Три карте за Холивуд

　ユーゴスラヴィアのとある町で警官を勤めるガブリロは、エキセントリックなまでに職務に忠実な男。首都から某指導者（誰でも分かるのに決して名前をいわない）が列車で来るとの連絡を受け、それに備えて張り切っている。舞台は1962年、キューバ危機から第3次世界大戦が勃発するのではないかと、誰もが不安な時代だ。住民は親ソ派と親米派に分かれて対立している。そこへガブリロの兄弟であるニコラがアメリカから帰郷して、事態はますます複雑になっていく。

　『ハリウッドへの切符3枚』（ボジダル・ニコリチ監督、1993年）には3人の子どもが登場する。ガブリロの息子コスタは映画に夢中で、映画好きの写真屋リミェルの所に入り浸っている。そこには両親のいないチャーリーというあだ名の子が、やっぱり映画上映などのお手伝いをしている。そこにアメリカから来たニコラの息子が加わる。対立する大人たちを尻目に3人は仲良くなり、いつかハリウッドにいっしょに行こうと約束する。

　この映画が製作された1993年は、ユーゴスラヴィアが崩壊し、その後の混乱がはじまる時期である。この映画が描く世界もまた、背景となる時代こそ違うものの混乱を極める。そこがユーゴらしい。

　わたしが見てきたユーゴのコメディー映画は、とにかく混乱に次ぐ混乱で、しかも暴力的な場面が多い。それを咎めているわけではないが、他のスラヴ圏の映画に比べてそういう印象を持つ。同じことは、日本でも有名な『アンダーグラウンド』*Underground* や『パパは出張中』*Otac na službenom putu* の監督であるエミール・クストリツァの作品にも感じる。

それでも小さなエピソードは笑えるし、トンチンカンな人に対する視線が優しい。何よりも悲しくない。

入手したDVDには字幕がスロヴェニア語しかついていない。セルビア映画をスロヴェニア語字幕で見ることは、なんとも脳に負担であり、自分でもどこまで理解できているか自信が持てない。それでもくり返し観ているうちに理解は深まり、だんだんと楽しめるようになる。そういう映画がユーゴには多い気がする。

外国語も意外とたくさん登場する。ニコラの妻が英語を話すのは当然にしても、親ソ派はロシア語でなぜか民謡「カリンカ」を歌うのが何やら怪しい。

際立つのがイタリア語だ。リミイェルの不倫相手ナタリヤの夫アルドが突然現れるのだが、彼がイタリア人で、しかもイタリア語しか話さない。旧ユーゴはイタリアに近いためか、イタリア人やイタリア語が登場することがしばしばあるのだが、ここまでベタなのも珍しい。そんな彼を相手に、子どもたちが適当にコミュニケーションをとる姿が楽しい。

外国語は悲惨な状況を和らげる効果があるのかもしれない。

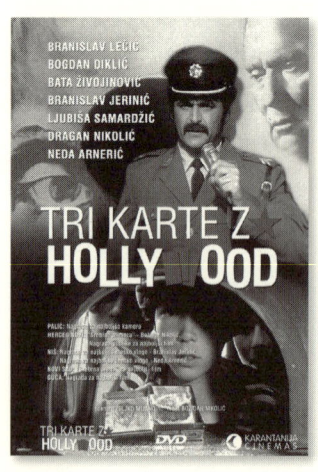

『ハリウッドへの切符3枚』のDVDジャケット。
意外なところに外国語が登場する。

カヴァー曲の60年代

　チェコスロヴァキア時代の国民的アイドルであるヴァーツラフ・ネツカーシュ Václav Neckář（第2章「レコードをジャケ買い！」参照）のことを調べていたら、彼がサイモン＆ガーファンクルの *Mrs. Robinson* をカヴァーして歌っていることを知った。

<ruby>Poslyšte<rt>ポスリシュテ</rt></ruby> <ruby>hej<rt>ヘイ</rt></ruby> <ruby>Mrs.Robinson,<rt>ミセス ロビンソン</rt></ruby> <ruby>bůh<rt>ブーフ</rt></ruby> <ruby>vám<rt>ヴァーム</rt></ruby> <ruby>zdraví<rt>ズドラヴィー</rt></ruby> <ruby>dal<rt>ダル</rt></ruby> <ruby>a<rt>ア</rt></ruby> <ruby>přízeň<rt>プシーゼニュ</rt></ruby> <ruby>svou.<rt>スヴォウ</rt></ruby>

　このあとに「ウォウォウォ〜」と続く。元気のいいネツカーシュは、短い音符に子音をたくさん詰め込んで歌うから、ついていくのがタイヘンだ。もっともそれがチェコ語の特徴なので、どうにも仕方がないのだが。

　それに比べると、セルビア語は母音が多くて安定感があり、おかげで歌も聴き取りやすい気がする。民謡ばかりでなく、ポップスなどの歌謡曲でもそう感じる。

　ベオグラードで宿泊したホテルの裏側に、小さなレコード店があった。もちろん今どきはレコードではなくてCDが主流で、さらにDVDもけっこう置いている。熱心に眺めていると、店の奥から初老の店主が声をかけてきた。わたしがすこしだけセルビア語を話すと分かると、大喜びして捲し立ててくるのには少々困ったが、こちらの好みを聞いたうえでDVDを見つくろってくれたのはありがたい。こういうことは知っている人に教えてもらうのに限る。

　「そうかそうか、日本から来たのか。それで、DVD以外にはどんなものがほしいんだ？ 音楽はどうだ？　何か探しているものはあるか？」

　ええと、ユーゴスラヴィア時代の懐メロはありますか。

第3章　「ユーゴスラヴィア」の言語はいくつか？　　281

「もちろんあるとも！　ああ、あの頃はいい時代だった。音楽もいまと違ってよかった。それで時代はいつがいいんだ？　60年代か、70年代か、80年代か？　90年代はあまり薦めんぞ」

またまた昔話がはじまりそうだったので、あわてて60年代と70年代がいいというと、棚からサッと取って渡してくれた。目の前にあったのに気づかない。やはり尋ねてみるものだ。

帰国してから仕事場でこのCDを聴いてみた。60年代は*150 originalnih hitova*「オリジナルヒット150曲」で、70年代は*120 originalnih hitova*「オリジナルヒット120曲」、それぞれCDが6枚セット。順番に流すだけでもかなり時間がかかる。しかも外国の懐メロなんて、退屈しないだろうか。

ところが1枚目のCDの2曲目から、馴染みの曲が流れてきた。セルビア語タイトルの*Sedamnaestogodišnjoj*はおそらく「17歳の女の子に」という意味だと思うが、曲を聴けば*Save the Last Dance for Me*、つまり日本でも越路吹雪が歌ってヒットした『ラストダンスは私に』である。なるほど、この曲は世界的に流行したのだな。

だが知っている曲はこれだけではなかった。6曲目はデル・シャノンの『悲しき街角』*Lutanje po kiši*、8曲目はボブ・ディランが歌って若い人にも知られている『風に吹かれて』*Koliko dugo*、18曲目はフランク・シナトラの『マイ・ウェイ』*K'o svakog dana*と、次々に懐かしい曲が流れる。他にもタイトルは覚えていないが、どこかで聴いたような曲も多い。

これは1枚目に限らず、どのCDでも同じだった。オリジナルもアメリカだけでなく、フランスやイタリアの曲もあるし、『日曜はダメよ』*Dijeca Pileja*のようなギリシアのものもある。

どれか1つ紹介してみたいが、どれがいいかな。そうだ、プラターズの『オンリー・ユー』がいい。セルビア語のタイトルは*Samo* *ti* だが、samo = only, ti = you なので分かりやすい。歌っているのはマリャーナ・デルジャイ Marijana Deržaj という女性歌手らしい。と思ったら、なんと彼女はスロヴェニアのリュブリャーナ出身だという。カミさんといっしょに *Samo ti* の歌詞を注意深く聴いてみたのだが、どうやらスロヴェニア語らしかった。

そう、その頃はユーゴスラヴィアだったのだ。そこでは外国のカヴァー曲までが、多言語だったのである。そんなカヴァー曲がさらに、日本で暮らしていたわたしにとっても懐メロというのは、なんだか不思議なものである。

ある曲がヒットして、それがオリジナルの英語だけでなく、日本語やセルビア語やチェコ語でも歌われる。こういうことは、世界的なヒットを狙って映画の主題歌を各国語で歌って大々的に宣伝するようなわざとらしい例を除けば、現在ではほとんどない。それどころか70年代から減ってくる。ああ、その歌ならわたしたちの言語でも歌うんだよ、というような共通の曲を探るためには、60年代まで遡らなければならないのである。

いったい、どちらの時代のほうが「グローバル」なんだろうか。

『60年代オリジナルヒット150曲』。
はじめて聴くのに懐かしい曲ばかり。

第3章 「ユーゴスラヴィア」の言語はいくつか？　　283

がんばれ、バニャルーカ

　インターネットを利用して外国のニュース番組を視聴するとき、いつでもうまくいくとは限らない。いったい何が原因なのか、受信できないことがよくある。動画が止まってしまったり、接続中の表示がずっと出ていたり、さらには音声と画像がズレてしまうことさえある。こうなるとわたしたちには為す術がない。

　不思議なことに、繋がりやすい国と繋がりにくい国があるように思える。その国で広く採用されている方式とうちのコンピュータの相性なのかもしれないが、とにかくポーランドは繋がらない。クロアチアも難しい。一方で、セルビア語放送は他が繋がらないときでも観られることが多い。

　接続しやすい放送局サイトは、時間のあるときに探しておいて「お気に入り」に入れておく。そしてチェコやスロヴェニアの動画がうまく観られないときには、こちらに切り替える。

　わたしが見つけたセルビア語放送は動画が止まらないし、音声も途切れない。30分ほどのニュースが最後まで観られる。画面に現れる文字はキリル文字だが、それほど多くないので、情報は音声に頼らなければならない。

　耳を澄ましていると、セルビア語にもだんだんと慣れてくる。とくに数字はコツさえ摑めば聴き取りやすい。あるとき、カミさんがこんな指摘をした。

　「なんかさ、数字のあとに『マラーカー』とかよく聞こえるんだけど」

　ええと、お金の単位なんじゃない？

　「でもさ、セルビアの貨幣単位はディナールでしょ」

そうだった。あれ、何かおかしいな。

そのときはじめて気づいた。これはセルビアではなく、ボスニア・ヘルツェゴヴィナのスルプスカ共和国の放送なのだ。

スルプスカ共和国を思いついたのは、そのころ清水義範『夫婦で行くバルカンの国々』（集英社文庫）を読んでいたからである。これはパックツアーを利用した旅行記なのだが、見学した場所をただまとめるだけでなく、歴史背景などは後に調べて書き加えている。さすがは物書きのプロで、非常に分かりやすくまとまっているのだ。ヘンな専門家が書いたものよりはるかに優れているので、ここに引用したい。

> スルプスカ共和国は、国の北部と東部であり、全面積の四九パーセント（…）スルプスカとはセルビアの形容詞形であり、セルビア人共和国という意味あいなのだが、そう呼ぶと隣にあるセルビア共和国とまぎらわしいので、日本の外務省ではスルプスカ共和国と表記することにしているのだそうだ。（138〜139ページ）

話は戻って、わたしたちが観ていたニュース番組はPTPCという放送局のものだった。放送局の名称は略語で示されることが多い。キリル文字でPTPCとあっても、たぶんTがテレビでCがセルビアなんじゃないの、くらいにしか考えていなかった。正式名称が Радио Телевизија Републике Српске（ラーディオ テレヴィーズィヤ れプブリケ スルプスケ）だと確認したのは、ずっと後のことである。

スルプスカ共和国からの放送だと分かれば、いろいろと納得がいく。必ず登場するバニャルーカ Бања Лука はスルプスカ共和国の実質上の首都だという。БиХ はボスニア・ヘルツェゴヴィナ Босна и Херцеговина（ボスナ イ へるツェゴヴィナ）の略で、大文字と小文字が混じっているところが印象的だ。そしてこの国の貨幣単位が「兌換マルク」

<ruby>Конвертибилна марка<rt>コンヴェるティビールナ　マるカ</rt></ruby>という。番組でその変化形である「マラーカー」と聞こえるのも当然なのである。

　そういう目で見ると、ニュースもまったく違ってくる。はじめにバニャルーカを中心とした国内問題、次がボスニア・ヘルツェゴヴィナの話題、それから海外情勢という順番は、考えてみれば当たり前だ。

　小さな国が懸命に世界へ発信するニュースのアナウンサーは、折り目正しいセルビア語を話すので、外国人にはありがたい。いや、これはセルビア語でなくて、ボスニア語なのか。それともまた別の言語なのか？

　とにかくインターネット接続の問題も起こさず、懸命にニュースを伝えてくれるので、なんだかがんばっているなという気がして、さらに応援したくなる。

　ただ、番組では毎日のように、国のどこかで90年代の紛争に因んだ式典や追悼集会がおこなわれていることを放送しており、これだけはなんともやりきれない気持ちになる。

コラム 5. ボスニア語

　大学院で言語学を学ぶ教え子から BCS ということばをはじめて聞いたときには、正直なところ家畜の病気かと思った。いやいや、それは BSE だ。それにしても BCS が Bosnian Croatian Serbian の略だとは、種明かしをしてもらわなければ絶対に分からない。確かに「ボスニア語・クロアチア語・セルビア語」というのは長いから、短縮したくもなる。ところで、この順番は何なのか、地理的なものか、アルファベット順か。よく分からない。

　ボスニア語という表現もすっかり定着した。ボスニア人がボスニア語を名乗りたいというのだから、それを邪魔することもない。だが言語としてはクロアチア語やセルビア語との違いが微妙すぎる。だから BCS を 1 つにまとめて捉えようとするのも分かる。

　わが家の書棚にも、いつの間にかボスニア語の本が増えてきた。『ボスニア語とボスニア人』(Amira Idrizbegović *Bosanski jezik i bošnjaci*, サラエヴォ、2003 年) のような概説書ばかりではない。『ボスニア語文法』(Dževad Jahić et al. *Gramatika Bosanskoga jezika*, ゼニツァ、2000 年) のように 500 ページ近くもある記述文法書も出版されているし、『外国人のためのボスニア語』(Midhat Ridjanović *Bosnian for Foreigners*, サラエヴォ、2012 年) にいたっては全 700 ページ以上、はじめの 250 ページくらいが CD つきの入門書で、残りは英文による詳細な文法書である。これを真面目に勉強すれば、ボスニア語がかなり上達するに違いない。

　ボスニア語の本を求めて書棚を眺めていたら、隣にはツルナゴーラ語の本も並んでいた。

　『ツルナゴーラ語』(Josip Silić *Crnogorski jezik*, ポドゴリツァ、2010 年) は副題に「ツルナゴーラ語標準化の科学方法論的基盤」とある。ま

た『過去と現在におけるツルナゴーラ語』（Adnan Čirgić *Crnogorski jezik u prošlosti i sadašnjosti*, ポドゴリツァ、2011年）なんていうのもあった。自分でも気づかないうちに、ツルナゴーラ語の本も増えている。ツルナゴーラだって独立した共和国、だったらツルナゴーラ語があってもいいのである。

まてよ、だとしたら英語で「ツルナゴーラ語」は Monteneglin だから、BCS じゃなくて MBCS かな。それとも SMBC か。いや、これじゃどこかの銀行みたい。いずれにせよ、世の中は複雑なことになってきている。しかもそれは誰にも止められない。

決してぶれないのは、わたしにとってはセルビア語もクロアチア語もボスニア語もツルナゴーラ語も、同じようにすこしだけ理解できる外国語であることだ。1つの外国語を学んでいたつもりなのに、いつの間にか4つに増えてしまった。

結局、「ユーゴスラヴィア」の言語はいくつだったのだろうか。

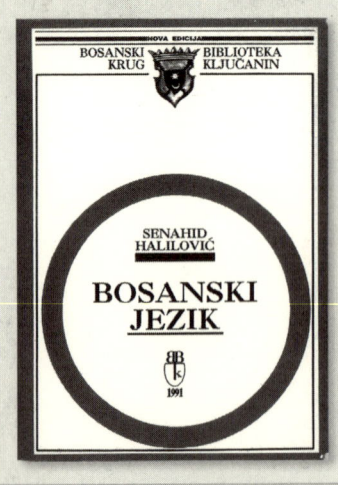

「ボスニア語」の教科書。
はじめて読むのに、理解できてしまう。

第4章

ブルガリア語はおいしい

雪に覆われたリラ修道院（「運転手のニコライさん」参照）

ブルガリア語のアルファベット

А	а	ア	П	п	プ
Б	б	ブ	Р	р	る
В	в	ヴ	С	с	ス
Г	г	グ	Т	т	トゥ
Д	д	ドゥ	У	у	ウ
Е	е	エ	Ф	ф	フ
Ж	ж	ジュ	Х	х	フ
З	з	ズ	Ц	ц	ツ
И	и	イ	Ч	ч	チュ
Й	и	イ・クラートコ	Ш	ш	シュ
К	к	ク	Щ	щ	シトゥ
Л	л	ル	Ъ	ъ	エル・ゴリャーム
М	м	ム	Ь	ь	エル・マーラック
Н	н	ヌ	Ю	ю	ユ
О	о	オ	Я	я	ヤ

　ロシア語を学んだ人には親しみやすいだろう。だが侮ってはいけない。違いは必ずどこかに隠れている。

見た目が大事?

ロシア語既習者に対して、ブルガリア語はとても簡単だという印象を与えるらしい。理由の1つは文字である。

ブルガリア語はキリル文字を使って書き表す。つまりロシア語と同じだ。というか、そもそもキリル文字はブルガリアが発祥の地である。

ブルガリア語で使うキリル文字は全部で30文字。しかも独自の文字が一切ない。ロシア語のキリル文字からё, ы, эの3文字を除けば、ブルガリア語のキリル文字になる。これはコンピュータで入力するときに楽だ。ロシア語仕様でそのまま使える。

ただし同じ形をしているからといって、同じ音を表すとは限らない。ラテン文字にしても、同じjが英語とドイツ語では違う子音を示している。それと同じことだ。

щは「シトゥ」つまりш＋тのように発音する。ロシア語のように後舌面を上げて口蓋との間を狭めて息の流れを止めて……のような複雑な説明をしなくて済む。

ブルガリア語のテキストを見ていると、ロシア語では滅多に出てこないъの文字がたくさん出てくる。ブルガリア語のъは口の形を「エ」にして「ア」と発音するという。つまり母音だ。英語のherの母音と似ていると説明する語学書もある。

語頭に来ることもできる。松永緑彌『ブルガリア語基礎1500語』（大学書林）にはъгъл「角（かど、かく）」が挙がっていた。でもこの単語は拙著『その他の外国語』（現代書館）ですでに取り上げた。同じネタばかりでは芸がないので、別の単語を探そうと同著者による『ブルガリア語常用6000語』（やはり大学書林）を引いてみたの

第4章　ブルガリア語はおいしい

だが、そこにも ъгъл しか挙がっていなかった。どうやら語頭にはそれほどたくさん現れないらしい。

　意地になってベルンシュテイン編『ブルガリア語＝ロシア語辞典』（モスクワ、1986年）を引いてみると、ъгъл 以外に次のような語が挙がっていた。

　　ъглест 角張った、ъглов 角の、ъгловат 角張った、ъгловатост 角張っていること、ъгловиден 角張った形をした、ъгломер 分度器、ъгломерен 測角の、角度を測る、ъгълен 角の、ъгъник 三角定規、ъгълче 片隅

ずいぶんとゴツゴツ角張っている。ま、あんまり使いそうにもないけど。

　ということで違いはあるものの、ロシア語とそっくりな単語もたくさんある。『基礎1500語』でも『常用6000語』でも、単語リストを眺めていれば、意味が類推できる語が次々と出てくる。知っている単語が多ければ、親しみを覚えるのが人情らしい。

　だがわたしは違いのほうに注目してしまう。ブルガリア語はロシア語とだいぶ違う。似ているということだったら、ベラルーシ語やウクライナ語のほうがずっと近い。ところがベラルーシ語には ў の文字、またウクライナ語には і といった文字があるので、なんだか難しそうに見えるらしい。

　見た目が大事ということか。

同じような綴り

　外国語学習はもっと会話中心で！　というような主張は、いまも昔も変わらない。だからといって、それでは文字は一切使わないで勉強しましょうといったら、たいていの人は困るだろう。それだけ視覚に頼りながら学習しているのである。

　ロシア語学習者がさまざまなスラヴ系言語に触れたとき、もっとも似ているのがブルガリア語だと感じる理由もこのあたりにある。同じキリル文字を使っていて、しかもセルビア語のように知らない文字がない。似ているとは見た目の判断なのだ。

　確かにロシア語とブルガリア語では同じような綴りの語が多い。これは15世紀にビザンチン帝国がトルコによって滅ぼされ、ブルガリアの僧侶たちがロシアへ逃げてきて、その結果、ブルガリア語がロシア語に影響を与えたためである。これを「第2次南スラヴの影響」という。

　ブルガリア語の入門書を開きながら、ロシア語と似ている語を探せば、いくらでも見つかる。книга「本」、шапка「帽子」、нож「ナイフ」、автобус「バス」などは綴りが完全に一致している。ロシア語学習者なら嬉しくなるに違いない。

　ほんのすこしだけ違うものもある。「パン」はブルガリア語ではхляб で、ロシア語はхлеб である。「場所」はブルガリア語がмясто で、ロシア語がместо だし、「昼食」はブルガリア語がобяд で、ロシア語はобед だ。こうして並べると一定の対応に気づく。

　また「町」はブルガリア語でград だが、ロシア語ではгород である。でもボルゴグラード Болгоград のような例を思い出せば、すぐに納得だろう。他にも「金」がブルガリア語ではзлато だが、

第4章　ブルガリア語はおいしい　　293

ロシア語はзолото（ゾーラタ）だし、実はこれも対応している。

ただし、これらは慎重に選んだからこうなるのであって、違う単語はいくらでもある。

こういう微妙な関係は、母語話者からすれば外国語のほうが奇妙に見えるかもしれない。

ここにブルガリアの本が置いてあるとする。表紙には「出版社」という意味のиздателство（イズダテルストヴォ）と印刷されている。ロシア語だったらиздательство（イズダーチリストヴァ）となるはず。その違いはお分かりだろうか。

ロシア人だったら、さすがにすぐに気づく。そのとき、どのように感じるか。

A「おや、誤植かな」

B「おや、違う言語かな」

人の反応はいろいろだろう。一般にはAが多いように見える。だが教壇に立つとしたらBと感じる人にお願いしたい。自分の常識にとらわれないで、落ち着いて考える能力は、知識や経験と同じくらい大切なのである。

近い言語がほとんどない日本語を母語としていると、こういうことに気づくのが非常に難しい。これを忘れないために、わたしはよく似た言語をいくつも学ぶ。

хляб はブルガリア語で「パン」のこと。
ロシア語との違いに注意。

ヨーグルト以外もおいしい

　日本ではヨーグルトといえばブルガリアであり、ブルガリアといえばヨーグルトである。そのくらい広く知られている。だがブルガリア語ではヨーグルトといわず、кисело мляко「酸っぱい乳」という。こんなふうに訳すと、あまりおいしそうな気がしないかもしれない。だがヨーグルトに限らず、ブルガリアのおいしさは実は奥が深い。

　ブルガリアのプレーンヨーグルトは確かに酸っぱい。かつて日本ではヨーグルトといえば、プリンのように小さな容器に入った甘いものしかなかった。それが1970年の大阪万博でブルガリア館が甘くないヨーグルトを紹介したのがキッカケとなり、翌1971年には明治乳業が「明治プレーンヨーグルト」を発売、その2年後に「明治ブルガリアヨーグルト」という名称になった。発売当時はこの酸っぱさが日本で受け入れられるか心配され、粉砂糖をつけることで妥協したという話は、広く知られている。

　日本ではブルガリアのヨーグルトを専門に紹介した本もある。明石和美『体に美味しいブルガリア』（愛育社）はヨーグルト料理を中心に、在日ブルガリア大使館のシェフにブルガリア料理を紹介してもらっている。写真も豊富、ブルガリア情報も満載で、ページを開くだけで楽しい。

　料理の写真を眺めていると、ブルガリアでの食事を思い出す。実際、ブルガリアはスラヴ圏有数のグルメ国で、何を食べてもおいしかった。こういう国は珍しい。

　ヨーグルトに限らず、乳製品は全体的に多い。トマトやキュウリの上にシレネ сирене というフェタチーズのすりおろしたものをた

っぷりかけたショプスカ・サラタ шопска салата は食べない日がないくらいよく出てくる。

　レストランに限らない。街中で売っているバニツァ баница というパイもおいしい。たいていはフェタチーズ入りだが、ときどきホウレン草の入っているのがあって、これがうまい。わたしとカミさんはホウレン草入りバニツァを求めて街を歩く。事前にビニール袋を用意しておき、バニツァを受け取ったらこれに包み、ホテルの部屋に持ち帰る。そしてコンビニで買っておいた地元の安い白ワインといっしょに食べる。ブルガリアのワインはたとえコンビニであってもハズレがなく、しかも驚くほど安い。

　ブルガリア人はとくに愛想がいいわけではないが、買い物をするとニッコリする。こちらが片言のブルガリア語を話しても、大袈裟に感激するわけではないけれど、やはりニッコリする。ニッコリしながら、バニツァ売りのおばちゃんも、コンビニのお姉さんも、ひとこと声をかけてくれる。

　　Приятен ден!　よい１日を！
　　プリヤテン　デン

ごくふつうの表現なのだが、こういわれるとなぜか気持ちいい。また同じ店でバニツァやワインを買おうという気になる。

ブルガリアの
コンビニエンスストア。
こういう所の
食べ物や飲み物も
ビックリするくらいおいしい。

このようにヨーグルト以外もブルガリアはおいしく、またブルガリア語も「おいしい」のである。
　こんなことをいうと、セルビア出身の先生が悔しそうにため息をつく。「ああ、ヨーグルトくらい、バルカン半島ならどこにでもあるのに」。
　そうなのだ。ヨーグルトを自分の国のイメージにしてしまったブルガリアは、けっこう「おいしい」思いをしているのである。

薔薇の味は

　ヨーグルト以外でブルガリアの特産品だといえば、薔薇らしい。「らしい」などと曖昧な表現をしてしまうのは、わたし自身がこれまでほとんど知らなかったからである。
　だが最近増えつつあるブルガリアのガイドブックを見れば、ソフィアからブルガスへ向かう途中の中央ブルガリアに位置する薔薇の谷 Розова долина（ロゾヴァ ドリナ）はすでに観光名所であり、カザンラク Казанлък やカルロヴォ Карлово で毎年5月から6月におこなわれる薔薇祭りも広く知られているようだ。ブルガリアは薔薇の産地として名高く、香水の元となるローズオイルの生産は世界の7割を占めるというのだから、驚くではないか。
　そういえば、かつて読んだブルガリア語の入門書にも、Това е роза.（トヴァ エ ロザ）「これは薔薇です」という例文があったぞ。当時は簡単な音の組み合わせだから、あるいは絵が描きやすいからだと思っていたが、そうではなく、ブルガリアの特産品をさりげなく紹介していた可能性もある。もしかしたら、薔薇はヨーグルトより凄いかもしれない。
　確かにブルガリアでは薔薇を使った土産物をよく見かける。以前に出かけた際、ローズオイルをいくつか買ってきたことがあった。カミさんに尋ねてみたら、あちこちにプレゼントしたあとで最後に残った1本を抽斗（ひきだし）から出してくれた。民芸調でかわいい木製の入れ物を開けると、細長くて透明な容器の中に液体が入っている。その小さな蓋を取らずとも、すでに薔薇の香りがする。もちろんいい香りなのだが、少々強烈である。蓋をして再び抽斗（ひきだし）に戻した。
　薔薇は香りだけではない。食用にも使われる。

東京・麻布にある輸入食料品店で、薔薇のジュースを見つけた。しかもブルガリア製だという。小さな紙パックの容器に入っていて値段は少々お高めだが、これは是非とも試してみたい。購入し、パックにストローを突き刺し、恐る恐る飲んでみる。こちらは微かな香りとともに、ほんのり甘くて上品な味である。悪くない。だが、もう一度買いたいというほどではなかった。

　どうもわたしは薔薇製品に熱心になれないようだ。

　そういえば子どものころ、「薔薇ガム」というものがあった。ロッテから発売されていた「イヴ」で、同世代なら覚えている人もいるだろう。枚数がすくなくて値段が高めだった記憶がある。オシャレでチャラかった叔父が嚙んでいて、試しにもらってみたら大人の味がした。そこで自分でも買ってみたのだが、すぐに飽きてしまった。イヴはすでに生産中止らしい。

　ガムだけではない。調べてみれば「薔薇アイスクリーム」もあるという。他にも何かあるに違いない。そういう製品が作られるのも分かる。薔薇はなんだか素敵なのだ。

　だからブルガリアに薔薇ガムや薔薇アイスクリームがあっても、あるいはさらに別の薔薇製品を開発しようとしていても、別に驚かない。一口くらいならつき合ってもいいかなと思う。だが本音を言えば、色だけが薔薇を思い出させるワインのほうがいい。

　でももっといいのは、キリッとした辛口白ワインなんだけどね。

ブルガリアの薔薇ジュース。
ほんのりと甘いのだが……。

第4章　ブルガリア語はおいしい

ソフィア大学生の格変化

　大学時代、はじめて海外旅行に出かける際、日本で国際学生証を事前に発行してもらった。これがあれば、海外でも学生割引が適用されるという。おかげで旧ソ連内の博物館や美術館、植物園などに安く入場できたのだが、もともと安かったのでそれほどのお得感はなかった。

　博物館などに入るとき、まず学生1枚という。すると相手は必ず学生証を呈示するよう求める。そこで国際学生証を出すのだが、旧ソ連の人にはそれほど馴染みのないものだったらしい。拒否されることはなかったものの、わたしの国際学生証を珍しそうに眺めてから、こんなことをいう。

　「ああ、あなたはブルガリアで勉強しているのですか」

　はじめは何のことやら、サッパリ分からなかった。だが同じやり取りをくり返すうちに、やっと気づいた。

　わたしの通っていた大学名は英語で Sophia University という。ヨーロッパでソフィアといえばブルガリアの首都に決まっている。これでは誤解されても仕方がない。しかも旧ソ連にとっては、日本よりブルガリアのほうがはるかに身近である。日本にもそういう名称の大学があるのですよといくら説明しても、相手は半信半疑だった。

　それにしても、ソフィアをブルガリアと勘違いした瞬間に、相手が非常に納得のいったような顔をするのが解せない。

　ブルガリア語っぽいロシア語といいたいのだろうか。

　もしかして、わたしのロシア語は格変化が変なのだろうか。

　これはまずい。

ブルガリア語はロシア語と同じスラヴ語派に属する言語なのだが、長い歴史の中で格変化をほとんど失ってしまった。それでも呼格は残っているし、人称代名詞には格変化が一部あるから、完全ではないのだが、人称代名詞だったら英語だって I, my, me のように残っている。スラヴ諸語のうち格変化を失ってしまったのは、ブルガリア語とマケドニア語である。どうして失ったのか、非常に興味があるのだが、まだ解明されていない。もしその過程が分かったらスラヴ語学の大成果であるばかりか、現在はまだ格変化を保持している諸言語の未来まで占うことになりそうだが、どうもそれは無理らしい。

　格変化がないということは、主語も目的語も同じかたちということである。土岐啓子『ブルガリア語会話練習帳』（大学書林）から例文を引用させてもらいながら、説明しよう。

　　オビチャム　クラスィチェスカ　ムズィカ
　　Обичам класическа музика.　　クラシック音楽が好きです。

　動詞 обичам は「わたしは〜を好む」という意味で、ロシア語だったら люблю に相当する。だったら目的語は対格となり、а で終わる女性名詞はその а を у に変えなければいけない気がするのだが、ブルガリア語ではそういうことはしない。

　前置詞のあとも主語と同じかたちになる。

　　　オト　コヤ　ストらナ　ステ
　　—От коя страна сте?　　お国はどこですか？
　　　オト　ヤポニヤ
　　—От Япония.　　日本です。

前置詞のあとに Япония が来ると、なんだか妙な気がする。だがこれがブルガリア語なのである。他の前置詞でも同様だ。

　　イスカム　ダ　ゴヴォりゃス　ヤポニヤ
　　Искам да говоря с Япония.　　日本へ電話したいのですが。

　考えてみれば、英語などでは当たり前の話である。だがスラヴ系

第4章　ブルガリア語はおいしい

言語で、しかもキリル文字を使いながら前置詞の後に主格の形が来ると、本当にこれでいいのかと不安になってしまう。

　反対に、ブルガリア人がロシア語を学ぶときも注意が必要ということになる。似ている語彙がたくさんあり、一見すると楽にマスターできそうだが、こういうところに落とし穴がある。実際、ブルガリア人はロシア語の格変化が苦手だと聞いたことがある。

　つまりわたしのロシア語を聞いたロシア人が、コイツが格変化を間違えるのはブルガリアで勉強しているせいだと誤解したら、ブルガリアにとっても、もちろんわたしにとっても、非常に困ったことなのである。

　ロシア語学科2年生の格変化がおかしかったら、それは個人の責任です。教科書のせいでも、教師のせいでもなければ、ましてやブルガリアのせいでは決してありません。大学の後輩たちは肝に銘じてほしい。

　そしていつの日か、ブルガリア語にも挑戦してほしい。

外国語はくり返しが大切

　わたしが大学生だった頃、東京・早稲田に白欧堂書店という古本屋があった。ここはわたしにとって宝島だった。外国の珍しい本を比較的安い値段で売っていて、語学書も多かった。アルバニア語の入門書とか、ハンガリー語で書かれたチェコ語の教科書とか、いったい誰が手放したのだろうかと、いつも不思議に思いながら買っていた。いまはなくなってしまったこの店のことを、ここに書き留めておきたい。今回取り上げる本もそこで求めた一冊である。

　『外国人のためのブルガリア語教科書』St. Ghinina, Tsv. Nikolova, L. Sakazova *A Bulgarian Textbook for Foreigners*（1972）はごく一般的な外国人用入門書である。全81課、400ページを超える分厚いもので、文法の解説も詳しく、練習問題も豊富である。真面目に勉強すれば、かなりの力がつくに違いない。

　とはいえ、千里の道も一歩から。はじめは当然だがアルファベット一覧表で、活字体と並んで筆記体も紹介されている。キリル文字を知らなければ難しく感じるかもしれないが、こちらはすでにロシア語を知っているし、セルビア語のように独自の文字や書き方の違う筆記体がないので、まったく問題ない。

　第1課は文字と発音を確認しながら、やさしい文と語彙を覚えていく。小さな10のイラストが短い文とともに並んでいる。はじめは次の3つの文だ。

　　Товà е вратà.　これはドアです。
　　Товà е стòл.　これは椅子です。
　　Товà е стàя.　これは部屋です。

たったこれだけなのだが、ロシア語学習者にはいろいろ面白い。

まずアクセント記号が「´」ではなくて「`」となっている。他の教材でも、ブルガリア語の場合は左上から右下に向けて書くのが主流だ。理由はいまだに知らないが、この本を開いたときは初体験でとても驚いた。

1つ目の文 Товà е вратà. には、ドアのイラストが添えられている。現代ロシア語で ворота といえば「門」だが、古い時代は врата だし、「ゴールキーパー」は вратарь（ヴラターリ）というので、すぐに見当がつく（これが先ほど紹介した город と град の関係と同じだと気づいた人は鋭い）。Товà е が「これは～です」という意味で、е という動詞が入っているところが新鮮だ。こんなふうに勘を働かせながらあれこれ類推するのは、なかなか知的な作業である。

だが油断はできない。стòл は「椅子」のことで、これもイラストを見れば一目瞭然なのだが、なまじロシア語を知っていると、あれっ、机じゃなかったっけと不安になる。さらに стàя が「部屋」だと分かるのは紛れもなくイラストのおかげである。

素朴なイラストと簡単な文。外国語入門書は須くこうあってほしい。それをじっくりと眺め、心に刻み込むように発音する。それから次のページを捲る。新しいイラストが楽しみだ。

ところが、である。

わたしの手元にある『外国人のためのブルガリア語教科書』は、16ページまで進むと再びアルファベット一覧表が登場する。それだけではない。続く第1課はまたしても次の3つの短い文ではじまる。

Товà е вратà.　これはドアです。
Товà е стòл.　これは椅子です。
Товà е стàя.　これは部屋です。

それどころか、ページもいつの間にか戻っている。いったい、ど

うなっているのか……。

つまり乱丁なのである。どこも欠けていないから落丁ではない。ただはじめの16ページ分が重複してしまっているのだ。

しょうがないなあと思いつつ、改めて16ページ分を振り返る。すると丁寧に読んできたつもりなのに、それでもけっこう忘れていることに気づく。結果的に2回読んでしまったことで、基礎知識がしっかりと身についた感じさえする。

なるほど、外国語の初歩はくり返したほうがいいというのは本当だ。何事もはじめが肝心。とはいえ、ふつうはページを戻るのがなんとなく面倒というか、逆戻りしているみたいで嬉しくない。それが乱丁のおかげ（？）で、こうして無理なく2回くり返すことができたのである。

まさか「乱丁と思われたかもしれませんが、実は教育的配慮なのですよ」などと書いてないか、念のために調べてみたが、あるはずもなかった。ということで、技術的な手違いから画期的な教材が生まれてしまったらしい。

わたしはこの乱丁の語学書を、懐かしい早稲田の宝島の思い出とともに、大切にしている。

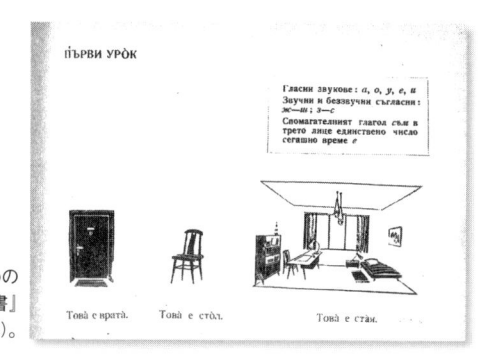

『外国人のためのブルガリア語教科書』第1課（部分）。

ブルガリア美人

　チェコ語専攻のKくんはブルガリアをやりたいといった。カミさんはブルガリアの何がやりたいのかとさらに尋ねたのだが、それは何でもいい、とにかくブルガリアがいいというのが答えだった。
　カミさんの勤める大学ではいろいろな言語が専攻できるが、世界にはそれよりずっと多くの言語が存在する。スラヴ系ではロシア語、ポーランド語、チェコ語を専門的に学ぶことができるが、学生の希望はさまざまで、カミさんはこれまでにもセルビア語やスロヴェニア語を中心に卒業論文を書きたいという希望者に対応したことがあったという。
　だがKくんのように、とにかくブルガリアというのは珍しい。
　カミさんはKくんのことを評価していた。とはいえ、初級文法を学んでいる頃はそれほど成績もよくなくて、ギリギリで進級したくらいだった。ところが3年生になって講読になると、彼は実力を発揮しだす。提出する和訳の日本語がうまい。他の学生が正確さだけを目指してダラダラとした日本語を書いてくるのに、Kくんは的確で短い表現をピタリと決めてくる。
　もちろん、Kくんは毎回工夫していたのだろう。だがカミさんの分析によれば、それだけではない。何というか、彼は面倒なことが嫌いなのではないか。だからまどろっこしくない、簡潔で適切な訳文に仕上がるのだ。これは誰にでもできることではない。とくに受験が得意だった学生は、減点されないようにコセコセと訳すクセがついてしまい、よい日本語を紡ぎだせない。そういう中で、Kくんの訳文は光っていた。
　さて、ブルガリアである。Kくんは1年生のときからブルガリア

に拘(こだわ)っていた。だが理由が分からない。カミさんは長いこと不思議に思っていたのだが、あるとき別の学生が教えてくれて、その謎が氷解した。

「Kはブルガリアには美人が多いって信じてるんですよね」

意外だった。そんな話はついぞ聞いたことがない。いや、試しに知人の何人かにこれを話してみたところ、ある英語教師がそんな噂を耳にしたことがあるといっていた。どうやらわたしの知らないところで、「ブルガリア美人説」が広まっているらしい。それにしても、それほどまで素直に信じるだろうか。

でもまあ、一生懸命に勉強するのはいいことだし、カミさんにしてもスラヴ世界に広く興味を持ってくれることは嬉しい。しかもKくんはブルガリアの歴史や社会ではなく、言語を選んだのである。ブルガリア美人と会話でもしたいのか。

動機はどうあれ、Kくんはなかなか真面目にブルガリア語に取り組んだという。チェコ語のようにラテン文字を基本とする言語を専攻している彼にとって、ブルガリア語で使うキリル文字を覚えるだけでも負担だろうに、美人の威力はスゴイ。

結局、卒論のテーマはチェコ語とブルガリア語の動詞の対照に決めた。過去形に注目しながら、その使い方を分析するのである。

カミさんはチェコ語とブルガリア語でそれぞれ2種類のテキストを用意した。1つはマーク・トウェインの『トム・ソーヤの冒険』(ブルガリア語のタイトルは Приключенията на Том Сойер) で、もう1つはサン・テグジュペリの『星の王子さま』(Малкият принц)。どちらか一方を選んで、分析させようというわけだ。Kくんはどちらにするか迷うんじゃないかと思ったのだが、カミさんには結果がすでに見えていたようで、期待どおりに『トム・ソーヤ』を選んだという。何で分かったの？

「だって『星の王子さま』のブルガリア語訳は、キリル文字が斜

体で書かれていたから。面倒くさがり屋の彼はそうじゃないほうを選ぶと思って」

　なるほど。すべて見透かされている。彼ほど熱心でも、キリル文字の斜体はつらいようだ。

　それでも選んだテキストについてはがんばって分析し、5年かかったもののなんとか卒業していった。

　その後、彼がどうしているかはカミさんも知らない。ブルガリアで美人を見つけたか、その彼女にブルガリア語は通じたのか、是非とも訊いてみたいものだ。

『星の王子さま』ブルガリア語版。
本文のキリル文字は斜体になっている。

接頭辞で会話したこと

　ブルガリア語旅行会話で欠かせない表現といえば Искам(イスカム) だろう。
Искам は「わたしは〜がほしい、〜がしたい」という意味の動詞で、英語だったら I want に相当する。この後に名詞を続けてもいいし、да(ダ) ＋動詞を続けてもいい。

　　Искам да посетя.　訪れたい。(ポセティヤ)
　　Искам да купя.　　買いたい。(クピャ)

　да は英語の to に当たるが、ブルガリア語ではその後に続く動詞が不定形ではなく、人称と数を主語に合わせる。そもそもブルガリア語の動詞に不定形はなく、辞書の見出し語は現在単数 1 人称形を基本としている。ここではそのまま使えるので便利だ。とはいえ、それは動詞を知っている場合の話である。
　では、知らなければ会話は不可能なのか。

　　　　　　　＊　　　　　　　＊　　　　　　　＊

　首都ソフィアにある古本屋を訪れたときのこと。そこは蔵書数もたいしたことはなく、それほど期待もせずに書棚を眺めていたのだが、そこになんと喉から手が出るほどほしかった古代スラヴ語文献『エニナ・アポストル』（アポストルとは使徒書簡と使徒行伝の典礼用抜粋）の校訂テキストが並んでいるではないか。値段だってそれほど高くはない。これは絶対に買わなければ。
　ところが本を抱えてカウンターに行けば、店主の女性はちょっと困った顔をして、ブルガリア語で何やら説明をはじめた。どうやらお釣りがないらしい。だがわたしとカミさんの財布を合わせて小銭

第 4 章　ブルガリア語はおいしい　　309

を掻き集めても、ピッタリの金額にならない。

　すると女性は、近所に電気屋があって、そこならお金がくずせるはずだから行ってみろという。そんな面倒なことはイヤだったが、是非とも欲しい本の前では仕方がない。カミさんは高額紙幣を持って店を飛び出した。そしてしばらくすると細かくしたお金を手に戻ってきて、無事に支払うことができたのである。やれやれ。

　それにしても、よくブルガリア語で表現できたね。

　カミさん「そうなの。電気店に入ってから気づいたんだけど、ブルガリア語で『お金をくずす』って何ていうか、知らないんだよね」

　えっ、じゃあどうしたの？

　カミさん「お札を見せながら、Искам да раз... っていったの。そしたら分かってくれた」

　раз は動詞ではない。それどころか独立した品詞ですらない。文法用語ではこういうものを接頭辞という。接頭辞は動詞や名詞など根幹となるものの前について、細かいニュアンスを添える。

　раз は接頭辞の１つである。似たような音の接頭辞が多くのスラヴ諸語にある。意味はいろいろだが、ロシア語では「分離」や「細分」といった、バラバラに分かれるイメージである。おそらくブルガリア語も似たようなもんだろう。紙幣を見せながら раз といえば、お金をくずしたいことが通じるはずだ。カミさんはそう考えて、これに賭けてみた。その結果、見事に通じたのである。

　こんな芸当ができるのも、スラヴ諸語をいくつか齧ったおかげだ。とはいえ接頭辞で会話をしたのは、後にも先にもこれだけである。これからは、事前に動詞をチェックしておかなければ。

運転手のニコライさん

　ソフィアに滞在したとき、ホテルのフロントに頼んでリラ修道院までの日帰り個人旅行を申し込んだことがある。ふだんそういうことはあまりしないのだが、ここだけは訪れたかった。
　リラ修道院 Рилски Манастир（リルスキ マナスティル）は 10 世紀に創設された。ここはかつてブルガリアの文化的中心で、オスマン帝国支配下でも正教会の伝統が守られていた。敷地内にある教会のフレスコ画も有名だが、貴重な書物が多いことでも知られており、19 世紀にはここから古代スラヴ語文献のリラ・グラゴール文字断片 Рилски глаголически（リルスキ グラゴリチェスキ） листове（リストヴェ） が発見された。残念ながら文書自身は別の場所で保管されているので見ることはできないが、それでも行ってみる価値はあるはずである。
　当日の朝、フロントに運転手が現れた。ニコライさんという中年男性だった。彼が 1 日中わたしたちを案内してくれるという。
　いま考えても、彼といったい何語で話していたのか思い出せない。きっとわたしたちが怪しげなブルガリア語を使っていたはずだ。彼はこちらの理解力に合わせて、それほど饒舌ではなく、かといって無口でもなく、絶妙なバランスであれこれ説明してくれた。
　リラ修道院へは 2 時間ほどで到着した。12 月だったので、修道院は雪にすっぽりと覆われていた。建物の中を見学したが、院内の構造とか、僧房や客間の様子とか、こういうものは自分の目で見ないとなかなか理解できないものだ。その寒さを噛みしめながら、昔は大変だったろうなと思いを馳せた。
　ニコライさんは親切だった。修道院付属の歴史博物館では、あなたたちは若く見えるからと、学生料金で入場料を払うべく交渉して

第 4 章　ブルガリア語はおいしい　　311

くれた（すでに2人とも40歳を越えていたのに……）。展示物を眺めているときは、そこに書いてあるブルガリア語の説明を読み上げてくれた。これが非常にありがたかった。彼の声を聞きながら説明文を読むと、理解度がずっと上がるのである。だがしゃべりどおしではない。わたしたちがイコン画や古い書物などを熱心に見ているときは、そばで静かに待っていてくれた。

　修道院見学の後、昼食を取ることになった。近くにマス料理のレストランがあるという。さすが運転手さんだけあって、そういう情報は詳しい。マスのムニエルを頼んだのだが、骨を取り外すにはコツがあるそうで、彼のまねをして身を叩きながら骨を抜いた。何もかもがおいしかった。ニコライさんには是非ともご馳走したかったので、わたしはトイレに立つときにレストランのマネージャーに「お勘定はこちらに」と声をかけた。いまにして思えば、よくブルガリア語でいえたものである。

　ソフィアへの帰り、途中で乳製品の専門店に立ち寄った。カウンターにさまざまなヨーグルトを並べただけの小さなお店で、グルジア映画『ピロスマニ』を思い出した。そこで買ったヨーグルトは、人生でいちばんおいしかった。

　ホテルに到着した。代金は運転手に直接支払うことになっている。おいくらですかと尋ねると、あなたたちがふさわしいと考える金額にしてほしいといった。そういうのはとても困るのだが、仕方がないので適当に払った。彼は黙って受け取った。それが高かったのか安かったのか、いまだに分からない。

　最後にニコライさんは愛想よく、ソフィアに来たらまた声をかけてくれといった。名字を尋ねたら、ニコライといえば分かるからという返事だった。よくある名前だし、本当にそれで分かるのか。

　甚だ不安だが、次にソフィアに行くときは、フロントで試しにニコライさんを指名してみたい。

ドナウの彼方の外国語

　藤本ますみ『ドナウの彼方へ』（中公文庫）は、わたしが知るかぎりもっとも生き生きとブルガリアを紹介した旅行記である。

　著者は1974年ブルガリアで開かれるエスペラント夏期講座に参加するため、6歳の娘を連れてシベリア鉄道で旅をする。大学の研究室で秘書の仕事をしていたが、日々に何か物足りなさを感じ、退職して海外を自由に旅行しようと考えたのだ。途中ソ連とルーマニアを旅する話は『私たちの東欧記』（日本放送出版協会）に詳しい。『ドナウの彼方へ』はブルガリアでの体験が中心となっている。

　前半はかつて京都の自宅に滞在していたブルガリア人のエスペランチストにお世話になりながら、首都ソフィアでの暮らしと避暑地ヴァルナでの夏休みの様子を描く。その後はエスペラント講座に参加して、さまざまな人と会い、ブルガリアを去って次の国へと向かうところで終わる。

　著者は貪欲に知識を吸収していく。とくに言語に関する興味が強い。難しいことはエスペラントを通して助けてもらうが、それ以外は自分でことばを覚えて、それを勇敢に実践しながら、新しい体験をしていく。これはシベリア鉄道のときもそうだったらしく、ブルガリア滞在の初期はロシア語が混じるが、だんだんとブルガリア語だけになっていく。

　当時のブルガリアはエスペラントが非常に盛んな国だったという。著者のご主人が日本でも著名なエスペランチストということもあり、目的はエスペラントなのだが、それでも彼女はその国のことばを積極的に吸収していく。なによりも、ことばに関する思い出はほとんどがブルガリア語についてだ。

エスペラント夏期講座に参加するために下宿していた家庭の11歳になる女の子を相手に、せっせとブルガリア語を覚える。

「カクボ　エ　トバ？」（それはなに）
「ストール」（椅子）
「カクボ　エ　オノバ？」（これはなに）
「マッサ」（机）
　　庭の梨の木を指さして
「トバ？」
「クルシカ」（梨）　この梨はもちろん西洋梨のことである。わたしはノートに、椅子＝ストール、机＝マッサ、梨＝クルシカとかき、あとでキリル文字のアルファベット表をみながら、стол, маса, крушка とブルガリア語でかきこんでいく。（182〜183ページ）

どんなにエスペラントが盛んなブルガリアでも、それを話す人は限られている。著者は何語を話すかではなく、誰と話すかを大切にしているので、どうしても現地のことばを使うことになる。その記述は極めて正確で、ロシア語もブルガリア語も非常によく観察している。

文章は読みやすく、ヘンな気取りがない。自分に正直な気持ちを淡々と綴っている。ときには何か勘違いしているのかなと思わせても、それを後で調べたり、訂正したりしている。またブルガリアについての話題も興味深い。最近ではかなり有名になってきた「ガブロヴォ」の笑い話もすでに紹介されている。

それから長い年月が流れたが、ブルガリアのエスペラントはどうなったのだろうか。そういえば、本書には英語が一切出てこない。その点だけでも非常にユニークな旅行記で、現在でも読み返す価値は充分にある。

コメディー映画が物悲しい
Господин за един ден

　舞台は1930年代のブルガリア農村。プルコは何をやってもダメな男である。子どもばかりが増え、税金は滞納し、妻がいくら怒っても、屋根の上に逃げて得意の笛ばかり吹いている。お人好しで騙されやすく、市場でヤギとブタを交換するのだが、このブタが小型なのに大食らいで、そのうえブヒーブヒーと凄まじい声で鳴いて、村人から文句をいわれる。そんな彼に、アメリカ移民の話が持ちかけられた。彼は新天地で一旗揚げようと画策しだすのだが……。

　『1日限りの旦那さま』(ニコライ・ヴォレフ監督、1983年)のストーリーは極めて分かりやすい。先が見えてしまっている感さえある。だがそれでも笑える。笑いながらなんとも悲しい。

　この作品だけではない。ブルガリアのコメディー映画はなぜか物悲しい。これまで観た数本はどれも悲喜劇だった。主人公プルコを演じるトドル・コレフ Тодор Колев は、他の作品でも悲しげな眼をした中年男を演じている。フランスの俳優ジャン・レノ似の渋い男なのに、いつも哀愁を漂わせている。

　この映画には立派な人物が1人も出てこない。酒を薄める酒場の親父、飲んだくれの聖職者、偉そうな演説をするだけの代議士。多くの人が隙あらば相手を騙そうと狙っている。戦争に次ぐ戦争で人々は疲弊しきっており、誰もが生きるので精一杯で、ときには人を騙す。そんな時代に、プルコは善人なほうだ。だからこそ次々と不幸が襲うのかもしれない。

　注目はブタの演技である。皆に追いかけられて逃げ回るときのスピードとすばしっこさには驚いた。よく訓練されたイヌやネコが出てくる映画はいくつも観たが、ブタははじめてだ。

舞台は田舎が主だが、一部には都会もある。都会には看板などの文字情報が多い。キリル文字が読め、ロシア語の初歩的な知識があれば、けっこう分かるから面白いのではないか。
　それにしても、最終的にアメリカ移民に賭ける姿は、現代の大学生の留学と重なる。思い切って環境を変えれば一発逆転できると考えるのは、いつの時代も同じなのか。その結果がどのくらい悲しいかは、容易に想像つくことなのに。

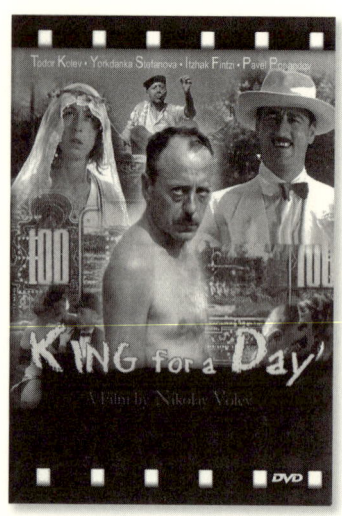

『1日限りの旦那さま』のDVDジャケット。
主人公プルコの運命や如何に？

子どもだって物悲しい
Изпити по никое време

　ブルガリア映画のDVDを手に入れるのは非常に難しい。外国からも注文できる通販サイトが限られているからだ。やっと届き、喜び勇んで観てみれば、字幕がまったくなくてイマイチ分からなかったりする。

　そんな中で『抜き打ち試験』（イヴァンカ・グラプチェヴァ監督、1974年）はジャケットに英語タイトル *Exams at An Odd Time* とあるように、外国輸出向けらしく、英語、フランス語、ドイツ語、スペイン語、ロシア語、さらにブルガリア語の字幕が選べる。今回はブルガリア語に挑戦してみよう。

　この映画は2つの完全に独立した部分から成る。1つ目は小さな男の子が財布を拾い、お金を勝手に使っているところをお兄ちゃんに見咎められ、いっしょに持ち主を探してまわる物語。2つ目はバイオリンの練習が嫌なミトコが、友だちを替え玉にしてレッスンに通っていることにしたが、学校の発表会で演奏することになってしまう物語である。ストーリーはどちらもそれほど複雑ではないので、観ていてもだいたいの筋は摑める。

　ただ、字幕を見ていてもブルガリア語はやっぱり難しい。とくに会話はロシア語からは想像できない表現も多く、意味を考えている間にどんどん進んでしまう。それでもあきらめずにじっくり観ていればпортмоне（ポルトモネ）が「財布」で、またцигулка（ツィグルカ）が「バイオリン」であることくらいは分かってくる。面白いのは「ふむふむ」とか「うーん」といった相槌が、字幕でЪ–ъ.と表されることだ。口を半開きにして「ウーウ」だろうか。

　コメディー映画なのだが、どちらの物語も最後は主人公が泣き出

第4章　ブルガリア語はおいしい　　317

すところで終わる。そのときはセリフがなく、ベソをかいた主人公と、ドタバタする大人の姿が映し出される。

　子どもと大人との関係も微妙である。1つ目の物語では、口うるさい近所のおばさんが顔を合わせるたびに小言をいう。2つ目の物語では、ミトコのお母さんが一方的に息子の才能を信じ、本人の意思を認めようとしない。身代わりになってくれる友だちもまた、クラスメートから苛められやすい。それをお互いに庇い合っている。そういう複雑な状況から、笑いを生み出そうとしているのである。

　ブルガリアのコメディーは、たとえ子ども向け映画でも物悲しい。

『抜き打ち試験』のDVDジャケット。
子どもの苦悩はいつの時代も変わらない。

第5章
マケドニア語への旅

スコピエのショッピングセンター。
この中にわたしたちが宿泊したホテルがあった。

マケドニア語のアルファベット

A	а	ア	Н	н	ヌ
Б	б	ブ	Њ	њ	ニ
В	в	ヴ	О	о	オ
Г	г	グ	П	п	プ
Д	д	ド	Р	р	る
Ѓ	ѓ	ギュ、ヂュ	С	с	ス
Е	е	エ	Т	т	ト
Ж	ж	ジュ	Ќ	ќ	キュ、チュ
З	з	ズ	У	у	ウ
Ѕ	ѕ	ヅ	Ф	ф	フ
И	и	イ	Х	х	フ
Ј	ј	イの半母音	Ц	ц	ツ
К	к	ク	Ч	ч	チュ
Л	л	ル	Џ	џ	ヂュ
Љ	љ	リ	Ш	ш	シュ
М	м	ム			

　まったく知らないマケドニア語。この表は中島由美編『マケドニア語基礎1500語』（大学書林）を参照して作成した。

マケドニア語への旅

　マケドニア共和国の首都スコピエ。ここの空港は「アレクサンダル大王」の名を冠した厳めしい名称を持つ。

　入国審査を問題なく通過し、予約しておいたホテルまでの送迎タクシーのドライバーに会う前に、トイレを済ませておこう。高速道路の途中で行きたくなったら困る。

　空港のトイレには、なぜか3つの言語で表示があった。

　　Тоалети　Tualetet　Toilets

　最初のマケドニア語と最後の英語は分かるのだが、真ん中の言語だけはいま一つ自信がない。何語だろう？

　ドライバーのデヤンは予定どおりに到着ロビーで待っていた。わたしは久しぶりにユーゴスラヴィアの言語であいさつを交わし、ええ、マケドニアははじめてです、それにしても暑いですね、毎日こうなんですか、などと話しかける。デヤンは、雨が降ると気温がすこし下がるけど、暑い日が続いていると答えてから、こういった。

　「あなたはどこでマケドニア語を習ったんですか？」

　わたしはちょっと戸惑い、うつむき加減で答える。

スコピエの
アレクサンダル大王空港内の
トイレ表示。
真ん中はいったい
何語なんだろう？

第5章　マケドニア語への旅　　321

ええと、すみません、これ、セルビア語なんです…。

1985年に生まれてはじめて海外に出かけて以来、30年かけてスラヴ諸国をすこしずつ巡ってきた。旧ソ連・東欧地域は激動の時期を挟んで国境線も大きく変わったが、ことばそのものが急に変わることはない。スラヴ系言語が話されている地域を、自分の目と耳で確かめるべく、満遍なく各地を訪問しているつもりだった。

ところが気がついてみれば、マケドニアだけは訪れていない。無視していたつもりはないのだけれど、なんとなく抜け落ちてしまっている。これは是非とも行かなければ。できれば2014年の夏休みまでに訪れたい。

わたしはその年の9月に50歳の誕生日を迎える。それまでに「最後のスラヴ国」を訪問したい。40代のうちにすべてを巡っておきたいのだ。そこで誕生日直前の8月に、首都スコピエに5日間ほど滞在する計画を立てたのである。

問題はことばだ。わたしはマケドニア語を勉強したことがない。とはいえ、家には音声つき教材が書棚に何冊か並んでいる。こういうものはちゃんと買ってある。さる入門書の第1課を眺めてみた。

　　Ова е Алеш Ресник од Словенија.

　　Тој има 20 години.

　　Студира македонски јазик.

　　Живее во студентски дом во Скопје.

絶望的な気持ちになる。分からないからではない。その反対で、全部分かってしまうからだ。

音をどこまで正確に復元できるかはともかく、その意味は「これはスロヴェニア出身のアレシュ・レスニクです。彼は20歳です。マケドニア語を学んでいます。スコピエの学生寮に住んでいます」ということがすぐに理解できる。それがかえって戸惑わせる。

わたしは考えた。こりゃダメだ。絶対に身につかない。本格的に勉強するならともかく、旅行用にすこしだけ覚えることはどう考えても不可能だ。これまでに学習したスラヴ諸語の影響を受けてしまい、うまくいくとは思えない。

　そこで、せめてマケドニア語の言語特徴だけは確認しようと、中島由美編『マケドニア語基礎1500語』（大学書林）のうち「マケドニア語小文法」を読むことにした。

　マケドニア語はキリル文字を使って書き表す。全部で31文字だが、ロシア語と違ってё, й, щ, ъ, ы, ь, э, ю, я は使わない。その代わりセルビア語と共通する j, љ, њ, џ を使う。

　さらに独自の文字が3つある。

　ѓとќはマケドニア語独特の音を表し、「ギュ」「キュ」に近いが「ヂュ」「チュ」のように聞こえることもあるという。へえ、実際に聞いてみたいな。ѕはラテン文字と違い、ц「ツ」の有声音「ヅ」を表す。新しい文字に出合うのはいつでも嬉しい。スコピエの街で探してみよう。

　文法については格変化がないこと、単語の後ろにつく定冠詞があること、代名詞が重複して使われることなど、スラヴ語学概説でおなじみの特徴を確認する。そういう言語が話されている国へ、実際に出かけるのだ。期待が高まる。

　でも、実用はどうしよう。

　仕方がない。セルビア語で勘弁してもらおうか。

　ということで、なんとも不真面目な心づもりでやって来たのである。その結果、デヤンにはわたしの話すことばが、セルビア語ともマケドニア語ともつかない、奇妙なものに感じられてしまったようだ。ちょっと悲しい。でもまあ、一応コミュニケーションはとれるし、今回はこれで通すしかない。カミさんはスロヴェニア語の知識を総動員して相手のいうことは理解しようと努めるが、自分からは

何も話そうとしない。

　デヤンは英語を話すが、わたしたちが怪しげながらもスラヴ系言語を理解すると分かると、機嫌よくガイドをはじめる。

「この街には何日間いるのですか。ほお、5日間も！　でしたら近郊まで遠足に出かけてはどうですか。鍾乳洞見学なんかもお勧めですよ」

　うん、ありがとう。でも、どこかに出かける気はありません。なんというか、自分の足でスコピエの街中を飽きるまで歩きたいんです。そのためにわざわざ来たのです。

　そして、マケドニア語に触れるためにも。

　スコピエの街は川を挟んで2つの地区に分かれる。北側はイスラム地区で、細い路地が複雑に入り組み、小さな商店が密集し、昼どきになるとモスクから祈りの声が聞こえる。一方、南側はキリスト教地区といわれ、建物は西欧風で、マケドニア広場には巨大な石像がいくつも並ぶ。その2つの地区を石橋 Камен мост という名の橋が結んでいる。

　橋のそばにはショッピングセンターがあり、わたしたちのホテルはこの中にあった。なんとも便利なロケーションである。しかも安い。ダブルベッド・スイートルームで1泊6000円くらい。したがってたとえ電燈のヒモがなかったり、足ふきマットがなかったりしても、文句をいってはいけない。ショッピングセンターが中央制御しているためにクーラーは午後10時まで、その後は窓を開けて扇風機をかけるしかないとしても、夜は涼しいので問題ない。週末はエアコンがまったく使えないのは困ったのだが、ホテルスタッフのお姉さんたちはみんな感じよく、いろいろ親切にしてもらったうえ、初日に頼んだビールとミネラルウォーターはサービスしてくれたのだから、むしろ感謝しなければならない。

さらに、ビールはスコプスコ Скопско がいいことも教えてもらった。

マケドニア語はブルガリア語と同じく名詞類の格変化はないものの、文法性の区別はある。скопско は「スコピエの」という意味の形容詞 скопски の中性形で、理由は пиво「ビール」が中性名詞だから。考えてみれば、滞在する街の形容詞すら覚えていなかったのだが、ビールのおかげでこの先も決して忘れることはない。

街を散策する前に、まずはショッピングセンター内を見学する。

CDショップがあった。店の前では黒髪のおばさんがタバコを吸っている。覚えたてのマケドニア語で Можам?「いいですか？」と尋ねてみると、どうぞどうぞといいながら自分も店に入ってきた。マケドニアのDVDはありますかと尋ねると、あれこれ見せてくれる。新しい作品が多いが、マケドニア語に加えて英語などの字幕もついているので、3枚ほど買うことにする。

他にもCDなどを眺めたいので、さらに店内を見ていいかと尋ねれば、再びどうぞどうぞとなるのだが、相変わらずわたしたちのそばにピッタリとついて離れず、盛んに説明を続ける。

これはバルカン半島に共通する現象かもしれない。セルビア、ボスニア、ブルガリアあたりでは、自分で見ていいですかと許可を求めると、どうぞといいながらもそばであれこれ説明する。ベオグラードの古本屋では、あまりにしつこくて閉口した。

このおばさんもかなり饒舌なのだが、それほど鬱陶しくはない。その理由は、おばさんのことばが分かりやすいから。不思議なことに、彼女の話すマケドニア語はかなり理解できる。海外にいると、ときどきこういう経験をする。ある人の話すことばだけが、妙に分かりやすいのだ。さらにおばさんは、わたしの話す怪しげなセルビア語もちゃんと理解してくれる。つまりコミュニケーションが成り立つのである。

わたしたちが熱心に聴くものだから、おばさんは上機嫌だ。なんでも丁寧に答えてくれるので、こちらも積極的に質問する。ご自身はどんな映画が好きなんですか。
「わたし、映画は観ないの」
　なるほど、これはお仕事なんですね。

　スコピエの2つの地区はそれぞれに特徴があって、どちらも同じくらいに楽しく、甲乙つけがたい。だが食事に関しては、はっきりしている。イスラム地区のほうが断然おいしい。
　食べ物の好みは人それぞれだが、わたしもカミさんも、中東というかイスラムというか、そういう地域の食事が大好きなのである。だからバルカン半島は食べ物がうまい。
　イスラム地区にはレストラン街があって、ベオグラードのスカダルリヤを思い出す。夏は戸外にテーブルを並べ、木漏れ日の下で食事をする。外国人観光客も多いから、メニューは英語でも書いてあるが、ここでちょっとがんばってマケドニア語を使えば、ウェイターの態度は3割以上よくなる。それにマケドニア料理の名前は、やっぱりマケドニア語で覚えたいではないか。
　カミさんがもっとも気に入ったのはタフチェ・グラフチェ Тавче гравче という白インゲン豆のパプリカ煮込みである。楕円形のグラタン皿みたいな容器に入って、アツアツが出てくる。わたしはプリェスカヴィツァ Пљескавица という平たいハンバーグみたいなものが気に入った。どちらもどの店にもあるような、ごくふつうのマケドニア料理である。
　それでもイスラム地区の某レストランはなかなか高級なのか、同じものを食べるにしても、さらにおいしい気がした。加えて昼間から、わたしはスコプスコ・ビール、カミさんは小ボトルで白ワインを注文して、すっかりいい気分だった。

周りではウェイターたちがせっせと働いている。隣のテーブルを片づけている2人が、すこしだけことばを交わしていた。先ほどまでそのテーブルに座っていた近隣の外国人に対する、ちょっとした揶揄。他愛のない軽口だ。わたしにも理解できる。それがちょっと面白くて、思わず噴き出してしまった。

　その瞬間、ウェイターたちは驚いてこちらを見た。まさかこの東洋人が分かるとは想像もしなかったのだろう。それからすこし恥ずかしそうな顔をして「ソーリー」といって立ち去った。人の話を立ち聞きしたのはこちらのほうなので、恐縮する2人を見て、むしろビックリしてしまう。

　しばらくすると、ウエイター長らしい男性がこちらへ近づいてきた。そしてニッコリほほ笑んでから、「先ほどの話はどうぞ他言しないでくださいね」といいつつ、白ワインの小瓶を置いていった。

　えっ、そんな凄い話を聴いてしまったの？

　確かにマケドニアは、歴史的に近隣の国々と複雑な関係にある。それがよく分かるのが自治独立闘争博物館だ。この館内は個人的に行動することが許されず、ガイドの案内に従って見学するしかないのだが、その内容は一般的な歴史見解とは大きく違うもので驚いた。まあ、こういうのはお互いさまなのかな。

マケドニア料理タフチェ・グラフチェ。この独特な容器はいま思えば買ってくればよかった。

第5章　マケドニア語への旅　　327

それにしても、よその民族をちょっとからかうような発言を聞かれただけで、口止め料（？）にワインが出るくらいだから、それなりに気にはしているのだろう。まあ、いいや。ワインは嬉しいし、自分がマケドニア語を聴き取れたことも嬉しい。分かりました、誰にもいわないことにしましょう。
　ただし、書いてはいけないとはいわれなかった。

　スコピエでイスラム地区を歩いていると、周りに知らない言語が響いていることに気づく。
　もちろんマケドニア語だって正確には分かっていない言語なのだが、スラヴ系言語とは明らかに違う、皆目見当がつかない言語が話されているのである。
　だがその謎も、土産物屋の店頭に並ぶTシャツを見て氷解する。双頭の黒い鳥のデザインで、さらにラテン文字の中にはSHQIPTARという語が見える。
　どうやらアルバニア語らしい。
　旧ユーゴスラヴィア地域にはアルバニア系住民の多いことは、知識としては知っていた。だがこんなふうに実感したことは、これがはじめてである。
　思い返せば、空港のトイレに表示されていた謎の言語はアルバニア語だったのだろう。トイレだけでなく、スコピエの街には至るところに見慣れないラテン文字の綴りが並んでいる。ただし、どれも新しい。何か法律でも変わったのだろうか。
　Tシャツを眺めていると、先ほどまで分からない言語で話していた土産物屋の店主が、わたしに話しかけてきた。せっかくのアルバニア・シャツなのに、飾ってあるのは白地だったので、赤はないかと尋ねると、相手はサイズを聞いてきた。わたしだったらすこし大きめでLかなといえば、そうですねといいながら店の奥へ赤地のL

サイズを探しにいく。ここまで、すべてマケドニア語。こんな感じで、多くの人が2つの言語を操っているらしい。

ヨーロッパには2言語都市がときどきある。だがその多くは実際には1つの言語が優勢で、もう1つは建前にすぎないことも珍しくない。

だが、スコピエは違う。ホテルがあるキリスト教地区ではマケドニア語ばかりが聞こえるが、橋を一本渡れば急にアルバニア語も響く。これまで滞在したどこの街よりも、わたしは2言語を感じた。

テレビもそうである。マケドニアの国営放送MPT（これはキリル文字）は日本にいる頃からインターネットを通してニュースなどを視聴していたが、同じ放送局がRTM（こちらはラテン文字）としてアルバニア語放送を流していたことはまったく気づかなかった。面白くなって、ホテルのテレビではアルバニア語放送ばかりにチャンネルを合わせる。ときどきアルバニア語講座もやっていて、非常に興味深いのだが、多くはニュースか、またはトルコ製らしきメロドラマの吹替え版である。さらにはトルコ語らしき放送もある。

ん、トルコ語？

そうか、イスラム地区ではトルコ語を話す人たちもいるかもしれない。さらにアザーンはアラビア語だよな。

なんだかスコピエが、スラヴ圏とイスラム圏を繋ぐ橋のように思えてきた。なんて素敵なんだろう。ここから、もっとにぎやかな多言語の世界が広がっているのだ。

と同時に、わたしはここが限界だということも認識した。

もし1985年にスコピエを訪れていたら、わたしの人生は違ったものになっていたかもしれない。セルビア語からマケドニア語、さらにはアルバニア語やトルコ語をつぎつぎと勉強し、バルカン言語連合を研究していた可能性もある。この本の題名が『マケドニア語

の隙間』となっていたとしても不思議はない。

　だが、わたしは違う道を選んだのである。それは決して後悔していない。とはいえ、これから新しい言語を勉強する時間はすでにない。選んだ道をさらに進むだけだ。だからマケドニア語より先の世界は、読者の誰かに託すことにする。

　すでにスコピエ滞在も終わりが近づいていた。わたしとカミさんは次の訪問国スロヴェニアへ移動する準備をはじめる。

　スコピエを発つ日、わたしたちは再びCDショップのおばさんを訪ねた。おばさんは日本や中国のCDが入荷したと話してくれたのだが、悪いけどそんなものには興味がない。おばさんはそれを気にする様子もなく、マケドニア民謡について前回と同じような話をくり返しながら、あれこれジャケットを見せてくれる。

　おばさんに尋ねてみた。おばさんは地元の民謡が好きですか。

　「もちろんよ、マケドニア民謡は大好きよ、自分でも聴くわ（映画とは違うの、アハハ）。マケドニアだけじゃなくて、セルビアやボスニアやツルナゴーラの民謡も心に響くわね。あと、クロアチアも。でも、スロヴェニアは違うのよね」

　今回の旅で、もっとも印象に残ったことばだった。

おわりに

　スコピエの後、わたしたちはスロヴェニアのアドリア航空を使って首都リュブリャーナを目指した。飛行機の座席前を見れば、そこには PRIPNITE SE, KO SEDITE「お座りのときにはシートベルトをお締めください」の表示。スロヴェニア語は付属記号が本当にすくないなあと、久しぶりに実感する。

　リュブリャーナのヨージェ・プチニク空港では、やはり予約しておいた送迎タクシーの運転手と無事に会うことができた。今回は溌溂とした女性である。わたしは元気に Dober dan! とあいさつしたものの、それ以上のスロヴェニア語が出てこない。残りは英語になってしまったのだが、愛想のいい運転手さんは、それでも先ほどの Dober dan! はとても発音がよかったと誉めてくれた。ありがとうございます、実は以前にスロヴェニア語冬期セミナーに参加したことがありまして。まあ、それではリュブリャーナは今回がはじめてではないのですね。そうなんです、すでに 6、7 回は来ています。するとここで隣のカミさんが、そんなには来ていないという。だって数えてごらんよ、1990 年代中ごろにプラハから回ったのがはじめてで、それからセミナーに参加して、あとは夏休みにもう 1 回来たくらいじゃない。だがわたしは、いや、冬に学会に参加したことがあったでしょ。それとは別にクリスマスを過ごしたことがあったよ。他にも……。

　いつしか、カミさんとわたしの会話はスロヴェニア語になっていた。運転手さんはその様子を眺めながら、呆れつつも楽しそうに笑っていた。

今回のスロヴェニア滞在は、いつにも増して楽しかった。マケドニアとはまったく違う文化を満喫した気がする。
　久しぶりに来てみれば、馴染みのリュブリャーニツァ川には新しい橋が架かっていたり、城はすっかり改修されていたりで、ビックリすることが多かった。ユーロを使うことも新鮮だった。日曜日に川沿いで開かれる蚤の市では絵はがきや古い紙幣、マリャーナ・デルジャイのシングルレコードを買い求めた。是非とも読み通したい魅力的な本も入手した。さらには地方都市のピラーンやノーヴァ・ゴリーツァにも足を伸ばし、スロヴェニア国内のイタリア語文化を肌で感じた。だが、詳しい話はここでは語らない。
　いつか、『スロヴェニア語の隙間』を書くことになるのだろうか。

　今回のマケドニア・スロヴェニア旅行を終えて、わたしは大きな区切りをつけた気持ちでいる。セルビア・クロアチア語を学びはじめたときが20歳で、それからチェコ語、ポーランド語、スロヴェニア語などをいろいろ齧っているうちに、ついに50歳になった。そんな折にこのような本を上梓できたことが、心の底から嬉しい。
　同系統の言語をたくさん勉強する人はときどきいる。中でもフランス語、イタリア語、スペイン語、ポルトガル語のようなロマンス系言語を目指す人はすくなくない。ところがスラヴ系となると、それぞれの専門家はいても、いろいろ学習する人は限られてくる。
　知名度も違う。ロマンス系がメジャーなのに比べ、スラヴ系は地味である。それでもポーランドやブルガリアのように、国名と言語名が長らく一致している場合はまだいいほうだ。チェコ語を学んでいると、意外な苦労がある。
　そもそも、「チェコ語」というのが聴き取ってもらえない。「中国語ですか？」などと聞き返される。どうしてそう聞こえるのか不思議なのだが、人は馴染みのない響きを耳にすると、自分の知ってい

る語彙へ強引に引きつけるのかもしれない。

　カミさんの教え子の話。新年に親戚一同が集まるとき、学生である孫におばあさんが質問するという。

　おばあさん「大学では何を勉強しているの？」

　孫「チェコ語だよ」

　おばあさん「えっ？」

　孫「だから、チェコスロヴァキアのチェコ語なんだよ」

　おばあさん「あ〜、そうなの。それで、そこ、危なくない？」

　こういう会話を３年くり返しているという。ひょっとして、おばあさんは1968年のことを思い出しているのだろうか。いずれにせよ、お年玉をもらうのも楽ではない。

　海外事情については、ひとたび紛争のイメージがついてしまうとそれを払拭するのは非常に難しい。このおばあさんだけではない。わたしだって東欧地域に出かけるたびに、大学で外国語（！）を教える同僚たちから、危険ではないのかと何度も心配された。そんなものなのか。

　ヨーロッパという遠い地域について、同じ日本人でもそれぞれの持つイメージは大きく異なる。多くの人にとって、頭に浮かぶのは西ヨーロッパだけなのかもしれない。だがわたしにすれば、ヨーロッパといえば東欧であり、その中心はプラハなのである。それはベルリンの壁が崩壊し、ビロード革命が達成される前も後も変わらない。東欧地域とロシア・旧ソ連は、いつもわたしを魅了し続ける。もちろん、そこで話されている言語も。

　『チェコ語の隙間』というタイトルは、前作『ロシア語の余白』に模してつけた。授業中、教科書の隅に走り書きでメモしたくなるような、ちょっとした話題を「余白」として、エッセイをまとめたのである。今回の「隙間」もほとんど変わらない。

ただし、隙間には「空いている時間」という意味もある。ロシア語を中心に仕事をしてきたわたしにとって、他のスラヴ諸語に目を配るためには、どうしても隙間を使うしかなかった。そうやって勉強や旅行をしているうちに徐々に蓄えられたのが、この本にあるようなエピソードなのである。

　スラヴ諸語に限らない。フランス語やドイツ語といった西ヨーロッパの諸言語についても、隙間を使っては触れてきたのである。こちらについては、ほぼ同時期に上梓した『寄り道ふらふら外国語』（白水社）にまとめた。興味のある方はどうぞ。

　現代書館編集部の吉田秀登さんには、今回も面倒な編集作業でご迷惑をおかけした。さらに今回はわたしの希望によりこれまで以上にたくさんの図版を収録したので、本当に大変だったに違いない。ここに深く感謝します。

2014年11月

黒田龍之助

黒田龍之助（くろだ　りゅうのすけ）

1964年、東京生まれ。上智大学外国語学部ロシア語学科卒業。東京大学大学院修了。スラヴ語学専攻。
東京工業大学助教授、明治大学助教授などを歴任し、ロシア語・英語・言語学を担当。現在、神田外語大学特任教授、神戸市外国語大学客員教授。
主要著書『羊皮紙に眠る文字たち』『外国語の水曜日』『その他の外国語』『ロシア語の余白』『ロシア語だけの青春』（以上、現代書館）、『ロシア語のかたち』『ロシア語のしくみ』『ニューエクスプレス　ロシア語』『ことばは変わる』『もっとにぎやかな外国語の世界［白水Ｕブックス］』『寄り道ふらふら外国語』（以上、白水社）、『初級ロシア語文法』『ぼくたちの英語』『ぼくたちの外国語学部』（以上、三修社）、『ウクライナ語基礎1500語』『ベラルーシ語基礎1500語』（以上、大学書林）、『はじめての言語学』『世界の言語入門』（以上、講談社現代新書）、『大学生からの文章表現』（ちくま新書）、『外国語をはじめる前に』（ちくまプリマー新書）、『ポケットに外国語を』（ちくま文庫）、『語学はやり直せる！』（角川 one テーマ 21）。

チェコ語の隙間（ごすきま）──東欧のいろんなことばの話

2015年2月28日　第1版第1刷発行
2020年5月25日　第1版第2刷発行

著　者	黒　田　龍　之　助
発行者	菊　地　泰　博
組　版	箕　浦　　　卓
印　刷	平河工業社（本文）
	東光印刷所（カバー）
製　本	積　　信　　堂
装　幀	箕　浦　　　卓

発行所　株式会社 現代書館
〒102-0072　東京都千代田区飯田橋 3-2-5
電　話　03(3221)1321　FAX 03(3262)5906
振替00120-3-83725　http://www.gendaishokan.co.jp/

校正協力・岩田純子
©2015 KURODA Ryunosuke　Printed in Japan　ISBN978-4-7684-5754-2
定価はカバーに表示してあります。
乱丁・落丁本はおとりかえいたします。

本書の一部あるいは全部を無断で利用（コピー等）することは、著作権法上の例外を除き禁じられています。但し、視覚障害その他の理由で活字のままでこの本を利用出来ない人のために、営利を目的とする場合を除き、「録音図書」「点字図書」「拡大写本」の製作を認めます。その際は事前に当社までご連絡ください。また、テキストデータをご希望の方はご住所・お名前・お電話番号をご明記の上、右下の請求券を当社までお送りください。

活字で利用できない方のためのテキストデータ請求券『チェコ語の隙間』

現代書館　黒田龍之助・好評既刊本

羊皮紙に眠る文字たち──スラヴ言語文化入門

ロシア語などで使われる謎めいた文字、キリル文字。このキリル文字の成り立ちと広がりをめぐる歴史は一つの文化圏が生まれ育つ壮大なドラマであった。著者の体験を交えた、明るく平明な名文で、西欧と一線を画すスラヴ文化と言語の関わりを描く。〈木村彰一賞受賞〉2300円＋税

外国語の水曜日──学習法としての言語学入門

英語ばかりでなく、さまざまな外国語学習実践を楽しく平易に解説し、学習法としての言語学の要諦を外国語学習者にわかりやすく説明。涙ぐましい努力の数々と爆笑の失敗談を読むうちに外国語を学ぶ勇気を身につけられる。外国語と長く付き合う英知が込められたロングセラー。2400円＋税

その他の外国語──役に立たない語学のはなし

ロシア語と英語を大学やテレビで教えてきた言語学者が、語学の魅力を爽やかに綴ったエッセイ。「その他」に分類されてしまうマイナーな言語を研究する中での悲喜劇と、複数の言語を学ぶからこそ見えてくる言語文化の豊かさと奥行きを、著者自身の外国体験とともに活写する。2000円＋税

ロシア語の余白

大学でロシア語・英語、言語学の教鞭をとる一方、NHKやコミュニティ・カレッジ等で幅広い層の人にロシア語を教え、外国語学習に悩んでいる人の苦労を知り尽くしている黒田先生が、軽妙な筆致でロシア語の魅力を伝える。ロシア語学習のコツと、学習への勇気を与える1冊。2200円＋税

ロシア語だけの青春──ミールに通った日々

外国語を学ぶ楽しさを語らせたら右に出る者はいない黒田龍之助先生の最新エッセイ。ロシア語学習にいそしむ変な高校生が人気語学教師になるまでの厳しくも楽しい「ミール・ロシア語研究所」での修行の日々を軽妙に綴る。外国語学習者必読！ 1500円＋税

定価は二〇一〇年五月一日現在のものです。